数字经济推动国际贸易转型升级的策略研究

杨佳艳 著

中国纺织出版社有限公司

内 容 提 要

数字经济主要是以大数据为核心，秉承着创新发展理念，运用新技术创造经济价值的一种新业态。对外贸易是我国经济发展的重要影响因素，在一定程度上决定着我国的经济发展水平。基于此，本书首先分类介绍数字经济与国际贸易的相关概念，从对外贸易发展、产品结构调整以及企业发展等方面分析我国对外贸易转型与升级的价值；其次从品牌建设合作范围、对外贸易人才以及政策保障等方面就对外贸易转型与升级的思路进行探讨，具有一定的借鉴价值。

图书在版编目(CIP)数据

数字经济推动国际贸易转型升级的策略研究 / 杨佳艳著. -- 北京：中国纺织出版社有限公司，2023.4

ISBN 978-7-5229-0532-7

Ⅰ. ①数… Ⅱ. ①杨… Ⅲ. ①对外贸易—贸易发展—研究—中国 Ⅳ. ①F752

中国国家版本馆 CIP 数据核字（2023）第 069891 号

责任编辑：张 宏 责任校对：高 涵 责任印制：储志伟

中国纺织出版社有限公司出版发行

地址：北京市朝阳区百子湾东里 A407 号楼 邮政编码：100124

销售电话：010—67004422 传真：010—87155801

http://www.c-textilep.com

中国纺织出版社天猫旗舰店

官方微博 http://weibo.com/2119887771

天津千鹤文化传播有限公司印刷 各地新华书店经销

2023 年 4 月第 1 版第 1 次印刷

开本：787 × 1092 1/16 印张：11

字数：226 千字 定价：98.00 元

前　言 Preface

数字经济主要是以大数据为核心，秉承着创新发展理念，运用新技术创造经济价值的一种新业态。现阶段，处于信息化时代背景下，人工智能、物联网、数字化俨然成为一种标配，因此数字经济与国际贸易的有效融合是新一轮经济改革的重要途径。但是，在两种经济融合过程中，仍然存在着缺少核心技术、融合不到位、数字经济相关制度法律法规相对滞后等问题。因此，若想促进国际贸易、数字经济的有效融合，应该加强对技术的有效研发，创建数字经济产业链。在国际贸易中要引进数字化技术手段，加强对数字经济的有效治理，出台相关的法律法规，进而促进两种境界融合并进行高质量发展。

国际贸易是指一个国家与另一个国家或多个国家之间的商品、劳务和技术的交换活动。国际贸易有利于国际分工、资源配置，能加快全球资金流动，推动全球经济发展，对国家经济有很大影响。自改革开放以来，我国非常重视国际贸易。进入 21 世纪后，中国逐步加强国际贸易建设，逐渐成为全球第二大经济体。近年来，在科学技术快速发展的过程中，国际经贸环境也发生了很大的改变，传统的经贸模式已经无法和现代化的产业发展需求相互适应。在现代化科学技术的作用下，信息化发展已经成为国际经贸的必然趋势，是促使经济进步的基础保障，尤其在国际经贸领域中使用先进的信息技术、人工智能技术与大数据技术等，能够减少产业的生产经营成本，提高整体的加工效率水平，预防贸易出现失误现象，节省不同主体之间相互沟通、谈判的时间，促使工作效率的提升。

新形势下，国际经贸开始向着国际化、科技化、规范化、信息化的方向进步，我国在对外贸易的过程中要想更好地抢占市场、拓宽市场规模、提升竞争能力，就应切实结合国际经贸趋势，不断完善我国的战略体系、科技人才培养机制，拓展资本市场的规模，积极开展国家改革活动，增强对外贸易的实力。在共享时代下，数字经济的发展是必然趋势，这对各大国际贸易企业来说，既是一种发展机遇，同时也面临着更多的挑战。国际贸易要学会抓住有利的局势，积极向数字化方向发展。传统产业也应该意识到数字经济的到来是对其变革的有利时机。总的来说，面对新的经济发展形势，无论哪个层面都应该做好防范，积极应对，促进自身的发展。基于此，《数字经济推动国际贸易转型升级的策略研究》的第一章和第二章分别分类介绍了数字经济与国际贸易的相关概念，从对外贸易发展、产品结构调整以及企业发展等方面分析了我国对外贸易转型与升级的价值；

其次从品牌建设、合作范围、对外贸易人才以及政策保障等方面对对外贸易转型与升级的思路进行了探讨，具有重要的借鉴价值。

著者

2023 年 2 月

目　录 Contents

第一章　数字经济的理论视角与框架构建

第一节　数字经济内涵与特征

一、数字经济概念与内涵的演进

数字经济的内涵在不断演进，经历了侧重互联网向重视多种数字技术的研发和应用，再到将数据作为关键生产要素的认识过程。早期研究机构和学者将数字经济的内涵归纳为“基于数字技术的经济”，数字经济内涵延伸到整个经济活动，包括在商业、政府事务和非政府事务中的应用。随着数字技术应用范围的不断扩大，数字经济被泛化为所有数字化经济活动，学术界研究的重点逐渐转移到平台经济、数字化转型，以及数字经济的增长、创新和治理等领域。

数据要素是数字技术应用的副产品。构建以数据为关键要素的数字经济，成为推动数字经济健康发展的方向。数据蕴含新的竞争优势，是认识数字经济内涵的新视角。2016 年 9 月，G20 峰会给出数字经济的官方定义是：将数字化的知识和信息作为数字经济的关键生产要素。这一定义得到了国际社会的广泛认可。国内学者基于这个定义，从数字技术和数据要素两个维度来定义和深化数字经济的认识。比如，蔡跃洲（2018）将数字经济划分为两种不同表现形式，即与数字技术直接相关的特定产业部门和融入数字元素（或信息要素）后的新型经济形态。

将数字经济分层进行诠释，是认识数字经济的另一种视角。布克特和希克斯（2018）将数字经济定义为“完全或主要来自数字技术的经济产出部分，其商业模式基于数字商品或服务”。该定义将数字技术和数字商业模式创新结合起来，既包括核心数字部门，也包括更广泛的经济活动。尽管他们将数字经济分为三个圈层，但并未声称所有数字化活动都是数字经济。李海舰和张璟龙（2021）从三个层面构建了数字经济的理论分类框架，认为数据价值化和数字化治理是宏观层面，中观层面包括数字产业化和产业数字化，微观层面包括数字化产品和数字化企业。全球主要经济体都在探索数字经济的内涵和规模测算，也在将数字经济进行分层。比如，美国商务部经济分析局把数字经济分成基础设施、电子商务和收费数字服务 3 个大类和 10 个小类；我国国家统计局将数字经济产业范围确定为：数字产品制造业、数字产品服务业、数字技术应用业、数字要素驱动业、数字化效率提升业等 5 个大类。本文认为，产业数字化和数字产业化是数字经济的“内涵”；数据要素市场体系、数字化公共服务和数字经济治理体系是数字经济发展的外部环境，这三个方面本身也可以发展成产业，可以看作是数字经济的“外延”。

综上所述，已有研究对数字经济的定义、内涵和特征并没有形成共识。本文认为，数字经济的经济属性与技术属性之间是相互交叉融合的，只强调其中某一方面，或者仅仅从数字产业化和产业数字化这个大类划分来说，是无法全面深刻准确地理解数字经济的内涵。本文将数字经济层次化，深入剖析数字经济的内涵与本质特征，采用技术－经济范式分析数字经济的发展规律与趋势。

二、数字经济内涵的特征分析

数字技术的发展和应用促使生产函数发生变化，数字经济的内涵也在不断演化。本文采用系统论的思维，将复杂的系统层次化，构建“基础设施、生产要素、生态环境、转型发展和形态创新”的系统构架，提出数字经济的五层次概念模型。

（一）数字经济定义再讨论

定义数字经济需要厘清三个关系。

1. 工业经济与数字经济的关系

工业经济是工业革命之后的经济形态，工业化是实现产业结构从农业主导转为工业主导的过程，数字化是实现工业经济向数字经济转型的过程。数字经济是工业经济之后新的经济形态，而不是工业经济体系下国民经济统计核算中的一个新类别。我国提出数字经济核心产业增加值占 GDP 比重，是因为现行国民经济核算体系无法适应数字经济的统计核算。数字经济创造价值的方式不同于工业经济，是一种全新的经济形态。当前数字经济还没有成为主要的经济形态，一旦数字经济创造的价值（包括增加值和附加值）占主导地位，经济形态的性质就将从工业经济转化为数字经济。

2. 实体经济与数字经济的关系

一般而言，实体经济是指物质产品、精神产品的生产、销售及提供相关服务的经济活动，虚拟经济是指相对独立于实体经济之外的虚拟资本的持有和交易活动。然而，实体经济与数字经济的范围并没有达成共识，实体经济与数字经济是不同层级的概念，我们既不能停留在三次产业层面理解实体经济，更不能把数字经济与实体经济对立。数字经济不仅改变了人类社会的生活方式、生产方式、价值创造方式，而且提升了人类的生产效率、交易效率和价值创造效率。

3. 平台经济与数字经济的关系

互联网平台是继市场、企业之后的资源配置方式和生产组织形式，平台经济一般指基于互联网平台或数字平台的新型经济形态。平台经济包括四个层次：数字平台是引擎，数字平台企业是主体，数字平台生态系统是载体，数字平台生态系统的整体构成了平台经济。数字平台既是数字经济最主要的企业组织形式，也是新一代通用目的技术（GPT）研发和应用的重要载体，为数字技术落地提供最广泛的场景；平台经济既是一种商业模式创新，也是产业范式的跃迁，深度融入工业、零售、交通、物流、能源、金融等领域，成为数字经济最重要的形态。

基于以上认识，可以认为：数字经济是以数据要素为关键要素，以数字平台及其生态为主要载体，通过数字化和智能化实现高效连接，在物理世界和数字空间都可以创造价值的一种新的经济形态。

根据该定义，数字经济的内涵包含四个核心内容：

一是数据要素是关键要素和核心要素。数字经济不是基于数字技术的经济，数字经济最大的新是在生产函数中加入了数据要素，数据成了驱动经济运行的关键性生产要素。

二是数字平台及其生态创造了新的连接方式、信任体系和价值创造方式，更加准确、迅速、便捷地连接供应商和用户。通过高效且规模化的匹配或撮合促进相关方互动、匹配与交易，利用不直接拥有或控制的资源为所有参与者创造价值，产生网络效应、规模经济效应和颠覆式创新效应。

三是在现实世界和数字世界都可以创造价值。数字经济是创造高价值的经济，价值本体是有别于增加值的附加值，这种附加值等价于质量、创新和体验的价值。数字经济不仅在现实世界创造价值，在线上平台、元宇宙等数字世界也可以创造价值，还能够在数字平台生态系统中实现价值共创。

四是数字经济是比工业经济更高级的经济形态。表现在运用“数字技术 + 数据要素”建构物理世界和数字世界交互融合的经济运行体系，实物产品和传统服务数字化使数字产品和服务不断丰富；提升生产、消费、流通、分配等环节的效率，促使新商业模式层出不穷。

（二）数字经济的五层次概念模型

以上定义表明，数字经济是人类正在重新构建的一种更高级的经济形态，从“互联、要素、融合、转型和创新”五个机制，划分数字经济的五个层次，构建数字经济概念和内涵的框架。

1. 数字经济第一层是新基础设施层

新型基础设施植根于数字技术，具备高速泛在、天地一体、云网融合、智能敏捷、绿色低碳、安全可控的特征，实现机器设备、生产线、工厂、供应商、产品、客户、消费者和政府等从“万物互联”到智能互联网，形成自我强化的反馈循环。新基础设施层是数据要素流通和数字技术应用的前提条件。数据要素的价值在应用场景、交易场景和非交易场景下形成，为消费者、平台企业、厂商、中介组织、行业协会、政府打造数字生态系统提供反馈循环能力，是数字社会的基石，发挥了促进和加强创新活动的基础作用。

2. 数字经济第二层是新生产要素层

产品数据、设备数据、工业数据、农业数据、金融数据、物流数据、社交数据、消费数据和公共数据等构成了大数据，成为数字经济的核心关键要素。数据流带动技术流、资金流、人才流，各种要素广泛高效地聚集整合，为生产、流通、消费、服务行业的业务分析和高质量发展赋能。数据进入厂商的生产函数之后，规模经济和范围经济的作用越来越大。被数字技术赋能的数字劳工（又称数字化劳动力）成为打破人与机器边界的新型劳动力，工业机器人取代工厂劳动力，承担单调、频繁、长时间重复、环境恶劣的工作。互联网平台聚集的资本成为产业资本，运用“连通性”产生市场规模乘数效应和潜在差异需求规模乘数效应，既能驱动平台经济创新，也是数字技术创新的动力。

3. 数字经济第三层是新生态环境层

基于新型基础设施的融合打造三个方面的生态环境。

运用大数据、人工智能、云计算、5G、工业互联网等技术，支撑数字基础设施与三次产业融合，促进一、二、三产业深度融合；上下游联动，营造应用场景和企业的创新生态，消费互联网和产业互联网协同融合发展。

技术创新形成新技术族群，技术集成推动数字技术集成创新。比如，区块链本身是多种技术的融合创新，区块链和人工智能、大数据、物联网等技术深度融合，推动技术集成创新和应用场景创新。

数字经济不仅是技术的变革，也是一连串的思维模式、行为习惯、制度和管理等软件系统的重大变革。政府、社会、平台和个人等经济主体围绕数据流动循环、相互作用，形成经济系统的新运行机制。

4. 数字经济第四层是新实体经济层

数字技术和数据要素双轮驱动三次产业数字化发展，出现智能制造、智慧能源、智能交通、智慧农业、精准农业、智慧物流、智慧交通、数字金融、数字商务等新业态、新模式。

一方面，通过产业融合、线上线下融合、要素协同，数字平台实质性参与实体经济价值创造，打破三次产业的严格区分，引发产业功能、形态、组织方式以及资源配置方式的变革，培育出生态普惠性的新型实体企业；另一方面，在商业模式上，传统行业龙头企业及大型数字平台发挥灯塔效应，运用工业互联网、人工智能、大数据、数字孪生等数字技术对传统产业进行全方位、全链条的改造，从大规模、社会化生产向个性化、柔性化、定制化生产转型，增长动力由要素驱动、投资驱动向创新驱动、数据驱动转换，必将形成创造新价值的新实体经济。

5. 数字经济第五层是新经济形态层

随着数字技术研发和应用催生出更多新产业，数字技术和数据驱动推动技术创新、产品创新、业态创新、模式创新和组织创新，培育出更多以实体企业为主体、打通产业供应链的数字平台，进一步推动经济社会数字化发展和向智能化演进。新消费、新生产、新服务和新金融，构成了数字经济的创新图景。严格意义上的新经济形态，是在生产和消费方面能够创造全新价值的经济活动。数据资产能够给个人和企业带来经济收益，比如，元宇宙构建一个全新复杂的数字生态系统，用户可在元宇宙中生产和生活、创造新价值。需要指出的是，数字经济的五个层次并不是严格区隔，在数字技术和数据要素两大力量的创新驱动中，构筑了“经济社会、物理世界、数字空间”融合的三重结构新框架。数字基础设施实现了三重结构的互联：在新生产要素层完成数据要素、数字技术、互联网资本与其他传统生产要素的整合；新生态环境层打造应用场景、数字生态和数字化治理，推动新实体经济层完成传统产业数字化转型；新经济形态层不断涌现新消费、新生产、新服务和新金融。

综上，数字经济的本质是由技术创新引发的经济范式转换和价值创造能力提高。

（三）数字经济的本质特征

一般认为，数字经济具有高创新性、强渗透性、价值增值性、广覆盖性等特征。根据数字经济五层次概念模型，分析数字经济的本质特征。

1. 智能互联是数字经济最显著的特征

智能的发展方向主要体现在产品和服务智能、装备智能和过程智能等方面；互联的发展方向是建设无界网，即人、企业、政府机构、物品智能互联的自适应、生态化网络，使人与人、人与机器、机器与机器、服务与服务之间能够形成一个互联，从而实现横向、纵向和端到端的高度集成。通过连接数的倍增、市场规模的扩大和应用场景的拓展，市场主体运用技术和数据形成了新的经济形态，如平台经济、共享经济、算法经济、零工经济、数字服务等。在智能互联的驱动下，产业结构将呈现以电子商务为核心的消费互联网和以无界制造为核心的产业互联网二元结构并逐步融合。

2. 数据成为数字经济的关键生产要素

数字经济发展始终是围绕数据这个核心生产要素重构企业和经济发展的强大驱动力。数字平台对传统流通、消费、生产体系的淘汰、升级、融合、重组、优化，背后的经济逻辑都必须基于数据的判断、预测和精准匹配。比如，Airbnb 租房、Uber 打车等共享经济模式的本质，就是挖掘数据的价值，构建新型的合作和信任体系，实现智能化供需匹配，从而提高资源配置效率。在数据、算法和算力的驱动下，实现线上线下全网全域全渠道、端到端的全链条、全流程、全场景的连接，打造丰富的人与机器无缝衔接的应用场景，数据自动流动和循环利用，推动技术创新、组织变革和动力变迁。

3. 数字平台培育数字生态成为融合发展的载体

数字平台是数字经济最重要的组织形式，它不同于工业经济时代的企业。一方面，在数字平台上，人的行为方式、定价机制、匹配效率、盈利模式等发生了革命性变革；另一方面，数字平台营造数字空间与物理世界互联互通的数字生态，平台、企业、用户、政府和其他参与者形成价值创造共同体。比如，电子商务平台融合了生产、贸易、支付、仓储、物流、快递、广告等相关行业，催生了社交电商、直播电商、社区团购、即时零售等新业态，改变了人类的消费方式。再如，工业互联网平台在航空、石化、钢铁、家电、服装、机械等行业，有效整合了产品设计、生产制造、设备管理、运营服务、物流和售后服务等数据资源，呈现出跨界运营、价值共创和产用融合等横向分层特征。

4. 数实融合促进工业经济向数字经济演进

数字化转型是传统经济适应技术创新的必经之路，使数字技术与实体经济深度融合、数字经济与工业经济深度融合，培育经济增长新动能，实现内生经济增长。比如，传统制造业数字化转型，本质上是利用数字技术驱动商业模式创新与转型，从大规模生产转向个性化定制，整个生产过程更加柔性化、个性化、智能化，同时企业的经营理念、组织模式、治理模式和盈利模式也转型为新的价值创造、转化、实现体系。再如，农业数字化转型，既要通过数字技术提高农业生产能力、管理水平、生产效益和资源利用效率，又要通过电商平台实现产—供—销精准对接，改造传统农业管理模式、改变农业生产方式、提高农产品销售效率，促进一、二、三产业深度融合。在工业化，由工业经济向数字经济发展的数字化过程中，技术与经济融合、新旧经济融合、三次产业融合将是长期的过程，也是数字经济的显著特征。

5. 基于数字技术和数字平台不断催生全新的商业形态

随着数字经济的发展，会出现技术和数据驱动产业数字化，新经济形态创造新价值，新价值创造驱动经济增长的现象，形成正向反馈的闭环，产生完全不同的商业模式和形态。智能技术群是数字经济创新发展的基本驱动力，而多种技术的集成和融合创新形成乘数效应。比如，数字孪生通过整合实体、数据、技术三大核心要素，构建物理实体、虚拟实体、孪生数据、连接和服务五个维度的数字孪生体系架构，有可能孕育出众多的商业形态。再如，车联网在车载信息服务、车路协同、智慧交通等方向发力，汽车有望成为一个高度智能化的办公、消费和生活娱乐的移动空间。依托数字技术和数字平台，三次产业的界限更加模糊，围绕生产、生活和工作等方面将创造出层出不穷的新产品、新服务，数字平台创造出新的价值。

6. 新治理体系是数字经济健康发展的重要保障

数字技术快速更新迭代，为数字化转型提供不竭动力的同时，也产生了新的风险，对经济运行造成冲击、带来不确定性。比如，高度集成的信息系统安全风险、数据泄露风险、企业数字化转型风险等，大型平台“大而不能倒”的运营风险、垄断和资本无序扩张等问题也与数字经济的发展相伴而生。数字经济新范式的演化和确立，既需要创新治理体系有效解决内在矛盾和外部制约因素，更需要建立一套规则和制度环境来促进数字技术扩散和数字平台生态健康发展，形成新经济自我强化的良性循环。

第二节　数字经济评估的理论视角

一、数字经济的相关研究

数字经济一词最早出现在 1996 年，但受数字经济发展程度的限制，以往对数字经济的主要研究集中在信息经济和互联网经济等方面，2015 年后对数字经济的研究才逐渐增加（陈晓红，等，2022）（见图 1–1）。

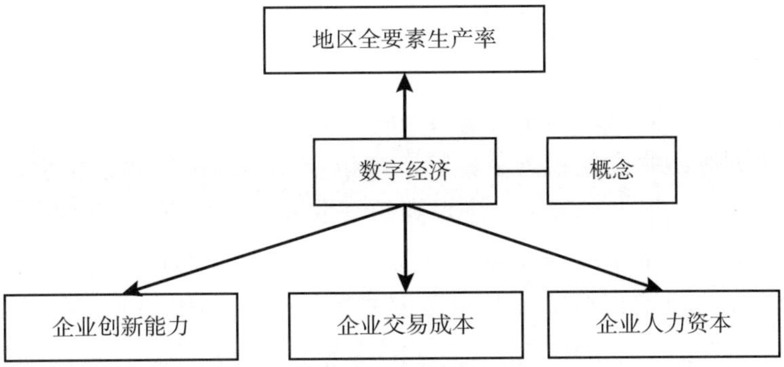

图 1-1　数字经济的相关研究

（一）数字经济的概念

现阶段，数字经济尚处于初始起步阶段，难以做出完整准确的定义（易宪容，等，2019）。1996 年 Tapscott 最早发明了“数字经济”这个词汇，将其表示为“通过其他新技术展现一切事物的形态”。根据这一定义，较早的文献普遍认为数字经济是一种新兴经济形态，改变了商品和服务的交易方式（Kim，等，2002）；随着数字经济的发展，lshnan 和 Teo（2012）、Georgiadis 等（2013）分别从政府治理和电子商务发展的角度研究数字经济，认为数字经济不是全新的经济，是由过去的信息基础设施演变而来，借助信息通信技术来完成常规经济和社会活动的全新经济形式。2015 年，OECD 给出了测算数字经济的框架。之后的文献对数字经济的定义趋于一致，但具体研究内容仍有较大差别。最近的研究中如 Sorescu 和 Schreier（2021）认为，数字经济的概念不是一成不变的，数字经济不仅包括生产者、机器和数据之间的联系，还包括消费者在对产品的创新水平的评估。

我国对数字经济的研究刚兴起时，张雪玲和焦月霞（2017）认为数字经济借助当前数字硬件或软件技术产生的方法，使得国民经济的发展方向产生一定的变动。但裴长洪等（2018）认为，数字经济不仅包括数字基础设施，还包括数据信息及其传送技术手段，才能实现传统经济的飞跃。左鹏飞等（2021）进一步对这一经济业态作出解释，认为“数字经济”的核心生产要素为数据，且与以往农业经济、工业经济不同，数字经济中的数据要素与传统生产要素能够实现高度协同，从而促进产业实现数字化转型升级。

以上这些定义虽然略有差别，但其内涵与 2021 年中国信息通信研究院对数字经济的概括较为类似。信通院同样把数字经济视为一种经济形态，这种经济形态通过数字技术，将高度数字化的知识技能作为生产要素，直接投入生产中，借助互联网等信息技术，重新构建经济社会的发展模式。

（二）数字经济对地区经济增长的影响

数字经济的定义表明，数字经济是一个宏观的、整体性的概念，政府发展数字经济的目的是提高当地经济发展水平。因此，现有的研究大多集中在数字经济对地区层面经济增长的影响。

大量研究表明数字经济促进了区域经济增长。Nath 和 Liu（2017）从贸易的角度研究数字经济的影响，其研究发现ICT技术能够降低信息搜寻成本，促进出口贸易的发展，从而拉动经济增长。Ojanpera等（2019）得出了数字经济能够创造知识和技能，但会加剧经济发展不均衡的结论。经济发达的国家能够利用数字经济创造出更多知识资本，但非洲和拉丁美洲等国家即使投入了大量资金也未能实现由传统经济形态向数字经济的转型。我国的文献主要集中在数字经济对高质量发展的路径研究。罗珉和李亮宇（2015）基于数字经济所产生的网络技术产品的互联互通效应，认为数字经济能够连续挖掘消费者深层次的需求，这对区域高质量发展具有边际效应递增的非线性特征（赵涛，等，2020）。段秀芳和徐传昂（2021）认为数字经济能对传统经济部门的产业进行优化调整，形成成本节约效应，从而提高全要素生产率。李宗显和杨千帆（2021）、杨慧梅和江璐（2021）等研究认为，数字经济的出现使得传统地理位置对经济活动的限制大大减弱，区域间经济活动的关联深度得以加深，因此数字经济所包含的互联网经济、数字金融等方面对经济发展存在空间溢出效应。

二、数字经济的理论分析

理论视角是评估的隐含起点，深层次的决定评估方法、指标设计与结果解读。数字经济评估主要适用的理论包括创新系统、生态系统和新制度经济学等（参见表1–1）。

表1–1　数字经济评估的理论视角

理论视角	创新系统	生态系统	新制度经济学
具体理论	技术创新系统、产业创新系统、国家创新系统	创新生态系统、数字生态系统	交易成本理论、产权理论
理论聚焦	技术创新的微观情景、创新的市场应用、政府对创新活动的干预	创新主体间的竞合、共生、赋能	交易成本、产权界定
边界界定	技术系统、产业系统、区域或国家等地理边界	跨技术、跨产业、跨地理区域	一般以国家制度体系为边界
评估侧重的特征因素	数字经济规模、技术	数字经济生态	数字治理
评估方法	数字规模测算、综合指数法	综合指数法	综合指数法
评估指标设计	数字经济产业的规模、速度和结构；基础CT技术和前沿数字技术的研发和应用	数字要素流动性，数字主体的完备性，数字技术对传统产业的渗透、融合与赋能	数字交易成本、数字鸿沟、数据安全等

创新系统理论下的数字经济评估方法包括经济规模测算法和综合指数法，用于重点评估数字经济的规模和技术。创新系统理论视角具体包括技术创新系统、产业创新系统

和国家创新系统等理论。技术创新系统理论关注某个特定的技术或产品在研发和扩散中的动力和障碍，尤其是具有颠覆性影响力的技术或产品创新。

产业创新系统是指对特定新产品的发明、生产和销售具有影响的市场与非市场的互动关系，聚焦于产业的垂直分工体系中的创新。在较为清晰的产业结构和边界的基础上讨论特定技术和产品创新的环节和转化过程，强调市场端的需求对创新的作用。

以上两种创新系统理论都是以企业为主要创新主体、以市场为主要创新机制、以技术或产业为创新边界。与此不同的是，国家创新系统理论更加强调国家在创新体系中的作用。创新在政府、产业界和高校的互动间产生，形成官、产、学的“三螺旋”模型。创新系统的边界是地理边界，而非技术或产业边界。

创新系统视角下的数字经济评估关注数字经济的规模和技术两类特征因素，典型评估指标包括数字经济产业的规模、速度和结构，基础信息通信技术的应用普及程度，云计算、人工智能、物联网等前沿数字技术的研发和应用；生态系统理论视角下的数字经济评估方法以综合指数法为主，指标设计中侧重于数字经济的生态维度。管理领域的生态系统理论以自然生态系统类比，强调主体间的动态演化、系统共生关系，生产力、稳健性和主体多样性，是衡量生态系统健康程度的重要维度。

生态系统理论与创新系统理论的核心区别在于：前者将自然形成的“生态”的概念引入人为创造的系统中。创新不再被视为某种线性或机械的过程，并且突破了特定技术、产业和地理边界，创新活动呈现出鲜明的跨界和融合之势。在某些生态系统中，数据成为核心生产要素，数据要素、数据要素的提供者、数据要素的使用者等异质性数据主体及其复杂关系构成了复杂适应系统，被称为数字生态系统。

相比传统生态系统，数字生态系统具有多中心、多网络的结构特征和“共生”“竞合”“赋能”等主体行为特征。因此，生态系统视角下的数字经济评估的重点指标包括数据要素的流动性、数字主体的完备性，以及数字技术对传统产业的渗透、融合与赋能等。新制度经济学视角下的数字经济评估方法以综合指数法为主，指标设计中侧重于数字经济的治理制度。新制度经济学将制度视作经济增长的关键，其理论基础是交易成本理论和产权理论。交易成本理论以交易为基本研究单位，主要包括搜寻信息、达成合同、签订合同、监督合同履行和违约后寻求赔偿等伴随整个交易过程发生的全部成本，产权作为一个权利束，包括所有权、使用权、收益权、处置权等。

新制度经济学视角下的数字经济评估注重从政府制度供给侧评价，评估数字经济发展的制度成本，并进行跨国间比较。评估指标主要包括数字贸易的主体准入、数据和商品流动、数字知识产权界定、数据鸿沟和数据保护等方面的法律政策环境。

三、数字经济与管理变革的关系述评

数字技术的广泛应用不仅加快了信息传播的速度，也使得满足用户需求成为企业价值创造的核心理念，进一步提升了用户在经济市场上的地位与作用。可以说，数字经济正在重塑过去的商业逻辑，进而引发管理活动的全方位变革。

（一）基于不同视角的数字经济与管理变革之间的因果关系研究

数字经济促进管理变革的核心问题在于：数字经济与管理变革之间存在什么样的关系？即它们之中谁是“因”，谁是“果”；到底是数字经济的发展推动了管理变革，还是管理变革促进了数字经济的发展？事实上，关于经济发展与管理变革之间关系的研究由来已久，早在数字经济诞生以前的工业经济时代，便有一批学者基于不同的视角对此问题展开了探索。这些研究视角大致可以归纳为三种：第一种研究视角将经济发展看成是“因”，管理变革看成是“果”，若采用该研究视角，则可以认为数字经济的发展推动了管理变革；第二种研究视角将管理变革看成是“因”，经济发展看成是“果”，若采用该研究视角，则可以认为管理变革促进了数字经济的发展；第三种研究视角主张经济发展与管理变革之间的双向影响，若采用该研究视角，则可以认为数字经济与管理变革之间是“互为因果”的关系。

1. 创新理论视角下的相关研究

创新理论最初于1912年由熊彼特创立，在其经典著作《经济发展理论》中，他极具开创性地指出，创新、经济发展以及经济周期三者之间具有密切的联系，由此拉开了人们关于创新与经济发展及其周期之间关系的研究序幕。创新与变革是相辅相成的，创新也意味着变革。因此，熊彼特的创新理论也为研究经济发展与管理变革之间的关系提供了全新的视角。

在熊彼特看来，“创新”指的是生产要素的重新组合，其目的在于建立一种全新的生产函数，以此来实现一系列从未有过的，关于生产要素或生产条件的“新组合”。在他看来，工业资本家是资本主义长久发展的关键，他们作为企业家最重要的职责便是进行“创新”，实现生产要素或生产条件的“新组合”。随着这种“新组合”不断涌现，资本主义社会将会迎来经济的高速发展。因此，在资本主义社会中，经济发展可以视作持续创新的结果，通过一系列“新组合”，资本家将会获得更多“熊彼特租金”（也称企业家租金），即最大限度地获取由创新带来的潜在利润。熊彼特认为，创新是经济发展的根本动力，并将经济发展视作为创新的结果和创新的函数。基于这一观点，我们不难得出，生产技术、流程以及方法的变革（管理变革）将会在经济发展过程中发挥关键作用。

熊彼特进一步指出，生产技术革新将会提升机器设备的性能，从而引发生产方式和组织方式的变革（管理变革）。这种变革是持续不断的，并将会成为经济增长的内生动力。虽然熊彼特在其提出的创新理论中强调了由创新引起的技术进步对于经济增长的重要作用，但是他并非想以此来解释经济增长现象，而是想探究经济发展背后的周期性规律。熊彼特将经济周期产生的原因归结为创新和变革的非连续性，正是由于生产要素的“重新组合”是非连续性的，因此产生了经济周期的现象。

基于熊彼特的创新理论，我们可以得出，创新并非由少数精英所推动的发明创造，而是企业有规划、有意识的行为。创新不仅包括生产技术的革新，也包含了管理的变革，而这种管理的变革在数字经济发展中起到了关键作用。因此，管理变革促进了数字经济发展，其中管理变革是“因”，数字经济发展是“果”，详见图 1–2。

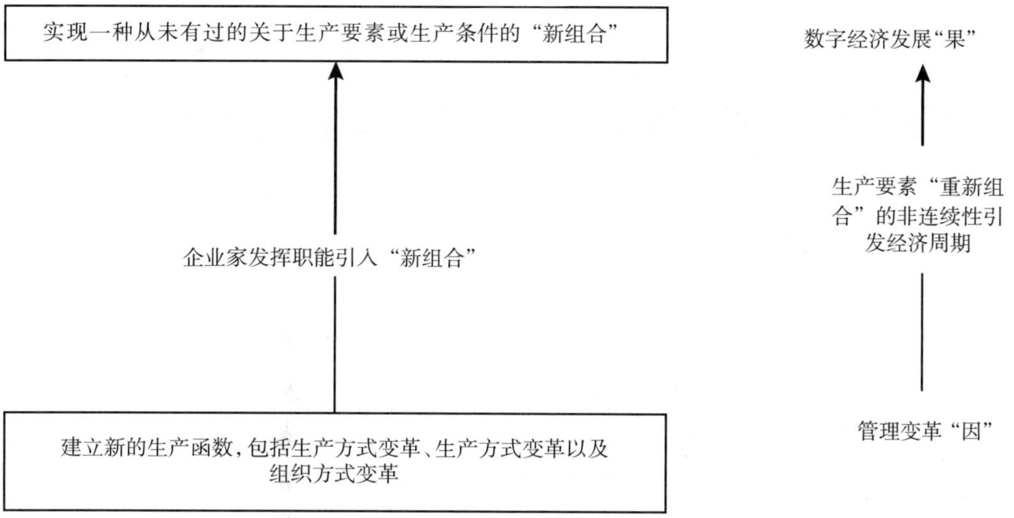

图 1–2　创新理论视角下管理变革促进数字经济的路径示意图

2.“25 年周期进化说”视角下的相关研究

到目前为止，学术界关于数字经济发展与管理变革之间关系的探讨，大多是围绕两者之间的单向作用机制进行的，且通常包含着循环往复般的宿命性特征。在这些研究中，有一部分将数字经济发展看成是“因”，管理变革视作为“果”；还有一部分则将管理变革看成是“因”，数字经济发展当成是“果”。事实上，数字经济发展与管理变革之间不仅存在单向的因果关系，还存在互为因果的可能。

林新奇选取中、美、日等典型代表国家，对这些国家的经济发展沿革及其管理变革历史进行梳理，重点考察了上述典型国家经济发展与其人力资源管理变革之间的关系，发现两者存在互为因果和周期进化的规律性特征，从而提出“25 年周期进化说”。“25 年周期进化说”试图打开经济发展与管理变革之间的“黑箱”。相较于政治经济学视角或创新理论视角，该学说摆脱了轮回反复的特征，说明经济发展与管理变革是逐步发展、提升和进化的。从“25 年周期进化说”的视角出发，在每一轮进化周期中，经济不断向前发展都势必会推动管理变革，尤其是人力资源管理变革，而管理方面的变革又会反过来促进经济朝着更高维度发展。

基于“25 年周期进化说”学说的观点：随着数字经济不断向前发展，将会出现一个又一个阶段性的管理变革的高潮，并呈现周期进化的规律性特征，其周期间隔约为 25 年。进一步归纳得出，数字经济的发展必然会引发管理变革，尤其是人力资源管理变革；而管理变革，特别是人力资源管理变革，则会反过来作用数字经济的发展。因此，在这样一个互动过程中，数字经济发展与管理变革之间是“互为因果”的关系。从数字经济发展的角度来看，数字经济既是引发管理变革的原因，也是管理变革产生的结果；从管理变革的角度来看，管理变革不仅是促进数字经济发展的原因，也是数字经济发展的结果，详见图 1–3。

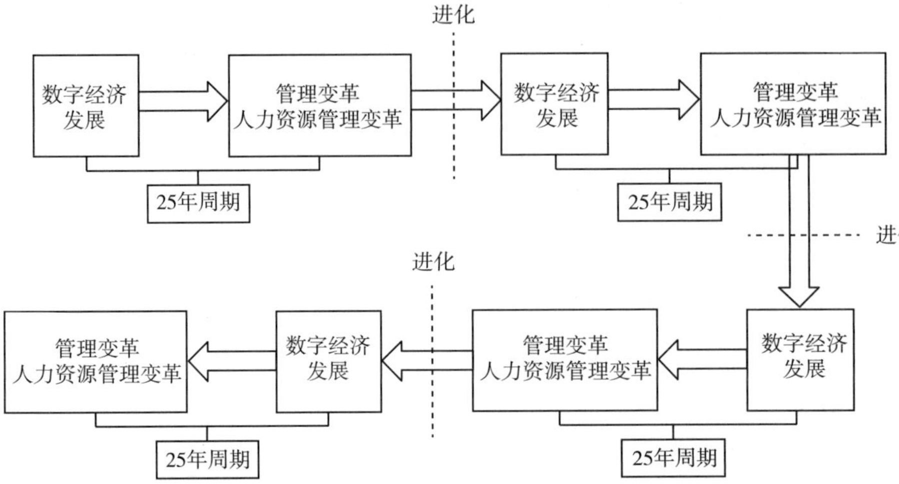

图 1-3 “25 年周期进化说”视角下数字经济与管理变革之间相互作用的路径示意图

（二）数字经济促进不同层次管理变革的相关研究

管理变革是组织变革的核心。组织在发展过程中，时时刻刻都在经历变革的考验。现代管理学之父彼得·德鲁克曾经这样对组织变革进行阐述：“管理变革是无处不在和无法避免的，人们无法左右变革，唯一能够做的便是尽可能地走在变革的前列。”这一观点充分说明，管理变革贯穿于组织活动的始终，涉及组织活动的方方面面。因此，管理变革是一个多层次的复杂体系。

管理变革大致可以划分为四个层次的内容，详见图 1-4。第一个层次较为具体，属于技术层面的内容，是最容易被察觉到的；第二个层次属于机制层面的内容，涉及人力资源管理的主要模块，包括绩效管理、劳动关系管理、薪酬福利管理、培训与开发、招聘与配置、人力资源规划等；第三个层次属于制度层面的内容，包括各类管理制度、管理体制和管理模式；第四个层次则更加抽象，属于观念层面的内容，包括管理观念、管理理念和管理哲学。这些内容的变革也意味着管理的指导思想发生了相应转变。

通常来讲，管理变革往往是从技术层面逐渐向其他层面扩散的，即由具体到抽象。因此，基于管理变革的不同层次，可以将数字经济促进管理变革的研究归纳为四个方面：其一，数字经济促进管理技术变革的相关研究；其二，数字经济促进管理机制变革的相关研究；其三，数字经济促进管理制度变革的相关研究；其四，数字经济促进管理观念变革的相关研究。

1. 技术层面

目前，学术界对于数字经济的认识主要有两个角度，第一种是基于“能源基础观”的视角，侧重于从可再生能源技术变革的角度出发，强调可再生能源、分布式能源生产和配置、氢能存储和新能源汽车等技术变革带来的影响；第二种则是基于“结构性技术基础观”的视角，侧重于以人工智能、区块链、云计算和大数据（即 Artificial Intelligence，Block chain，Cloud Computing，Data，以下合称为 ABCD+）为代表的底层数字技术对生产方式和组织方式的影响。

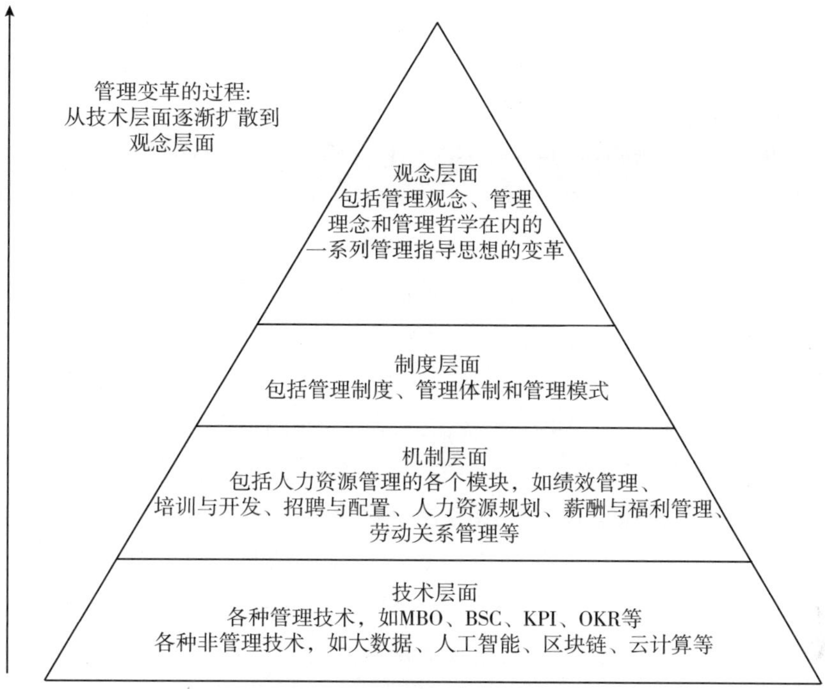

图 1-4　管理变革的层次体系图

如果要探讨数字经济对管理技术变革的促进作用，应该基于第二种视角，即“结构性技术基础观”视角。数字经济促进管理变革往往是从技术层面开始逐渐渗透的。数字技术首先被应用于工作场所内部，这些突破性数字技术能够对日常工作活动产生直接影响，并引发相应的管理变革，其中技术应用层面的管理变革是最容易被察觉到的。

陈春花认为，数字经济时代的人力资源管理需要从管控转向赋能，使得人力资源与组织战略协同一致，而 OKR 这一赋能工具能够较好达成这一目的，它可以促进个体目标与组织目标更好地融合。在她看来，OKR 不仅能够确保员工将精力集中在核心目标上，还能够使个体、团队与组织被充分激活，实现从“要我做”向“我要做”的转变。黄雪明指出，随着人工智能技术在商业活动中的广泛应用，在未来，智能机器通过深度学习和智能算法，将会拥有决策、判断、预测等过去只有人类才有的能力，从而承担越来越多的管理工作。

李雪洁进一步指出，数据将会成为数字经济时代下企业发展的关键性资源，因此，数字经济对管理变革的直接影响主要表现为管理决策的数据化。借助 ABCD+ 等数字技术，原先通过经验和直觉进行的“拍脑瓜决策”和以描述性统计结果为根据的管理决策方法，将逐渐转变为以量化数据为依据的精准决策。田圣海同样持相似观点，他认为数字技术使得企业能够有意识地主动运用科学决策方法，从经验和理论、定性和定量、因果和统计、结构和功能、实验和个案等不同角度，提高数据分析在管理决策环节中的比重，从而使管理技术的数字化程度明显提高。王钦提出，智能工业革命所代表的各种突破性数字技术正不断激发管理技术变革。一方面，数字技术的广泛运用提高了信息传递、搜集和处理的效率，使得数据成为堪比土地、设备和货币的核心生产要素；另一方面，数字化基础设备的大范围普及为经济活动过程中数据的运用提供了稳定的现实基础。随着数字经济的发展，企业能够更加及时高效地管理多种数据资源，管理方法也趋于精准化和细致化。

通过回顾数字经济影响管理技术变革的相关文献，我们不难发现，已有大部分研究是从“结构性技术基础观”的视角出发，考察数字经济与管理技术变革之间的相互作用关系。这些研究大多涉及了数字化技术对于管理效率和灵活性的直接影响，这些现象恰好是在工作场所中最容易被观察到的。一般来说，数字经济对管理变革的促进往往始于技术层面，这种变革可以视为企业数字化转型的最初阶段。

2. 机制层面

机械化大生产的过程离不开各种信息的协调，因而在工业生产活动中，企业总是会不遗余力地获取各类数据信息。但是，在工业经济时代下，企业作为经济活动的主体，却往往是一个被各种制度和层级所包裹的封闭系统。企业的边界在客观上抑制了信息的流动，并在一定程度上使得企业之间成为相互独立的信息孤岛。随着数字经济的发展，ABCD+ 等技术的广泛应用改变了这一状况，企业之间能够更加迅速地建立起相互连接的商业网络，组织内外部的边界正在被数字化连接打破。在底层数字技术的支持下，人们的工作方式发生了一系列转变，由此引发的管理变革逐渐从技术层面扩散到机制层面。

作为一种有别于传统的经济形态，数字经济改变了原本的商业模式，重塑了企业之间的竞争机制。Porter 指出，传统制约信息流动的因素正在被消除，用户与企业之间的互动比以往任何时期都要更加频繁和高效，商业竞争的过程逐渐从“市场内部的竞争”转变为“市场之间的竞争”。Forman 等提出，伴随数字经济的兴起，日益增长的数据将会为企业管理机制和业务流程的优化提供重要保障。与那些较少采用数字技术的企业相比，能够灵活应用数字技术的企业更容易在市场上建立起可持续竞争的优势。Porter 等认为，数字技术的普及打破了企业原有边界，使得企业跨界发展成为可能，从而引起组织机制和结构的转变。与传统的 ICT 技术相比，数字技术的最大特点在于：它能够大幅度地扩展数字化设备的性能，并基于数据生产重新定义客户价值、竞争边界和竞争机制。

数字经济对管理机制变革的影响同样也体现在组织结构的变化上。企业是进行经济活动的微观单元，其战略将会影响组织结构的形成。Jacobides 等认为，数字经济背景下的企业战略更加强调企业之间的协同作用，企业之间的竞争转变为平台之间的竞争或生态圈之间的竞争，并且推动组织结构不断向着网络化和扁平化的方向发展。Adner 也持相似的观点，他认为组织打破科层制、金字塔式架构是数字经济时代的必然趋势，这种扁平化的组织架构不仅能够大幅度减少组织层级，还有助于拉近企业与用户、供应商的距离，最终形成一个包含各方利益主体在内的生态系统。Hagiu 等指出，这种网络化和扁平化的组织结构加快了信息流动的频率，有助于不同参与者之间建立信任关系，进一步提高了生产要素流通对于价值创造的贡献程度。

数字经济的快速发展同样也推动了企业生产机制的转变。Moon 等指出，底层数字技术的大规模应用，不仅强化了企业对生产流程的管控，更重要的是让用户参与到产品生产和优化的过程中，以此实现产品种类的丰富和产品质量的改善。王如玉认为，数字化技术的普及打破了传统意义上物质生产的局限性，成为连接虚拟与现实的桥梁，从而实现“从原子到比特”的飞跃，比特将会成为水和电一样的生态要素，渗透到组织生产的每个环节。Goldfarb 等进一步指出，数字经济能够提升企业生产的柔性化和智能化水平，借助数字化技术，企业可以根据用户订单的需求，制订合理的生产计划，弹性释放产能。

通过回顾数字经济影响管理机制变革的相关文献，我们可以发现：数字经济对管理机制层面的促进主要体现在三个方面：其一，数字经济重塑了原本的商业运行机制，使得商业竞争过程由“市场内部的竞争或企业之间的竞争”逐渐转变为“市场之间的竞争或企业平台、生态圈之间的竞争”；其二，数字化技术的普及提高了信息传播效率，推动组织结构朝着更加扁平化和虚拟化的方向发展；其三，在数字经济背景下，企业面临的市场环境充满了复杂性和不确定性，企业不得不快速响应市场需要，从而建立起以满足用户体验为核心的生产机制。一般来说，随着数字化技术在商业领域的广泛应用，数字经济对管理变革的影响也将会从技术层面逐渐扩散到机制层面。

3. 制度层面

数字经济不仅提高了工作场所内的效率，也形成了一种全新的生产组织形式，重塑了社会生活形态。当人们逐渐意识到数字经济带来的一系列变化后，管理机制层面的变革将会不可避免地扩散到制度层面。就管理制度层面的变革而言，最直接的表现就是用工制度的转变。

在工业经济时代，企业用工制度呈现出直接雇佣和刚性化的特点，人工费用占据了成本支出的很大比重。进入数字经济时代，企业面临更多转型升级压力，凸显出传统用工制度的弊端。Bresnahan 等指出，数字技术与劳动力结构之间的错配将会不可避免地引发“数字鸿沟”问题，使得企业获得的创新产出减少，从而削弱了数字技术带来的积极影响。Black 认为，底层数字技术的应用对于企业生产率的影响实际上是不确定的，只有在特定情境下通过合理的方式与高技能劳动者相结合，才有可能产生正向的促进作用。Autor 等同样支持这一观点，在数据分析和解决复杂问题方面，高技能劳动者拥有更多优势，他们能够对数字技术进行高效赋能和补充，因而在劳动力市场上的需求与日俱增。Akerman 等则认为，数字经济的高速发展促进了企业与高技能劳动者之间的精准匹配，双方能够基于共同目标建立起短期、灵活的合作契约关系，使得企业用工制度更加弹性化。

如果说用工制度关注的是企业与劳动者之间的问题，那么公司治理制度则侧重于公司股东与高层管理者之间的关系。在工业经济时代，公司治理制度主要被用于解决“委托代理”问题。为了降低职业经理人利用信息不对称的优势为自身牟利，进而损害股东利益的可能性，传统公司治理制度通过引入独立董事和股东代表大会等机制维护股东们的正当权益。然而，资本与生俱来的逐利性必然会引发短期导向与长期导向的冲突。股东作为人格化的资本往往追求的是短期效益最大化，这一目标与企业可持续发展的愿景背道而驰。

在数字经济时代，知识成为企业的核心生产要素之一，知识背后所代表的智力资本是企业价值创造的重要来源。然而，对于股东权益的过度保护将会把物质资本和智力资本放在对立的位置。在传统公司的治理制度下，“一股一票”的机制使得企业创始人及其团队在外部资本进入后，越来越难以主导其行进的方向，甚至面临着被股东代表大会清理出局的危险。此外，资本的不断注入和套现离场将会引发公司管理层的频繁变动，极大削弱了企业经营发展的活力。因此，在数字经济时代下，公司治理制度也会发生相应转变，其变革成为大势所趋。Harry 等（1985）提出，投票权与分红权分离是未来公司治理制度变革的重要方向。通过引入“双重股权激励机制”，能够有效提高上市公司的智力资本投资，对创始人及其团队的激励作用也更加明显。Fischel 进一步指出，由于高层管理者能够更好理解公司的价值，给予其较多投票权能够避免公司在管理者不知情的情况下被收购。Dimitrov 认为，“同股不同权、同股不同利”的股权结构能够抑制资本追逐短期利益的动机，从而提升投资者的长期收益。Jordan 则认为，以“AB 股”为核心的股权治理结构增加了高层管理者的责任感，使其更加注重企业的长期价值创造。此外，公司治理制度的变革也为企业的发展道路提供了更多可能性，企业能够以更低的成本获取跨界支持，从而使跨界经营成为商业活动的常态。

在数字经济时代，企业巨头能够凭借自身拥有的大量用户资源数据，轻易跨界到其他商业领域。Hagiu 等将这一现象背后的原因解释为，单一数据来源无法帮助企业建立长期竞争优势。因为同类数据中包含的信息难以适用于其他用户群体，企业只有通过跨界经营才能够获取更加丰富的用户资源数据。Lansiti 等进行了更为详细地阐述：拥有海量用户数据的企业将会对那些缺少或不重视用户数据的企业造成降维打击。对于那些缺乏获取数据能力的企业而言，在面对来自其他领域的跨界竞争对手时，这些企业将会逐渐丧失优势，并最终在市场上处于弱势地位，甚至有被淘汰的危险。由此，“跨界打劫”将会成为数字经济发展过程中商业运作的常态。林新奇等以互联网餐饮外卖行业为例，指出电商企业通过不合理的“差评”制度，将平台与消费者之间的矛盾转嫁到外卖骑手和消费者之间，而资本置身事外，赚走了最多的钱，成为幕后的最大赢家。显然，这种“本末倒置”的绩效管理制度也亟待变革。

通过回顾数字经济影响管理制度变革的相关文献，我们不难发现，数字经济对管理制度层面的促进主要体现在以下三个方面：

第一，传统的刚性用工制度难以适应数字经济发展的需要，越来越多的企业采用更加弹性化的用工制度。

第二，知识成为数字经济时代最重要的生产要素之一，而作为知识载体的个体更是企业的宝贵财富，为了留住和激励更多高素质人才，企业在治理制度上进行了相应调整，以降低资本盲目逐利的可能性。

第三，依托于数字化技术在商业活动中的全面渗透，企业对员工的管控越来越细致，由此形成更加精细化的管理考核制度。简而言之，数字经济对管理变革的影响是全方位的，不会止步于技术层面或机制层面，随着数字化技术在经济部门的持续渗透，管理制度层面的变革也将不可避免。

第三节　数字经济的发展概述

一、数字经济的发展规律

数字经济本质上具有很高的技术属性，数字经济的五个层次构建了技术–经济范式结构。数字技术通过“互联→数据→融合→转型→创新”路径，形成“新基建→新要素→新生态→新模式 / 新业态→新经济”的经济维度。这个结构既有利于我们理解数字经济的“新”，也有助于我们分析数字经济的发展规律和趋势。

（一）数字经济技术–经济范式的出现

一个革命性的关键生产要素是新范式出现的关键，关键生产要素的特征是降低相对成本和普遍有效性。数据成为关键生产要素是数字经济的技术–经济范式出现的关键。

数据是数字技术渗透经济活动的副产品。数据具有非竞争性，数据要素的成本明显便宜且越来越低，在可预见的未来“取之不尽、用之不竭”，而且在应用中无处不在，具备了成为关键生产要素的基本条件。数据要素成为关键生产要素是数字经济的标志。经济增长将从主要依靠能源等自然资源的投入，转向主要依靠数字技术发展而实现的数据要素廉价投入的转换。一方面，数据的非竞争性导致利润增加，即使在考虑隐私的情况下，数据在公司之间广泛使用也可能带来社会福利增加，这是数据要素提高生产率的基本驱动力；另一方面，数据的积累有助于产生更多的创意和技术进步，是数据要素影响经济增长的另一重要途径。此外，数据要素在与其他生产要素的结合过程中，也可以降低资本和劳动力等其他要素的成本，从而带动其他产品生产效率的提高，推动综合生产力提升。

新技术和新型基础设施重塑了数字经济底层技术。数字基础设施的成本优势主要表现在直接降低价格和间接通过增加用户的市场覆盖率实现规模经济。新型基础设施是数字经济运行的基础。一方面，数据要素的采集、存储、流通和应用必须基于数字基础设施。实现生产设备、产品、服务、应用场景以及用户之间的智能互联，必须建立在“经济社会—物理世界—数字空间”这个联通互动、数字孪生和虚实交融的技术底座之上。数字技术的互联效应大幅提高了数据要素的边际产出，从本质上改变了增长函数的形式，由此可能使总产出呈现出类似指数增长的情况。另一方面，人工智能等数字技术加速数据在各主体之间的充分流动与连接、技术融合、集成应用不断催生出新商业模式。比如，数字技术促进三次产业融合的趋势越来越明显，在数字经济中将难以明确区分三次产业。

数字平台成为市场和企业之后资源配置的新型组织模式。不同于工业革命围绕工厂组织生产，数字平台具有多边架构和网络效应两个主要特征。一方面，数字平台打破了原有的等级结构，凭借巨大计算能力、复杂算法和大数据，通过多边平台进行的市场交易，能够将一些成本（搜索成本、复制成本、运输成本、追踪成本和验证成本）降低到几乎为零；另一方面，数字平台通过网络效应取代垂直整合的企业，数字经济活动（C2C、B2C、B2B）围绕基于价值创造和价值分配的平台生态系统进行重组，将少部分要素市场外部化到生态系统中，两组自治的参与者（创业者和用户）通过互补性和分布式治理结合在一起，驱动了企业通过多边架构的开放式创新实现价值创造与共享。

（二）数字经济的技术发展规律与经济发展规律

数字经济发展规律主要体现在数字技术和经济形态两个层面。数字技术的典型特征是指数增长，在计算（Compute）、带宽（Bandwidth）、网络（Network）、数据（Data）和能耗（Energy）等方面分别有摩尔定律、吉尔德定律、梅特卡夫定律、“大数据定律”和库梅定律，合称为“CBNDE 定律”。该定律实际上是经验法则。技术的变革和演进是复杂的，随着新技术的研发和集成，数字技术有可能出现新的发展规律。

从经济形态来看，数字经济将有可能不再按照工业经济时代的三次产业进行划分，呈现出场景化、平台化、生态化、数智化的发展规律。

1. 生产和生活呈现出数字化应用及其数字化场景

技术群落将企业活动的边界不断拓展，打通生产、分配、流通、消费各个环节，模糊生产、消费、服务等边界；业务系统利用数据和系统实现大集成、大融合，生产和生活都在各类数字场景中完成。

2. 资源配置平台化

数字平台整合生产、交换、分配和消费环节，产业链和上下游企业主要依靠平台进行资源配置。经济平台化使得资源配置扁平化，国家之间发展经济的竞争重心从产品竞争、技术竞争、商业模式竞争、产业链和供应链竞争，逐步演进为大型互联网平台及其生态体系竞争。

3. 经济环境生态化

智能互联不断放大和扩散“平台＋生态”产生的价值和利益，拥有技术和数据优势的平台驱动生态在更大范围内实现共享、互补和普惠；网络协同效应、蒲公英效应和生态竞争等加剧；生态化不断强化跨界融合，颠覆性创新不断涌现，进一步推动更多的技术、业态和模式创新，从而变革经营管理模式。

4. 智能经济是工业经济完成数智化转型后的数字经济成熟形态

与工业经济的工业化概念相类似，数智化是数字经济创造的新价值在国民生产总值的比重不断上升的过程，以及从事数字经济的就业人数在总就业人数的比重不断上升的过程。未来的经济社会是物理世界、数字世界和意识世界构成的复杂世界。比如，元宇宙可以将虚拟世界与现实世界无缝融合，有可能成为数字经济的未来载体和重要形态。

（三）数字经济发展的四个阶段

根据数字技术对经济社会的影响，从数字经济五层次模型的视角，把数字经济的技术－经济发展浪潮分为两个时期四个阶段。

1. 范式导入期

在范式导入期，新范式给经济发展带来了三个重大的变化。

（1）数字平台的兴起

2010 年前后，谷歌、阿里、腾讯、京东、Airbnb、Uber、Snap、Facebook、Twitter、WhatsApp、OpenTable 等互联网公司的成立，平台革命将数字经济推到狂热阶段。数字平台作为价值创造、业态创新和资源配置的新兴组织形式，通过降低信息成本和提高匹配效率，引导生态系统共同创造价值来完成平台的经营目标。数字平台具有强大的网络效应，经济和社交活动逐步向平台迁移，通常被称为平台化。

（2）数字技术对传统产业的颠覆式变革

在科学革命的推动下，数字技术成为数字经济发展的先导产业。互联网、人工智能、云计算、区块链等技术为数字经济发展提供了技术、产品、服务和解决方案。数字技术渗透到三次产业，以数字技术、互联网资本为代表的新生产要素推动传统产业数字化转型，其中，电子商务在促进线上和线下融合方面发挥了巨大作用。

（3）数字化进程中产生了海量的数据

数据要素在导入期的狂热阶段开始发挥作用。各国不仅重视数字技术，而且逐步认识到数据要素是关键生产要素，加快培育数据要素市场、积极探索提升数据资源价值的途径。这个时期，基础设施开始数字化转型，数字经济对传统的制度体系虽有冲击，但是传统的基础设施和旧范式的制度环境仍占据主导地位。在创新层，数字技术与实体经济融合催生了新产业、新业态和新模式。

2017 年以后，全球数字经济开始进入转折点。美国、中国、德国、英国、法国、日本等国纷纷加快数字经济领域的制度建设，围绕反垄断和公平竞争、数据保护、隐私保护、互联网资本等方面，加快制定和出台相关法律法规，以促进数字经济持续健康发展，打造本国竞争新优势。比如，欧盟制定了《数字服务法》和《数字市场法》；美国出台了《终止平台垄断法案》等五项互联网平台反垄断相关法案；我国修订了《反垄断法》，印发了《关于平台经济领域的反垄断指南》，都在努力探索构建数字经济范式的治理体系。

2. 拓展期

拓展期是数字经济的协同阶段和成熟阶段。协同阶段是数字经济发展的“黄金时代”，智能互联的新型基础设施建立起来了，为数字经济扩展准备了条件。工业机器人应用、数据要素市场化配置、互联网资本进入产业领域，“数据 + 算力 + 算法”构成了智能化的核心技术体系、数字化转型与数字经济发展赋能。数字经济范式渗透到经济社会中，使得互联网资本成为真正支持生产的产业资本。人们把数字技术看作积极力量，经济主体通过发展智能技术群落，实现连接、沟通、互动与交易的智能化；数据自动流动形成新的社会经济生态系统，实现政府数字化治理。在协同阶段的新实体经济层中，生产者与消费者协同、产业互联网与消费互联网协同、数字金融与数字经济协同等，形成了真正意义上的新实体企业和新实体经济，不再严格区分三次产业。新经济形态层中的新消费、新生产、新金融、新服务，有可能是完全不同于工业经济时代的形态，衡量价值的标准也不再是使用价值和交换价值，而是数字平台创造的新价值和效用。

在数字经济范式的成熟阶段，场景化、平台化、生态化、数智化将迈向繁荣成熟。基础设施层是数字技术族群占主导，数据要素真正成为要素层的关键生产要素。基于数字技术和数字要素的新产业体系形成，新制度与数字生态趋于完善，完成数智化转型的新实体企业是数字产业化和产业数字化的经济主体，新生产方式、新产业组织形态、新经济形态占据经济系统的主要地位。我国在全球数字经济发展中居于引领地位，将早于绝大部分国家进入成熟阶段。数字经济之后的技术－经济范式将是什么？极有可能是数字技术与生物技术相融合的新范式。

二、我国数字经济整体成效

我国数字经济在政策、数字产业化、产业数字化、数字化治理、数据价值化、数字贸易、国际合作和助力抗击疫情等方面取得显著成效，发展质量显著提高。

（一）数字经济政策日渐完善

我国数字经济发展政策逐渐完善。在国家顶层设计方面，党中央高度重视发展数字经济，将推动发展数字经济上升为国家战略。党的十九大提出要建设网络强国、交通强国、数字中国、智慧社会。2020 年年底召开的中央经济工作会议指出，要大力发展数字经济。国家出台了推动数字经济发展的重大战略部署，明确了我国发展数字经济的愿景目标和发展路径，对完善数字基础设施、推动产业数字化转型、拓展数字化公共服务、加强数字化治理、提升数字化发展引领能力、推动全球数字经济交流合作等重点领域作了系统性部署，为统筹推进数字经济持续健康发展营造了良好环境，提供了根本遵循。相关部委也积极贯彻落实国家战略，相继印发了《关于发展数字经济稳定并扩大就业的指导意见》《关于推进“上云用数赋智”行动培育新经济发展实施方案》《关于深化新一代信息技术与制造业融合发展的指导意见》《数字乡村发展战略纲要》等政策举措，为各领域推动数字经济提供了指引。

各地立足本地比较优势，因地制宜，细化落实。绝大多数省市都出台了数字经济相关的发展规划、指导意见、促进条例、实施方案，如《浙江省数字经济促进条例》《关于全面推进上海城市数字化转型的意见》《广东省建设国家数字经济创新发展试验区工作方案》等。这些特色鲜明的地方政策在推动数字化产业生态集聚、融合创新发展、数字化技能人才培养等方面推出不少硬招实招，进一步激发了数字经济创新发展活力，引领带动了区域经济高质量发展。

（二）数字化治理能力不断提升

“放管服”改革深入推进，数字化治理水平不断提高，大力促进了数字经济健康、有序发展。

1. 服务升级，数字政府建设取得成效

国家数据共享交换平台共发布超过 1400 多个数据共享服务接口，近 2000 项群众和企业办事常用数据被列入部门数据共享责任清单。全国一体化政务服务平台整体上线试运行，接入地方部门360余万项服务事项和一大批高频热点公共服务。国家政务服务平台汇聚各地区政务服务事项数据2800多万条、政务服务办件数据5.51亿条、总访问人数10.4亿人、注册用户1.35亿。各地区“一网通办”“异地可办”“跨区通办”渐成趋势，“掌上办”“指尖办”逐步成为政务服务标配。

2. 简政放权，降低数字经济准入门槛

取消和下放了一批行政许可事项，持续深化“证照分离”改革，全面推行“一网通办”。例如，电信业务申请材料缩减50%以上，审批用时缩短25%，有效激发数字经济市场活力。目前，我国增值电信企业数量超过9万家，总规模是2015年的3倍。

3. 放管结合，规范数字经济发展秩序

持续强化事中、事后监管，基本形成了以“双随机、一公开”为手段、以信用管理为基础、以重点监管和专项监管为补充的新型监管机制，实现了由“严进宽管”向“宽进严管”转变。

4. 筑牢底线，强化数字经济安全保障

坚持以为人民为中心的发展思想，强化网络基础设施与数据安全保障、深化技术手段体系建设、提升网络综合治理能力，全面提高网络安全保障水平。

（三）数据价值化试点破局

我国已初步构建出较为完整的数据资源体系，包括数据采集、数据整理、数据聚合、数据分析等环节。数据采集可根据需要收集数据；数据整理包括数据标注、清洗、脱敏、脱密、标准化、质量监控等；数据聚合包括数据传输、数据存储、数据集成汇聚等；而数据分析师为各种决策提供知识或决策支持服务而对数据加以详细研究和概括总结。具体来看，我国已在数据采集、数据标注环节形成产业体系，如数据标注产业相对集中于京津冀、成渝、长三角三大区域，已孵化出河南郏县、山东鄄城县、河北涞源县东团堡乡、贵州惠水县百鸟河镇等数据标注村和数据标注园区。

（四）数字贸易创新发展持续加速

在全球数字经济蓬勃发展的大背景下，基于数字技术开展的线上研发、设计、生产、交易等活动日益频繁，极大地促进了数字贸易的发展。数字贸易在服务贸易中的主导地位逐步显现。其中ICT服务、其他商业服务、知识产权服务是数字贸易增长的关键动力。

随着数字技术与经济社会的深度融合，传统全球治理机制大幅增加对数字治理问题的关注，并参与全球数字规则塑造。如世界贸易组织将与数字相关的贸易问题纳入服务贸易规则，并最终启动单独的电子商务谈判进程；同时，双边和区域性机制保持活跃，持续创设全球数字治理规则；自由贸易协定在全球数字治理规则上的影响日益显著，在数字领域树立了一系列新的原则和标准，对未来全球数字治理规则的塑造具有重要的示范作用。

近年来，我国数字贸易发展提速。在政策方面，《全面深化服务贸易创新发展试点总体方案》《关于推进对外贸易创新发展的实施意见》等数字贸易政策密集出台，围绕数字贸易的发展、开放和监管三大领域展开相关部署。

（五）数字经济国际合作深入推进

1. 双多边数字经济合作深入开展

2016 年，G20 杭州峰会通过了《二十国集团数字经济发展与合作倡议》，这是全球首个数字经济合作倡议，自此，数字经济成为全球经贸合作的重点议题和重要领域。几年来，我国持续参与 G20 数字经济部长会议，推广数字经济发展经验，维护我国发展利益，推动数字合作不断深化。此外，我国也积极参与金砖国家、中欧、中俄、中国与东盟等双多边数字经济发展合作，取得越来越多的共识，达成越来越多的务实合作。

2. 深度参与国际数字规则制定

以国际社会广泛关注的数据跨境流动规则制定为例，我国对内通过完善立法、先行先试工作进一步完善和充实了数据跨境流动管理的机制建设。一方面，《个人信息保护法（草案）》进一步明确数据出境规则。其中，明确的个人信息跨境流动监管范围是“因业务等需要，确需向中华人民共和国境外提供个人信息的”个人信息处理者，在《网络安全法》规定的“关键信息基础设施运营者”基础上进行了拓展。另一方面，积极探索构建数据出境可行路径。为了进一步加快数据跨境流动的先行先试工作落地，我国发布《海南自由贸易港建设总体方案》《北京自由贸易试验区总体方案》等多个文件，为跨境数据流动的落地实施明确具体范围。面对复杂的国际形势，我国对外致力于通过加强国际合作，积极构建数据跨境流动多双边合作机制。2020 年 11 月 15 日，我国与东盟 10 国，以及日本、韩国、澳大利亚、新西兰共 15 个国家正式签署《区域全面经济伙伴关系协定》（RCEP），其中明确了电子商务项下各成员方制定数据本地化和数据跨境流动政策的基本原则。RCEP 的签订为全球实现数据跨境流动破局、构建数据跨境流动体系提出了亚洲方案，将有利于包括我国在内的发展中国家与其他国家和地区在数据跨境流动方面建立更深层次、更广范围的合作机制。

三、我国数字经济发展趋势

数字经济将深刻影响我国经济发展、社会运行和国家治理的方方面面。必须预研预判未来发展形势，以更充足的战略准备、更高超的战略思维、更强大的战略定力、更广阔的格局视野，迎接数字经济发展的机遇、应对数字经济带来的严峻挑战。

（一）新发展格局为数字经济提供广阔发展空间

党的十九届五中全会对新发展格局作出重大工作部署，明确指出要“加快构建以国内大循环为主体、国内国际双循环相互促进的新发展格局”。新发展格局的构建立足于扩大内需的战略基点，使生产、分配、流通、消费更多依托国内市场，提升供给体系对国内需求的适配性，形成需求牵引供给、供给创造需求的更高水平的动态平衡。“十四五”期间，生产、消费、分配与流通环节将会进一步打通，促进产业数字化升级，催生新需求和新供给，为数字经济发展营造广阔空间。数字经济正成为构建新发展格局、推动经济复苏和科技创新的新动能，在双循环新发展格局与数字经济的相互促进下，数字经济将成为重振经济的关键动力。

（二）数字化转型的深度和广度将大幅提升

“十四五”期间，数字化转型会进入全面扩张、深度拓展的加速发展新阶段。从超短期看，数字化转型会一定程度的减缓。短期内，企业会因收入降低，导致数字化投入能力下降，拖累转型步伐。数字化转型已经成为各国、各企业的共同选择。全球经济社会各方面都将经历深刻的数字化转型，数字化转型的广度（席卷各行各业）和深度（从外围到核心业务流程）将得到极大拓展。

（三）政府治理的数字化进程将全面提速

随着数字技术的深化应用，政府数字化转型将在“十四五”期间进一步加速升级，转型着力点将从政务服务拓展到经济调节、市场监管、社会治理、突发事件应对等多个领域，全面推动现代化治理能力的提升。

从技术能力看，云计算、区块链、人工智能等新兴技术将加深应用，依托其开展的政府治理场景进一步增加。从数据能力看，跨地区、跨部门、跨层级的政务数据打通共享仍是政府数字化转型的重点突破领域，少数走在前列的省份将加大数据开发利用，探索海量数据的智能分析。

从协同能力看，政府数字化转型将更多纳入外部主体参与，打造“政府主导、社会协同、公众参与”的良性数字治理生态。

从服务能力看，依托人工智能、大数据技术等，政务服务将更加关注个性化需求预测、服务主动对接等。

此外，随着数据使用需求增加，政府在个人隐私保护及数据安全等领域面临压力加大，数据安全、防止信息滥用将成为政府数字化转型的重点关注议题，相关法律规范及管理举措将进一步加强。

（四）数字经济法治建设进一步补充和探索

党的十九届五中全会通过的“十四五”规划建议明确提出，要“坚持法治国家、法治政府、法治社会一体建设，完善以宪法为核心的中国特色社会主义法律体系，加强重点领域、新兴领域、涉外领域立法，提高依法行政水平”。当前，我国在网络安全保护、网络信息服务、网络社会管理等重要领域的互联网法律框架已初步构建完成。“十四五”期间，我国互联网法治建设将从细化重点法律制度、协调整体立法体系、探索新技术、新应用立法等方面进一步充实法律制度，提高整体治理水平。同时，全球大部分国家都在加快数据治理，为应对复杂的国际形势和数字全球化的需要，我国可以从数据跨境流动问题入手，积极参与和制定区域性规则，加强国际多双边合作和沟通机制建设。

第二章　国际贸易的基本概念与分类

第一节　国际贸易的基本概念

一、国际贸易理论的产生与发展

（一）亚当·斯密奠定了国际贸易理论体系基础

亚当·斯密作为现代经济学的鼻祖受到了人们的广泛尊重。他在其《国富论》中，最早建立了国际贸易理论体系，首次提出了劳动分工理论。亚当·斯密认为："分工有三大好处：一是劳动者的技巧能因业务专而日进；二是有了分工，可避免在交换工作中的时间损失；三是可使一个人做许多工作，增加其判断力和熟练工作技巧"，并指出："劳动分工的程度受市场规模的限制，市场规模的扩大会引起劳动分工进一步提高，国家也会获得递增的收益。"

第一，提出了绝对优势理论。亚当·斯密认为："由于劳动生产率不同，各国存在着绝对成本的差异。各国应该按照绝对成本的差异进行国际分工，然后通过国际贸易就可获得分工的利益"。并指出："绝对优势分为两大类：一类是自然优势，包括气候、矿产、土地等；另一类是获得性优势，即工业发展所需要的条件，包括资金、技术方面的优势。自然优势是形成绝对优势的基础，获得性优势可以弥补一国在自然资源上的不足。只有两方面相结合才能构成一个国家某种产品的绝对优势"。

第二，亚当·斯密主张自由贸易，反对管制与垄断。他从"经济人"的假设出发，认为"人们的经济活动都是在利己心的驱动下追求自身利益最大化。在一只看不见的手的指挥下，这种追求个人利益最大化的动力会增进整个社会利益，为此，国家不应干预社会经济生活，而应听任自然秩序，使个人利益与社会利益自动达到和谐"。并指出："对外贸易可以增加一国的交换价值和国民财富，因此，不能对其加以限制，应实行自由贸易"，他反对管制和垄断，认为垄断和管制会使"国家的劳动由较有利的用途改到较不利的用途，其年产的交换价值，不但没有遂立法者的意志增加起来，而且一定会减下去。为此，要听任资本和劳动寻找自然用途，社会资本自会迅速增加"。同时还指出："垄断会造成商品以高于自然价值的市场价值进行销售，从而使消费者的利益几乎都因生产者的利益而被牺牲掉了；垄断还会使社会总利润减少，独占虽能提高利润率，但是利润总额不能增加到同没有独占的时候一样”。

（二）李嘉图等人完成了国际贸易理论体系的构建

在对新的贸易现象寻求解释的过程中，李嘉图提出了具有解释意义的比较优势理论，再后来俄林又提出了资源禀赋理论来解释比较优势理论的形成，从而完成了传统国际贸易理论的构建。

李嘉图等人认为：“传统贸易理论中完全竞争的市场结构假设与现实太远，不完全竞争才是现实中市场结构的常态”，并指出：“在不完全竞争的市场结构中，商品价格大于其边际成本和平均成本，不能如实地反映一个国家的比较优势”；同时，“在不完全竞争情况下，由于垄断利润的存在，国际贸易不会达到应有的发展水平”。

俄林认为：“技术差距或资源禀赋是引起产业间贸易的原因，而产业内贸易存在报酬递增是由规模经济引起的。在不完全竞争条件下，由于超额利润和垄断利润的存在，垄断寡头或厂商就有条件进行技术创新，扩大生产规模，降低单位产品成本，从而提高利润，形成规模经济”。同时还指出：“产品具有异质性，这也是国际贸易发生的原因”；“即使各国的嗜好、资源禀赋都相似，也会发生异质产品之间的产业内贸易，国家的资源禀赋越相近，产品内贸易量就越大”。

李嘉图认为：“一国是否能从国际贸易中获得利益是不确定的。由于同时存在着报酬递减和报酬递增的产业，只有当贸易能使一国报酬递增的产业扩张，报酬递减的产业缩小时，国家所获得的利益才会超过报酬不变情况下所获得的利益，否则不仅无法获得贸易利益，还可能遭受损失”；“正是由于风险存在，国家才有干预的必要”。这些论点都与亚当·斯密国际贸易理论的观点不完全一致。

（三）马克思等人对国际贸易分工理论的完善、发展和深化

1. 马克思完善了劳动分工理论

马克思在其《资本论》中对劳动分工的重要性作了系统而精深的阐述，并强调：“建立在劳动基础上的企业生产过程，必须实行严密的计划和组织，以便使生产过程能够保持空间上的并存性、时间上的连续性和生产上的比例性。”同时还明确指出：“分工可分为企业内部分工和社会分工。企业内部分工是垂直性分工，体现的是一种报酬递增的技术进步；而社会性分工则是水平性分工，体现的是产业规模间的比例关系。随着企业内部分工的不断深化，效率和财富也在不断增加，这必然要求社会分工发生变动，产业规模间的比例和关系发生调整。而社会分工发生变动后，反过来又要求企业内部分工进一步深化”“分工既是经济进步的原因，又是经济进步的结果”。

2. 斯拉法与阿伦·扬发展了劳动分工理论

20 世纪 20 年代，斯拉法与阿伦·扬分别讨论了劳动分工与规模报酬递增的内在联系，突破了亚当·斯密的分工受“市场广狭限制”观点的局限。斯拉法认为：“每一类规模报酬都出自不同的经济现象。递增报酬来自积累和技术变化过程，而它们又都与市场扩大及随之而来的劳动分工相联系”；阿伦·扬则指出：“劳动分工是一个自我累积和自我扩张的过程”；“间接的迂回的生产方式的增长与各行业中的分工，正是规模效应递增

的主要原因”。

3. 杨小凯与博兰德等人深化了劳动分工理论

杨小凯与博兰德等人受阿伦·扬思想的激发，用超边际的分析方法，重新将亚当·斯密关于分工和专业化的精辟思想变成决策和均衡模型，发展了亚当·斯密的分工思想。他们指出：“分工使人们更为局限于单一产品的生产，而人的需要是多样化的，其他所需产品要通过市场交易获得。但是市场交换存在交易成本，它给定了市场规模扩大的边界，使市场不会无限扩大，从而存在均衡。这样，企业就可通过技术创新和制度创新，不断提高交易效率，降低交易成本，促进市场规模不断扩大”；博兰德则认为：“国际贸易只是国内贸易的延伸，其利益的获取应立足于企业内在比较优势的演进，而不应仅仅依赖于既定的外在比较优势”。

（四）克鲁格曼对现代国际贸易竞争理论做了开创性研究

由于传统的国际贸易理论是建立在完全竞争、技术一定与规模报酬不变的假设上，偏离了国际市场不完全竞争、技术进步与规模报酬可变的客观实际。为此，克鲁格曼在其 1979 年发表的《报酬递增、垄断竞争与国际贸易》一文中，率先突破了这一局限，并用规模经济与差别化产品解释了产业内贸易的发生，从微观层面的供给角度对国际贸易竞争理论作出了开创性地研究。他认为：在内部规模经济变化和不完全竞争的条件下，企业长期的平均成本会随着产量的增加而下降，从而形成低成本优势，提高了企业产品在国际市场上的竞争力。要实现规模经济，就必须有足够的市场容量。为此，企业需要参加国际贸易，扩大市场和生产规模。克鲁格曼还认为：规模经济理论虽揭示了在不完全竞争市场条件下规模经济是企业国际优势的主要来源，但它没有深入探讨“内部经济”究竟是怎样产生的，也没有阐释同属一个产业内的企业，为什么一些企业能形成规模经济，而另一些企业则不能；另外，他虽提出了企业的“最优规模”问题，但却没能给出识别的方法和标准。同时，他还指出：“随着企业规模的扩大，内部层次增多，结构日益复杂，监控难度必然增大，从而成本必定上升，这就限定了企业规模的扩大。而这一问题的解决在很大程度上依赖于企业组织结构与制度结构的设计。”

二、我国国际贸易的特点与定位

（一）我国国际贸易的特点

21 世纪以来，国际的经济联系日益紧密，国际贸易的发展超过了物质生产的发展，达到了前所未有的高度，已经成为连接世界经济的重要纽带和必然趋势。国际贸易的快速发展是科技进步、生产力提高、国际分工深化的必然产物，也是国际生产和国际生产相互促进的产物。随着时间的推移，我国对外贸易的特征也随之发生了变化，表现为经营范围国际化、经营方式电子化、产品交换知识化、利益冲突加剧、政府管制普遍化。

1. 经营范围的国际化

当前，随着经济全球化和地区经济融合的趋势越来越明显，二者之间的互补使其业务领域更加国际化。与此同时，随着经济全球化进程的加速，自贸区内的贸易壁垒得以解除，生产要素自由流通，随着资源配置与使用更加合理，规模经济效益得到了极大地提升。

2. 经营管理的电子化

电子商务是一种在世界范围内广泛开展的商务活动，在互联网的开放性条件下，通过浏览器或服务器的应用，使买方和卖方之间的交易、网上的交易、网上的电子支付、各种商务活动、交易活动、金融活动和其他综合服务活动达成。

3. 产品交换的知识化

知识经济的出现，深刻地影响着各国的贸易发展，使世界各国的对外贸易越来越显现出知识层面的增长，这主要体现在两个方面：一是高科技商品的迅速发展；二是由于传统商品的知识含量的不断提高。前者是由于高科技产业自身的高速发展，后者则是高科技改造传统产业的结果。

（二）中国国际贸易全球定位

在全球价值链分工下，中国产业国际竞争力的挑战与机遇并存。随着国际生产体系的转变，决定中国在国际贸易中获利的条件不能再依赖于进出口，应取决于参与国际分工的层次、对价值链的控制能力等因素，由此必须将中国的国际分工模式重新定位以带动产业结构不断升级，促进国际贸易的全面发展。

1. 定位原则

（1）中国参与国际分工的模式单一

在改革开放大门打开之前，中国的经济发展主要依赖于重工业，由此产生资源配置不均、资源利用效率低下、环境污染严重等问题。在改革开放之后，中国摒弃了传统的以破坏环境为代价的重工业，从发展对外贸易角度出发，优先发展出口产业，以比较优势为基础，发挥我国的资源优势发展对外经济贸易。伴随经济全球化时代的到来，外商投资企业大批涌入，依靠我国丰富的劳动力资源、地区资源优势，生产加工贸易得到迅速发展，中国在国际贸易格局中逐渐站稳脚跟，在发展的同时，产业竞争力得到了明显提高。毋庸置疑，国际资本流动对一国经济而言犹如双刃剑，在促进经济蓬勃发展的同时也增加了经济波动的风险。随着跨国公司的不断建立，依赖廉价劳动力使我国处于劣势地位，贸易条件随之恶化，为解决该问题，进而推动产业升级。

（2）单一模式转变的必然性

对中国参与国际分工的模式进行重新定位，以提升产业结构、提高国际竞争力，是否继续坚持比较优势是当前发展模式讨论的重点。有人认为摒弃劳动密集型产业发展的比较优势，追逐本身并不擅长的技术密集型产业不是明智之举，由此产生的后果是资源配置效率低下、经济发展缓慢。在经济全球化的当下应坚持发展劳动密集型产业，依靠国内优势提高国际竞争力；另有人提出应考虑国家经济安全与比较利益，发展技术密集型产业，重点发展资本投资产业，利用好后发优势，培养创新型人才提升国际竞争力。以劳动密集产业为主要出口对象的贸易结构已经不能满足国家贸易的发展需要，贸易条件的局限性必然导致发展空间的缩小。因此，发展资本、技术型产业才是当前我国产业提升的有效途径。

通过两种不同观点的比较，说明在全球价值链分工的视角下，中国的国际贸易发展方式存在一定的局限性。比较优势发展模式的缺点在于过于突出一定要素成本，把优势要素等同于产业优势来看待，从而忽视了其他发展产业的因素，如果按照比较优势发展贸易必将导致与发达国家的贫富差距更加扩大。未来发展优势发展产业对于中国现实国情而言存在局限性，我国处于发展中国家行列，技术、资本等还不能与发达国家相提并论，因此不能光追求赶超而忽略现实。

2. 定位原则的相关理论

中国产业要发展必须从本国的实际出发，正确看待中国当下所处的国情，可以利用中国是发展中国家的比较优势及后发优势来发展产业，从确定在全球价值链的位置出发，依据中国的大国背景在全球价值链的分工中顺利发展。

（1）将大国优势作为发展的重点

按照经济学范式“大国情”与“小国情”的情形，针对我国的实际情况而言，我国属于大国情形。“大国情形”指的是根据产品的供给能力及消费能力来判断，按照对产品进出口情况能否影响市场价格决定国情发展。中国的特点实属大国国情，在国土面积、人口规模上看是必然的。众多发展中的小国，根据经济制度、技术水平等方面来发展并提高国际竞争力。我国的大国情形必将对周边小国造成一定影响，这使得我国在发展产业升级时考虑得更多。

生产力转移优势。大国情形存在经济发展不均衡情况，人均分布不均衡、资源配置不均衡、地区政策差异等都会引起区域经济发展不均衡情况。我国的国内发展主要表现为由城市发展带动农村发展、由东部经济发展迅速地区带动中西部经济发展较慢地区。根据比较优势的理论分析，在大国情形下经济发展不均衡是产业升级所要解决的关键问题。各地区的技术水平、劳动力资源、资本等要素差异较大导致产业结构升级过程较为复杂，但有利于推动各个地区生产力的推进。根据各个地区生产力资源优势进行合理配置，实现地区经济均衡合理发展。发达地区的生产能力较强，可将生产要素向欠发达地区分配，缩小地区发展差距，满足市场需求，实现全国经济均衡发展的目标，进而提高国家的总体竞争力。

多层次参与分工优势。依据各地区资源与生产力状况，按照比较优势选择适合地区发展的分工结构。从分工结构可划分为劳动、技术、资本密集型产业，有利于摆脱单一型分工体系，实现地区合作共赢。在全球价值链分工的背景下，根据大国情形的不同，不同地区的产业差异依据自身比较优势参与全球价值链分工，为各地区参与国际分工创造了机会和空间，同时扩大了中国产业在国际市场格局中的份额，提高了综合竞争力。

市场及规模经济优势。随着市场经济时代的到来，市场购买力可以影响市场规模。作为大国情形的中国，市场规模大，自然市场需求层次比较繁多。根据我国人口总数可知市场规模巨大，然而经济发展的不均衡导致人均收入差异较大，对市场需求的层次不同。世界各国通信企业、航空制造业都享有中国市场的发展便利，为其提供一定的市场满足需求。有专家表示，中国市场规模巨大有利于低收入地区发展规模化经济，实现工业发展的多样性。市场规模优势可以促进规模经济的有效运行，但是规模经济与市场规模并没有绝对效应，经济发展还要依靠生产力的提高及经济制度的决策。

加强后发优势。根据中国国情，资源丰富、劳动力资源充足为后发优势提供了条件，可有效地整合资源，从而实现资源优化配置。大国情形的主要特征可以为经济发展提供有力帮助。这些后发优势可以有效地吸引外资、技术，利用中国廉价劳动力参与全球价值链分工，不仅满足人们的就业需求，还可以使传统产业得到提升。大力培养自主创新型人才，利用科技知识实现对新兴产业的创新发展。

（2）比较、后发优势与竞争优势并举

后发优势是比较优势演进的动力。比较优势是经过长期演进形成的，在当代世界竞争中，传统比较优势在完全竞争化的环境下不存在经济规模效应、产品质量好坏、价格的高低的情况，因此竞争优势与比较优势是同样概念。然而，在当代国际竞争格局中，规模经济、产品质量及附加值是参与竞争所考虑的必要因素。由于劳动密集型产业是通过比较优势的劳动力资源来发展的，与竞争优势是不同的，比较优势不等同于竞争优势，因此拥有比较优势的企业并不代表也具有竞争优势，只能说潜在的比较优势经过努力可以转化为竞争优势。这需要一个复杂的演进过程，同时应考虑自身企业的实际生产经营状况是否满足实现生成生产新要素的条件，只有提高竞争能力，才能形成竞争优势。

比较优势是后发优势的基础。“追赶假说”是由艾布拉莫威茨（Abramovitz）提出的，他指出：一个国家的初级经济发展水平与这个国家的经济增长速度是成反比的。有此项假说可知，每个发展中国家必将超越发达国家，但是，世界发展的当下，实际发展情况并非如此。当今社会，发展中国家与发达国家的贫富差距越来越大。但艾布拉莫威茨也提出“潜在”与“实际”的差别，“追赶假说”只是潜在而不是实际情况，实际差距是现实存在的：一方面由于科技的差距，后起国家的科技水平与发达国家还存在一定差距；另一方面，社会能力有限，教育、科技、政治、制度等多方面影响，导致经济发展缓慢，现实差距拉大。后发优势既是优势又是劣势，关键在于怎样利用人的能力转换成创造社会的能力。对于后发国家而言，社会能力是经过后天努力形成的，是以经济基础为根本发展起来的。相对而言，比较优势是通过对外开放的初始状态形成的。运用比较优势来发展经济，为积累资本、培养人才、提高技术水平提供了可靠条件。

在知识带动经济的时代，后发优势是通过学习和积累形成的，通过对所学进行创新改造形成后发优势。相对于发展中国家而言，比较优势是通过为劳动者创造学习机会、培养学习能力、掌握先进技术实现对本土的改造。因此，后发国家是通过学习发达国家的模式，积累经验形成的创新过程。企业对先进技术的学习运用，生产高科技产品，使资源得到充分利用，加快经济发展。

比较优势与后发优势最终形成竞争优势。在当代竞争形势下，利用优势是参与国际竞争的有效途径。通过对比较优势与后发优势的有效利用形成竞争优势，实现生产力水平的提高。在完全竞争条件下，比较优势与竞争优势相对统一，使传统优势在国际竞争中占有不可抗拒的地位。如今在不完全竞争环境下，比较优势是相对独立的，竞争优势是通过后发优势推动比较优势形成的，在二者相互作用下形成一个国家特有的参与全球价值链分工的竞争优势。一个国家需要发展经济必然离不开科技知识，而这些知识的获取恰恰是通过学习积累发达国家的优势得来的，形成后发优势。结合本国比较优势形成强大的竞争优势，在充分发挥生产能力、创造能力的基础上实现综合竞争力的提高。

3. 基于优势组合的重新定位

（1）比较优势成为我国参与全球价值链分工的理论基础

比较优势是全球价值链分工理论的基础。在全球价值链分工中，资源集中化是实现价值链分工的首要环节，降低成本、获取利益是价值链分工的目的。从价值链分工角度来看，各个环节对于生产要素的不同需求为各个国家的比较优势提供基础条件。在相互分工、相互合作的前提下，国际共同合作完成生产的全部环节。我国根据自身优势参与国际分工，参与世界市场的贸易往来，利用资源优势及比较优势来实现竞争优势。

现实国情决定基础地位。按照当下我国国情来看，在未来的发展阶段需要一个较长的时间将比较优势作为我国发展国际贸易的基础，劳动要素是比较优势的重要因素。随着科技水平的显著提高，丰富的劳动力资源呈现“质高价廉量大”的趋势，性价比提升使得比较优势的特点更加突出。劳动密集型产业使得劳动力就业问题得到解决，我国参与国际分工的方式主要依靠劳动力的现实不会改变。假如不从我国国情出发，忽略劳动力与资源要素，将技术密集型产业放在发展的首位必将付出高昂的代价，使得经济发展放缓，扭曲中国在国际分工中的地位。因此从我国实情出发，走中低端路线才是我国参与全球价值链分工的合理途径。

比较优势动态化是参与国际分工的原则。当前国际竞争激烈，保持动态化是比较优势推动我国参与国际竞争的有效模式。如果我国参与国际分工的演进模式静止不变，虽然在一段时间内可以获得经济利益，但完全依赖于外资企业是不利于我国参与国际分工形式的，造成低水平的分工模式，使得我国的发展与发达国家的差距越来越大。然而比较优势动态化可以扩大我国劳动力的效应，扩大贸易规模，优化贸易结构，在参与全球价值链分工的原则上发挥比较优势，培育、创新比较优势，使其在全球价值链分工中得到升级。

关注我国劳动力比较优势的全新定位。从我国国情来看，廉价、丰富的劳动力资源是我国参与全球价值链分工的比较优势。但从实际生产的角度而言，生产效率低、资源浪费、品牌质量差、营销手段落后等问题大大降低了劳动力的优势地位。从我国国情出发，发展劳动密集型产业依然是我国参与国际分工的基础，通过降低劳动力成本实现与技术、资本及知识产权相结合的优势。由于我国在经济发展初始阶段经过积累优势资源，实现了与其他非优势资源的结合，提高了综合生产效率。利用先进新技术实现产品创新，提高产品质量，增加产品种类以提高单位产品价格，增加收益，有效防止单一商品价格恶化，影响了产业结构在全球价值链分工的市场优势。

（2）后发优势成为我国在价值链分工中提升的必然因素

后发优势是提升我国实现全球价值链分工的优势原则。在当今全球价值链分工中，对于发达国家而言，传统产业的地位已经形成，发达国家处于全球价值链分工最高位置，发展中国家依附于发达国家，赶不上发达国家的经济地位。在比较优势的原则下，根据我国具体情况是参与全球价值链分工的必然趋势。在追求比较优势的前提下同样重视非劳动资源的后发优势，通过后发优势与比较优势统一结合才能实现技术进步、产业升级，高新技术产业迅速发展，提高科技产品质量，为市场提供高精端产品，同时令国家的国际贸易地位得到提高。地位提高有利于更大强度地吸引外资，利用有限资源创造无限价值，提高资源利用效率，满足人们的生活需求，加快我国向发达全球价值链分工中的地位攀升。

全球价值链分工为后发优势发挥提供便利。随着全球价值链分工的产生，发展中国家与发达国家的贸易往来日益增多，跨国公司作为国际自由流动的生产要素可帮助发展中国家克服经济发展中出现的资金链断裂、人才稀少、制度不合理、市场杂乱等诸多问题，成为后起国家发挥比较优势的有利平台。根据我国国情，以后发优势深入发展知识产业，抓住后发优势带来的优势，吸取先进技术用于加工贸易，推进产业结构传导型优势，对于提高我国国际竞争力具有重要作用。

（3）大国情形下发展比较优势与后发优势相结合

大国情形下发展比较优势与后发优势相结合。我国作为参与国际分工最大的发展中国家，参与分工的目的符合自身发展目标及竞争态势。经济规模扩大导致参与国际竞争存在一定的局限性，需要在较长时间内带动全国经济的发展。由此可知，我国作为大国国情的发展中国家有必要占领更多的市场份额。从发达国家学习先进的科技，培育新产品，发展新型产业，只有这样才能保证我国在国际竞争中占有优势，才能发挥大国资源优势，发展内外资源相结合的优势，构建完整的经济发展体系。在全球贫富差距拉大的情形下，大的国家为了自身发展愿意让小的国家依附于自己，保证大国对小国经济的掌控。而作为大国的中国却与之意愿相反。中国不走依附路线，不会做发达国家的经济附庸，保持产业发展的自主权是我国经济发展的根本；充分利用局部资源、发挥后发优势来取得国际分工中的经济利益。在当前国际环境下，拥有自身比较优势是参与国际竞争的关键。因此，我国必须加强科技教育，培养科技人才，完善创新产业结构，实现国际分工中比较优势与后发优势的结合。

我国工业化发展的特殊要求。工业文明时代的到来，使得我国步入工业化阶段。当前的工业中级阶段是落后于发达国家的阶段。作为后发优势的新型工业化应运而生，实现了自然资源向经济资源的转换，有效促进产业升级。对于后起国家而言，产业结构的转变一般要经历资源型向技术型的转化。我国的工业化特征，一是处于初级阶段，劳动密集型产业占主导地位，凭借劳动力低成本优势吸引外资；二是我国产业向信息化推进，技术型产品数量增加，向技术密集型产品行列迈进。由此可见，发挥比较优势积累资金，发挥后发优势积累资源，有利于实现中国向新型工业化的迈进。

大国优势是发展的强大后盾。我国拥有丰富的资源、大型市场需求、廉价劳动力等优势，吸引跨国公司“驶入”中国。充分利用跨国公司带来的先进生产技术，发挥我国比较优势及后发优势，提高我国经济发展水平，促进国际贸易额增加。掌握关键技术是发展大国经济的关键，对构建创新型企业具有重要战略意义。

总之，全球价值链分工是实现经济全球化的有效路径。通过参与全球价值链分工实现我国国际贸易的发展，是我国参与经济全球化的主要方式。我国国际贸易特点呈现多样性：外商投资企业占主导地位；参与国际贸易是拉动经济增长的重要方面；服务贸易与技术贸易是今后发展国际贸易的主要方向；国际贸易壁垒愈演愈烈。对我国参与全球价值链分工的国际地位进行重新确定，主要从我国大国情形出发，根据我国劳动密集型产业结构的优势进行阐述，在掌握科学技术、提高技术产品质量、实现产业升级等方面的后发优势相结合，产生竞争优势，实现比较优势的动态演变及升级，提高我国参与全球价值链分工的国际地位。

三、国际贸易的发展趋势

在国际社会的发展中，全球经济一体化和贸易自由化发展已经成为世界发展的主流，国际贸易的发展方向也发生了转变。对国际贸易发展趋势进行深入研究，有助于推动社会进步，提高企业自身竞争力。

（一）新形势下国际贸易的作用与意义

1. 推动国家和企业的科技创新

新形势下国际贸易活动的开展，不仅是贸易活动交往的过程，还蕴含着科技水平的较量。国际贸易无形中推动着企业的创新，促进了产品的优化和再升级，因此国际贸易开展的过程与科技有着密切的联系。新形势下，随着国际贸易的发展，在加强贸易水平的同时，更要关注科技创新，究其原因主要有两个：第一，行业市场的复杂化程度日益加深，行业之间的竞争转变为生产力的竞争，而科技作为第一生产力，必须引起关注和重视；第二，随着国际贸易交流程度的逐步加深，科技创新是必然趋势。所以，企业应该以此为出发点，不断利用先进的科学技术，进行企业产品的研发和创新，提高产品在市场中的占有率，并将其不断推向国际市场。

2. 经济转型的必然要求

社会经济是不断发展变化的，是持续更替的过程，在此过程中，更需要其他外力的支持，如科技、政策、人口、自然因素等。长期以来，我国都是世界工厂，是西方发达国家对外贸易企业的代工厂，可以从一定程度上解决我国的就业问题，对经济的发展起到促进作用，但从长远发展来看，非常不利于我国经济质量及发展水平的提高。所以，我国企业在发展中，应该重视科学技术创新，积极学习西方发达国家的先进经验，在提高产品质量的同时，提高科技水准，只有拥有核心的科技，企业的整体竞争实力才会增强，在国际市场中的地位才会稳固。国际的贸易开展，能够从根本上推动我国经济转型，通过国际贸易，不仅拓宽了企业的市场渠道，还为企业提供了先进的技术。

3. 提高企业的市场竞争力

国际贸易水平虽不能完全体现国家的经济实力，但可以肯定的是，其对国家经济总量的提高有帮助，甚至可以促进行业的发展。基于新形势下，国家之间已经不存在贸易壁垒，全球的企业都进入国际市场，企业的竞争对手数量暴增，竞争变得异常激烈。在如此严峻的形势下，企业的固步自封模式已经被完全抛弃，企业必须进行创新，进行战略转型升级，不断创新经营管理模式，以提高市场竞争力，并为进入更大的国际市场夯实基础。所以，新形势下的国际贸易，无形中能够推动企业的发展，使其树立竞争意识，对提高企业经济效益起着重要作用，同时引导行业的发展和转型。另外，企业的良好竞争意识，有助于促进市场经济的进一步发展，这也是社会进步的重要标志。

（二）探析新形势下国际贸易的发展趋势

1. 全球化

新形势下国际贸易的发展趋势，全球化是主旋律。在此形势下，各个国家都希望进一步加强沟通，增进彼此的了解，在其他国家市场中分得一杯羹，以获得更多的经济利益，促进本国经济。在经济全球化的进程中，跨国企业都会采取上述手段，与其他国家开展贸易合作，增进企业之间的了解，不仅能够提升本企业的管理水平和经营水平，还对自身竞争力的提高起着积极的作用，合作双方能够实现共赢。在国际贸易全球化下，贸易市场的扩大，更加剧了企业之间的竞争，企业自身所处的环境也会更加艰难。企业必须立足根本，不断创新，开展国际贸易合作，积极应对挑战，在艰难的环境中坚韧成长，不断提高自身的竞争实力，学会洞察市场先机，分析市场发展规律，并抓住时机，促进企业稳健发展。

2. 多元化

随着市场经济的不断发展，传统的贸易模式已经难以立足，各个国家都在努力地发展经济，国际贸易的发展必将朝着多元化方向迈进。另外，时代的更迭从根本上影响着国际贸易的形式，多样化、多元化发展是必然，科学技术的不断创新发展，贸易渠道变得更加顺畅，合作空间更为广阔，国际贸易的多元化发展更为突出。国际贸易的多元化发展，企业的经营成本会降低，企业的竞争力也会因此提高，企业只有不断创新贸易模式，提高自身综合实力，才能在国际贸易市场中站稳脚跟，从而确保企业的稳健发展。

3. 科技化

在科学技术飞速发展的时代，各种新技术层出不穷。人工智能、5G、大数据、云技术等发展非常迅速，这些新技术逐渐应用到了国际贸易中，因此国际贸易呈现出科技化发展趋势。国际贸易中的科技化发展意义十分明显，具体体现在以下两个方面：一方面，科技让世界实现沟通无障碍、无国界的交流，更能增进各国之间的贸易合作关系，这对提升企业自身的科技水平起着促进作用；另一方面，企业是否在国际贸易中拥有话语权，有很大一部分是由科技水平决定的，所以企业的经济效益也会相应受到影响。

总之，新形势下科技水平的高低直接决定了企业的竞争实力，同时对国际贸易地位产生直接影响。对于企业发展而言，如何更好地开展国际贸易业务，提高自身的科研实力是核心基础，不断研究专业理论及对其进行创新、提升自身科技水平、提高综合实力及产品的竞争力，才能在国际贸易市场中崭露头角。

4. 自由化

现阶段，国际贸易的发展秩序处在相对稳定期。在经济快速发展的过程中，稳定期的平衡势必要被打破，国际贸易会呈现自由化发展趋势。国际贸易的自由化程度，是由各国家的实际发展情况来决定的，对资源进行优化配置，满足国家的自身发展需求，有助于企业经济效益的提高。国际贸易的自由化从短期发展来看，稳定期被打破后会迎来短暂的动乱期；从长期来看，贸易自由化对企业综合实力的提高起着很好的促进作用。在贸易自由化的过程中，由于一部分企业缺乏核心技术，其发展面临着巨大的挑战，这就要求企业在发展中，重视核心技术的研发，只有自身有过硬的技术，才能无惧市场压力、无惧市场竞争，更好地参与到自由化的国际贸易活动中。

5. 高级化

在新形势下，国际贸易结构形式呈现高级化发展态势，与产业结构的升级调整之间的关系紧密，即体现在以下两个方面：一方面，在国家产业结构不断调整优化的过程中，服务贸易的发展更为迅速，如金融服务、保险服务、咨询服务等，服务贸易行业所占的市场份额呈现持续上涨趋势，而其中尤以发展中国家服务贸易份额增长最快；另一方面，含有较高技术含量的成品贸易地位在不断攀升。

6. 区域化

基于新形势，为了自身利益的最大化，同时能够在国际贸易中享有优势，很多国家加入了区域性经济合作组织，以实现共赢。在近些年的发展中，国际贸易呈现出区域化发展趋势，具体体现在三个方面：其一，区域性经济合作组织能够降低成员国风险，提高抗风险能力；其二，区域性经济合作组织能够减轻国际贸易化的竞争压力；其三，组织中各经济主体在政治经济上结成更加紧密的联盟，实现了经济一体化。在 WTO 成立之前，全球每年成立 3 ~ 4 个区域经济合作组织，而在 WTO 成立之后，全球每年成立的区域经济合作组织数不少于 15 个，因此区域经济合作组织的发展速度与经济全球化的发展有着密切的联系。在未来的发展中，国际贸易的发展趋势也会呈现区域化发展，这对各大经济体的发展起着积极的促进作用，同时也在不断推动着世界经济的高效发展。

第二节　国际贸易的分类

一、按商品移动的方向进行的国际贸易分类

（一）进口贸易

将外国的商品或服务输入本国市场销售。

1. 进口贸易的概念

进口贸易又称输入贸易（Import Trade）是指将外国商品输入本国市场销售。输往国外的商品未经消费和加工又输入本国，称为复进口或再输入贸易（Re-Import Trade）。

2. 国际进口贸易全过程

①签订进口合同：经过与客户充分的协商，双方签订进口合同。

②到银行开具 L/C、赎单或前 T/T。

③客户发货后做接货准备。

④收到全套单据后办理清关、商检，也可委托当地的货运代理代办。

⑤完成交货手续，并结清所有通关费用。

⑥到银行付款，到外管局核销。

（二）出口贸易

1. 出口贸易的概念

出口贸易（Export Trade）又称输出贸易，是指本国生产或加工的商品输往国外市场销售。

2. 出口贸易的流程

报价、订货、付款方式、备货、包装、通关手续、提单、结汇。

（1）报价

在国际贸易中，一般是由产品的询价、报价作为贸易的开始。其中，对于出口产品的报价主要包括：产品的质量等级、产品的规格型号、产品是否有特殊包装要求、所购产品量的多少、交货期的要求、产品的运输方式、产品的材质等内容。

（2）订货（签约）

贸易双方就报价达成意向后，买方企业正式订货并就一些相关事项与卖方企业进行协商，双方协商认可后，需要签订《购货合同》。在签订《购货合同》过程中，主要对商品名称、规格型号、数量、价格、包装、产地、装运期、付款条件、结算方式、索赔、仲裁等内容进行商谈，并将商谈后达成的协议写入《购货合同》。这标志着出口业务的正式开始。通常情况下，签订购货合同一式两份，由双方盖本公司公章生效，双方各保存一份。

（3）付款方式

比较常用的国际付款方式有三种，即信用证付款方式、TT 付款方式和直接付款方式。

信用证付款方式。信用证分为光票信用证和跟单信用证两类。跟单信用证是指附有指定单据的信用证，不附任何单据的信用证称光票信用证。简单地说，信用证是保证出口商收回货款的保证文件（请注意，出口货物的装运期限应在信用证的有效期限内进行，信用证交单期限必须不迟于信用证的有效日期内提交）。

国际贸易中以信用证为付款方式的居多，信用证的开证日期应当明确、清楚、完整。中国的几家国有商业银行，如中国银行、中国建设银行、中国农业银行、中国工商银行等，都能够对外开立信用证。

TT 付款方式。TT 付款方式是以外汇现金方式结算，由客户将款项汇至卖方公司指定的外汇银行账号内，可以要求货到后一定期限内汇款。

直接付款方式。是指买卖双方直接交货付款。

（4）备货

备货在整个贸易流程中，起到举足轻重的重要地位，须按照合同逐一落实。备货的主要核对内容如下：

货物品质、规格，应按合同的要求核实。

货物数量：保证满足合同或信用证对数量的要求。

备货时间：应根据信用证规定，结合船期安排，以利于船货衔接。

（5）包装

可以根据货物的不同，来选择包装形式（如纸箱、木箱、编织袋等）。不同的包装形式其包装要求也有所不同。

一般出口包装标准：根据贸易出口通用的标准进行包装。

特殊出口包装标准：根据客户的特殊要求进行出口货物包装。

货物的包装和唛头（运输标志）：应进行认真检查核实，使之符合信用证的规定。

（6）通关手续

通关手续极为繁琐又极其重要，如不能顺利通关则无法完成交易。

属法定检验的出口商品须办出口商品检验证书。目前我国进出口商品检验工作主要有四个环节：接受报验——报验是指对外贸易关系人向商检机构报请检验；抽样——商检机构接受报验之后，及时派员赴货物堆存地点进行现场检验、鉴定；检验——商检机构接受报验之后，认真研究申报的检验项目，确定检验内容，并仔细审核合同（信用证）对品质、规格、包装的规定，弄清检验的依据，确定检验标准、方法（检验方法有抽样检验；仪器分析检验；物理检验；感官检验；微生物检验等）签发证书——在出口方面，凡列入种类表内的出口商品，经商检机构检验合格后，签发放行单（或在“出口货物报关单”上加盖放行章，以代替放行单）。

须由专业持有报关证人员，持箱单、发票、报关委托书、出口结汇核销单、出口货物合同副本、出口商品检验证书等文本去海关办理通关手续。箱单是由出口商提供的出口产品装箱明细；发票是由出口商提供的出口产品证明；报关委托书是没有报关能力的单位或个人委托报关代理行来报关的证明书；出口核销单由出口单位到外汇局申领，指有出口能力的单位取得出口退税的一种单据；商检证书是经过出入境检验检疫部门或其指定的检验机构检验合格后而得到的，是各种进出口商品检验证书、检定证书和其他证明书的统称，是对外贸易有关各方履行契约义务、处理索赔争、议和仲裁、诉讼举证，具有法律依据的有效证件，同时也是海关验放、征收关税和优惠减免关税的必要证明。

（7）提单

提单是出口商办理完出口通关手续、海关放行后，由外运公司签出、供进口商提货、结汇所用单据。

所签提单根据信用证所提要求份数签发，一般是三份。出口商留二份，办理退税等业务，一份寄给进口商用来办理提货等手续。

进行海运货物时，进口商必须持正本提单、箱单、发票来提取货物（须由出口商将正本提单、箱单、发票寄给进口商）。

若是空运货物，则可直接用提单、箱单、发票的传真件来提取货物。

（8）结汇

出口货物装出之后，进出口公司即应按照信用证的规定，正确缮制（箱单、发票、提单、出口产地证明、出口结汇）等单据。在信用证规定的交单有效期内，递交银行办理议付结汇手续。

（三）过境贸易

过境贸易是指甲国向乙国运送商品，由于地理位置的原因，必须通过第三国，对第三国来说，虽然没有直接参与此项交易，但由于商品要进出该国的国境或关境，并要经过海关统计，从而构成了该国进出口贸易的一部分。在过境贸易中，由于本国未通过买卖取得货物的所有权，因此，过境商品一般不列入本国的进出口统计中。

1. 过境贸易的类型

过境贸易可分为直接和间接两种。

（1）直接过境贸易

是外国商品纯系转运性质经过本国，并不存放在本国海关仓库，在海关监督下，从一个港口通过国内航线装运到另一个港口再输出国外；或在同一港口内从这艘船装到另一艘船；或在同一车站从这列火车转装到另一列火车后离开国境。

（2）间接过境贸易

是外国商品运到国境后，先存放在海关保税仓库以后未经加工改制，又从海关保税仓库提出，再运出国境。根据专门贸易体系，这种商品移动作为过境贸易处理不计入对外贸易额内。

2. 转口贸易和过境贸易的区别

转口贸易：货物消费国和货物生产国通过第三国进行的贸易活动，对于第三国而言就是转口贸易。商品的生产国把商品卖给第三国（或地区）的商人，然后第三国（或地区）的商人再把商品卖给真正的商品消费国。这种贸易对商品生产国和消费国来说是间接贸易（indirect trade），对第三国（或地区）来说，则是转口贸易（entrepot trade）。

过境贸易：别国出口货物通过本国国境，未经加工改制，在基本保持原状条件下运往另一国的贸易活动，包括直接过境贸易和间接过境贸易。比如内陆国与不相邻的国家之间的商品交易，就必须通过第三国国境，对第三国海关来说，就会把这类贸易归入过境贸易。不过，如果这类贸易是通过航空运输飞越第三国领空的话，第三国海关不会把它列入过境贸易。也指别国货物通过本国国境，未经加工改制，在基本保持原状的条件下运往另一国的贸易活动。

转口贸易和过境贸易的区别在于，商品的所有权在转口贸易中先从生产国出口者那里转到第三国（或地区）商人手中，再转到最终消费该商品的进口国商人手中。而在过境贸易中，商品所有权无须向第三国商人转移。

二、按商品的形态国际贸易分类

（一）有形贸易

有形贸易是指国际收支中商品的输入和输出，即实物商品的进出口贸易。由于进出口的商品是看得见的实物，不同于无形的劳务收支，所以称为有形贸易。有形贸易收支，是构成国际收支的重要项目之一，它对一个国家的国际收支状况起着决定性作用。

（二）无形贸易

无形贸易是有形贸易的对称，是指在国际收支中以劳务或其他非实物形态提供的输入和输出。

与以实物形态进出口的商品不同，这种以劳务或其他非实物形态所提供的某种特殊使用价值是看不见的，所以称为无形贸易。它主要包括以下几方面的内容：技术进出口贸易中的软件费、设计费、图纸资料费、咨询费、培训费、技术服务费等；伴随实物商品和人的国际移动而发生的劳务收支项目，如货物运输费、保险费、客运费、旅游费用等。

伴随资本的国际移动而产生的投资收益项目，如利润、利息、红利、租金等，以及驻外机构经费、专利费等其他收支项目。有形贸易因要经关，其金额显示在该国海关统计上；而无形贸易不经过海关办理手续，其金额不反映在海关统计里，但在该国的国际收支表上会有显示。

三、按生产国和消费国在贸易中的关系分类

（一）直接贸易

直接贸易（Direct Trade）是指货物生产国与货物消费国直接买卖货物的贸易行为，贸易双方直接洽谈完成交易。对于生产国而言，是直接出口；对于消费国而言，是直接进口。消费国直接进口生产国的货物时两国之间发生的贸易，即由进出口两国直接完成的贸易。

（二）间接贸易

间接贸易是“直接贸易”的对称，是指商品生产国与商品消费国通过第三国进行买卖商品的行为。其中，生产国是间接出口，消费国是间接进口，第三国是转口。

转口贸易是指国际贸易中进出口货物的买卖，不是在生产国与消费国之间直接进行，而是通过第三国转手进行的贸易。这种贸易对中转国来说就是转口贸易。交易的货物可以由出口国运往第三国，在第三国不经过加工（改换包装、分类、挑选、整理等不作为加工论）再销往消费国；也可以不通过第三国而直接由生产国运往消费国，但生产国与消费国之间并不发生交易关系，而是由中转国分别同生产国和消费国发生交易。转口贸易有货物集散地、仓库、堆栈之意，它属于再出口贸易和过境贸易中间接过境的一部分。

转口贸易的发生，主要是有些国家（或地区）由于地理的、历史的、政治的或经济的因素，其所处的位置适合于作为货物的销售中心。这些国家（或地区）输入大量货物，

除了部分供本国或本地区消费外，又再出口到邻近国家和地区。如新加坡、伦敦、鹿特丹等，都是国际著名的中转地，拥有数量很大的转口贸易。它们通过转口贸易除了可以得到可观的转口利润和仓储、运输、装卸、税收等收入外，同时也推动了当地金融、交通、电讯等行业的发展。

（三）转口贸易

转口贸易指商品生产国与商品消费国通过第三国进行买卖商品的行为。间接贸易中的生产国称为间接出口国，消费国称为间接进口国，而第三国则是转口贸易国，第三国所从事的就是转口贸易。

1. 转口贸易的概念

转口贸易（Entrepot Trade）又称中转贸易（intermediary trade）或再输出贸易（Re-Export Trade），是指国际贸易中进出口货物的买卖，不是在生产国与消费国之间直接进行，而是通过第三国转手进行的贸易。这种贸易对中转国来说就是转口贸易。交易的货物可以由出口国运往第三国，在第三国不经过加工（改换包装、分类、挑选、整理等不作为加工论）再销往消费国；也可以不通过第三国而直接由生产国运往消费国。但生产国与消费国之间并不发生交易关系，而是由中转国分别同生产国和消费国发生交易。转口贸易有货物集散地、仓库、堆栈之意，它属于再出口贸易和过境贸易中间接过境的一部分。

转口贸易的发生，主要是因为贸易制裁。但到现在，为了躲避贸易制裁，避开高额关税，而采取的贸易运输方式转口港，也叫工程进行换柜，出 CO（产地证）。

类似地，但很少发生，比如，某种奇怪信用证；或者因为战争；又如中东阿拉伯很多国家是要求经过他们国家的船，不能停靠；或者即将停靠以色列（指的是海运货柜船），所以他们当地要运去以色列，必须进行转口。

2. 转口贸易的产生条件

转口贸易对中间商所在国而言，一般必须具备两个条件。

（1）自然条件

即中转国的港口必须是深水港、吞吐能力强、地理位置优越、处于各国之间的交通要冲或国际主航线上。

（2）人为条件

要求中转国对中转地采取特殊的关税优惠政策和贸易政策，如自由港、自由贸易区等，使中转费用不致过高。同时，要求该地的基础设施、交通、金融和信息等服务系统发达且完备，以利于转口贸易的进行。

3. 转口贸易的方式

转口贸易的形式多样。根据货物流通渠道的不同，可分为再出口贸易、纯粹转口贸易和加工转口贸易方式三种。

（1）再出口贸易方式

再出口贸易方式是指出口商通过中间商与进口商发生买卖关系，而后将货物直接从出口国运往进口国的贸易方式。在这种情况下，货物并未在第三国通关进出口，而中间商亦仅涉及交易单据的处理。这种单据处理贸易方式实际上是货物所有权的再出口。再出口贸易方式在转口贸易发展的初期较多发生。人们由于经验、通讯设备等的缺失，转口贸易就通过两交货物的进出口来完成。随着转口贸易的发展，单据处理贸易的方式逐渐发展起来，这种方式可以避免货物在第三国通关进出口的繁杂手续，节省运费、保险费和手续费等费用，减少风险，还可缩短交货时间，有利于进口商抓住货物销售良机，从而实现较大的利润。因而单据处理贸易方式逐渐取代再出口贸易方式，成为当今转口贸易的主要方式。转口贸易根据货物是否在中转地加工，可分为纯粹转口贸易和加工转口贸易两种。

（2）纯粹转口贸易

所谓纯粹转口贸易是指中转的第三国中间商对进口的货物未经加工再出口。当然，中间商可以将进口货物在当地保税仓库进行分级、混装、加包装、贴标签等。这些活动并未改变原进口货物的形态、性质，结构或效用等，所以不属于加工的范围。

（3）加工转口贸易

加工转口贸易指货物通关输入中转国，经加工增值后再输往进口国的贸易方式。货物经过某种程度的加工，使加工后的货物与原来未经加工的货物在形态、性质、结构或效用上发生某些变化，中转国以这种贸易方式不仅可以获得转口利润，还可获加工利润。加工转口贸易要求中转地有大量的劳动力、工资水平较低、基础设施较好，并有保税仓库或保税区等，这样才能使商品加工成本低，具有国际竞争力。加工转口贸易可以对整批货物进行加工、装配等；也可以是从国外采购某些零部件，与原有的设备配套装配成大型设备出口。

第三节　国际贸易的基本形式

一、虚拟企业模式

企业传统的组织面临着很大冲击，而以电子商务为基础的组织的职能部门受到了广泛的关注，带来了活力。虚拟企业是网络化组织结构的典型代表。它没有地区、产业、企业的界限，所有的资源不受任何约束，通过电子手段联系将所有的资源，将其所有的有效资源为其实体组织所用，发挥其最大的效用。虚拟企业的界定是模糊的，没有一个严格的概念。它将企业与资源有效地匹配，进行不同的组合。虚拟企业的特点决定了传统企业的刚性组织结构不再适应，恰恰相反，在与刚性组织架构相反的柔性化的网络作为主导发挥着重要的作用，柔性化的网络把相关能力与相关资源进行相应的匹配，实现资源配置的最优化。

（一）虚拟企业的定义

关于虚拟组织的内涵，学者们从不同的角度进行了阐述，目前对虚拟企业的定义有三个角度：

1. 产品角度

1992 年威廉·戴维陶（Willan H. Davidow）与麦克·马隆（Michael S. Malone）合著的《虚拟企业》（*The virtual Corporation*）一书中，认为虚拟企业是指具备生产虚拟产品的……经过彻底改造的企业，而虚拟产品是相对传统产品而言的。“生产及运输等合成为效益原则，费时短，且可以同时在许多地点提供顾客多样化的选择；给一般人的印象是速度，以致人们很容易忽略另一特点——提供顾客的满足感”。相对传统产品，戴维陶称它为“虚拟产品”。“具备生产虚拟产品的……经过彻底改造的企业”称为虚拟企业。显然，这类定义主要是从虚拟企业的运行的结果阐述虚拟企业定义的。

2. 信息网络角度

信息网络是虚拟企业运行的技术基础，计算机、网络技术专家从技术角度阐述虚拟企业。组织结构无形化、通过信息网络加以联结的企业组织，称为虚拟企业。网上商店、银行等是虚拟企业的典型形态。波士顿尔菲集团董事长科勒普罗斯曾说：“我们坚信，虚拟组织这个概念，更多是出于技术方面的热情，而不是产生于正确的思维方式”。

3. 运行方式角度

虚拟企业是组织类型之一，可以从组织运行方式角度阐述其定义。普瑞斯、戈德曼、内格尔在《以合作求竞争》一书中指出：“虚拟组织是由各种企业单位形成的一种集团，其中人员工作过程都来自这些企业单位，他们彼此紧紧联系，相互影响和作用，为了共同利益而奋斗……虚拟组织工作过程都仍然保持相互独立，互不影响。……现代虚拟组织关系是一种相对较新的组织形式，利用信息技术把人力、资产和思想动态地连接起来，是一种有机的企业网络组织。……虚拟组织是为了迎合明确的时间机遇或预期的时间机遇而产生的”。从运行的方式角度来定义，虚拟企业就是功能特点专长化、存在形式离散化、运作方式合作化的企业。

另外，虚拟企业的指代对象至今为止仍然是很模糊的。虚拟企业究竟指的是通过虚拟关系运作在一起的企业集团，还是该企业集团中的某个企业？在实际运作中，它的指代对象具有二元性。称单个为虚拟企业，而单个实为整体的代称；称整体为虚拟企业时，总是以某单个观察对象的企业名称代称整体。我们称某个企业为虚拟，不排斥把参与运作的“企业集团”也称为虚拟企业，只是作此称呼时，仍以某个企业为观察对象。所以，我们所称的虚拟企业有时是参与运作的个体，有时是参与运作的整体。

（二）虚拟企业的特点

1. 虚拟企业使传统的企业界限模糊化

虚拟企业不是法律意义上的完整的经济实体，不具备独立的法人资格。一些具有不同资源及优势的企业为了共同的利益或目标走到一起联盟，组成虚拟企业，这些企业可能是供应商，可能是顾客，也可能是同业中的竞争对手。这种新型的企业组织模式打破了传统的企业组织界限，使企业界限变得模糊。

2. 虚拟企业具有流动性

灵活性的特点。诸企业出于共同的需要、共同的目标走到一起结盟，一旦合作目的达到，这种联盟便可能宣告结束，虚拟企业便可能消失。因此，虚拟企业可能是临时性的，也可能是长期性的，虚拟企业的参与者也是具有流动性的。虚拟企业正是以这种动态的结构、灵活的方式来适应市场的快速变化。

3. 虚拟企业是建立在当今发达的信息网络基础之上的企业合作

虚拟企业运行中的信息共享是关键，而使用现代信息技术和通讯手段使得沟通更为便利。采用通用数据进行信息交换，使所有参与的企业都能共享设计、生产及营销的有关信息，从而能够真正协调步调，保证合作各方能够较好合作，从而使虚拟企业集成出较强的竞争优势。

4. 虚拟企业在运行过程中运用并行工程而不是串行工程来分解和安排各个参与企业要做的工作

虚拟企业在完成某一项目或任务时，项目或任务按照并行工程的思想被分解为相对独立的工作模块，促使承担分解任务的各方能够充分调动和使用他们的资源而不必担心核心技术或核心知识被泄露。并且各个合作模块可以并行作业，项目或任务的主持者可以利用先进的信息通信手段在其间不断地沟通与协调，从而保证各个工作模块最终的互相衔接。这样既缩短了时间，又节约了成本，同时还促进了各参与企业有效地配置自己的资源，以及虚拟企业整体资源的充分利用。

5. 虚拟企业一般在技术上占有优势

由于虚拟企业是集合了各参与方的优势，尤其是技术上的优势而形成的，因此在产品或服务的技术开发上更容易形成强大的竞争优势，使其开发的产品或服务在市场上处于领先水平。这一点是任何单个实体企业很难相比的。

6. 虚拟企业可以看作一个企业网络

该企业网络中的每个成员都要贡献一定的资源，供大家共享，而且这个企业网络运行的集合竞争优势和竞争力水平大于各个参与者的竞争优势和竞争力水平的简单相加。虚拟企业的上述特点，决定了虚拟企业具有较强的适应市场能力的柔性与灵捷性，各方优势资源集中更催生出极强的竞争优势与竞争力。

（三）虚拟企业的运作平台

1. 信息网络

虚拟企业是信息时代的产物，只有充分利用先进的信息技术与设施，虚拟企业才能对顾客的需要做出及时的反应。信息时代是信息和知识在社会中扮演主要角色的时代，衡量一个时代是否进入信息时代，通常有五个主要因素：其一，劳动力结构已出现根本性转变，从事信息工作的人员占在业人员总量的 50% 以上；其二，信息经济占国民经济总产值的 50% 以上；其三，已经建立起先进的信息网络系统；其四，知识已成为社会发展的巨大资源和主要推动力；其五，社会生活已经信息化。

虚拟企业是准市场企业，兼具中等程度的企业与市场特性，通过大量的双边规则与其他企业发展联系，企业活动在很大范围，甚至全球范围内开展，需要高效快速传递，否则分散化的工作关系会无法有效协调。

2. 知识网络

知识是信息的内容，信息是知识的显化。知识指人类对自身、社会及自然的经验、认识、记忆，以及思维方式、技能等；信息是知识的载体，知识通过信息化，才能被传输、商品化、社会化、人类共享。知识网络是指通过信息网络将各具核心能力的企业连接起来，构成“核心能力”网络。虚拟企业既要利用企业内部的知识网络，更要将内部网络与其他虚拟企业的知识网络连接，形成一个全球范围之内的知识网络。知识网络的出现，使传统的线创新模式被新的创新模式所取代。通过科学、工程、产品开发、生产、营销之间的反馈环路和边疆的交互作用来创新，这种创新称之为交互创新。创建知识网络的步骤包括：其一，建立知识资料库，收集能与本企业形成能力互补的优秀企业的详细信息；其二，与上述企业建立长期伙伴关系，互相向对方让渡各自核心能力使用的“期权”，形成“契约网络”；其三，通过信息网络将契约网络内的企业连接起来，形成知识网络。

3. 物流网络

工业时代中，物流的承担者包括商品市场与要素市场，其交易成本很高，运作速度也很慢。在商品市场中，一般由商业流通系统承担市场的功能，通过一级批发商、二级批发市商……零售商将产品传递到顾客手中。生产企业根据市场需求信息来从事组织生产经营活动，而这些信息首先由零售商从顾客那里得到，再由它向上一级机构传递，一直到生产企业那里。生产企业采取直销模式，也无法从根本上摆脱原来商品流通体系的影响。在每次信息传递中，难免失真、失效，使得物流系统长期在低效率下运转。虚拟企业有效运作是建立在物流网络基础上的，建立程序主要是：其一，根据经济项目选择合作对象，形成暂时起作用的知识网络；其二，根据该经济项目的客户对象主要特征，选择物流的核心企业，将它们纳入准备运转的知识网络；其三，在知识网络内建立契约网络，从而形成物流网络。

4. 契约网络

知识网络、物流网络的形成，都离不开契约网络。虚拟企业既不是单纯企业，也不是单纯市场，而具有“半企业、半市场”的特征。从契约角度研究，虚拟企业是通过大量间续式双边规则形成的实际形态就是虚拟企业形成的“契约网络”。契约网络的建立是在对合作对象的核心能力是否具有互补关系的确认基础上，首先形成骨架性的契约网络，即一级网络，然后，在此架构下再由任何一个企业向下继续发展次级契约网络来完成的。契约网络的维护主要不是靠制度规范、再谈判等手段对契约进行适当调整，而是靠彼此之间的真诚信任来维持长期合作关系，否则就难以保证虚拟企业低成本运作特征。

信息网络、知识网络、物流网络、契约网络四个平台构成了虚拟企业运作的整体平台。知识网络、物流网络的建立以信息网络、契约网络为基础；物流网络、知识网络又使信息网络、契约网络本身具有实际运用价值；契约网络的形成也需借助信息网络。四个网络具有一定的重叠关系，知识网络与信息网络有重叠，契约网络内含在物流网络与知识网络之中。

（四）虚拟企业的管理模式

信息时代管理模式的转变，可以作为构建虚拟企业管理模式的基础。在由工业时代向信息时代转变过程中，管理在结构、控制、权力、交流等方面也将发生巨大的变化。

1. 从例行程序到复杂性的转变

真正对企业利益造成损失的不是过程中的工作，而是过程中的决策。许多良好的构思常常被搁置起来，被束之高阁或不屑一顾，当认真考虑这些构思时，为时已晚，同时还常常被市场机会陷阱所困惑。正是这些随意做出的决策耗费了企业的力量、灵感与智慧，其原因就在于技术变革在信息时代已司空见惯，决策往往需要在事实不清楚、相关信息缺乏的时候做出。

2. 从顺序向并行的转变

序列化的生产过程使得人们及各工序相互割裂开来，每一职能部门都有其特定任务，而对其他职能部门运转缺乏正确认识。当通过并行方式平行工作时，一种新的推动力就可产生。这不仅意味着各职能部门同时运转，更重要的是各部门能进行协作。传统的组织有一套复杂的操作程序来决定报告渠道、权力层次、部门特权、工作界定和操作。在该结构中，决策来自组织的顶层，而行为在底层，中层管理人员根据高层的意见，指导、监督、控制下层人员。这种严格的等级制度使工作顺序地传递给下一个部门。新技术的发展使企业更容易并行工作，通过将来自不同职能部门和公司的人员组建成多任务组来处理复杂的市场问题。虚拟企业的运行过程建立在市场上多方主体的参与上，通过专长性资源及信息的共享，延伸了各方的能力及战略意图。合作化否定内部化，使虚拟企业资源调节能力增强，参与各方没有行政隶属关系，彼此相互独立，自律与协商成为运行中的基本规则。

3. 从命令和控制到集中和协调的转变

严格的等级制具有一种命令——控制结构，其指令来自高层。只有高层人员才具备学识和智慧，下层人员必须在有关高层人员许可下才能从事创造性活动。组织中人的重要程度依赖于他所在的进位，通过接受直接汇报的数量、批准预算的权限、是否接近权力中心而体现出来。我们常常看到这样的情形，高层人员只擅长发号施令，从来不试图提出具有创新思想的建议，这主要是由于经常愿意提问题的人往往被认为是无智慧的人，与自己所在的高层位置是不相称的。虚拟企业以任务为导向，在自组织的虚拟工作团队中，任务的频繁变换，知识的专用性程度非常高，必须根据具体项目将领导的职能决策权转移给不同的人。信息时代中，环境的变化、知识更新速度不断加快，任何人都不可能具备长期担任领导所应具备的完全有效的知识，固定领导制无法保证组织的适应性。

4. 从职位权威到知识权威的转变

在严格的等级制中，职位与权威已被公式化：职位越高，权力越大；职位高的领导，不需要倾听下属意见，只需要监视和控制下属；上级给下级交代工作时，都有详细的说明与解释，下级只需接受游戏规则，并不需要创造性。而信息时代要求企业利用跨职能部门、超越企业界限的知识资源取得市场战略的成功，严格的等级制必然会被以任务为中心的团队所代替。在虚拟企业中，个人的知识变得更重要，也更容易获得，而缺乏知识的人，即使身处很高职位也无法隐藏在职位后面。通过信息网络，人们很快知道谁拥有知识，谁能够分享知识，拥有知识的人必将成为虚拟企业中的核心人物。职位权威建立在根据职位安排来确定分配方案基础之上，即使知识最少的人也有合理的成功机会。传统的等级制度一方面对职员的受教育程度要求很高，另一方面又不可能充分利用其才能；即使上级人员实际上什么都不知道，但往往却被认为什么都知道，不同级别之间的人无法进行良好的沟通与学习。而虚拟企业是建立在知识权威基础上的，管理者必须真诚地对待他人，发现他人真正知道什么，掌握下属的能力、需求、经验。

5. 从不信任和服从到信任和诚实的转变

不信任似乎已根植于严格的等级制中，结构的分散性导致了职能部门之间的相互不信任，部门之间相互抱怨已习以为常。企业再造理论的运用极大地提高了生产力，使企业运行效率发生了根本性变化，打破了企业内部部门间的独立界限，在部门合作的界面上取得了很大的进展，但企业之间的合作信任问题并没有解决。信息时代，需要企业间的真诚合作，虚拟企业是一种随时的、随机的组织，其合作的价值来源于重复与浪费的减少、借助彼此的核心能力、创造新机会三个方面，而合作的价值基础是信任与诚实。

二、ECR模式

互联网的快速发展带给消费者选择的余地越来越多，面对花样繁多的商品，消费者的自主意识逐渐增强，对新产品的要求也是水涨船高，个性化需求更加凸显。为了迎合消费者的快速需求变化，在国际贸易流通中衍生了一种新的流通模式，即消费者有效反应（Eficient Consumet Response，简称 ECR），它的出现使国际贸易流通发生了前所未有的变化，并得到有效推广。它的快、好等特点符合消费者需求。ECR 模式对我国对外贸易的传统模式是一场革命，它有如下优点。

（一）重视采用新技术和新方法

ECR 系统对国际贸易是一场革命，它利用了先进的信息技术手段，在制造商与销售商之间架起了一道桥梁，即自动订货系统（CAO）。该系统的应用从根本上解决了我国对外贸易中的很多问题，尤其是应对新贸易保护主义起到了事半功倍的效果。

（二）建立稳定的伙伴关系

在传统的外贸商品供应链条上，该链条上的各个环节是各自孤立的，没有任何的紧密关联，每次订货的随机性都很难把握。

三、电子中间商模式

中间商是指在制造商与消费者之间“专门媒介商品交换”经济组织或个人。电子中间商就是基于网络（现阶段为 Internet）提供信息服务中介功能的新型中间商。

（一）电子中间商分类

1. 目录服务

利用 Internet 上目录化的 Web 站点提供菜单驱动进行搜索，现在这种服务是免费的，将来可能收取一定的费用。现在有三种目录服务，一种是通用目录[如雅虎（Yahoo）！]，可以对各种不同站点进行检索，所包含的站点分类按层次组织在一起；另一种是商业目录（如 Internet 商店目录），提供各种商业 Web 站点的索引，类似于印刷出版的工业指南手册；最后一种是专业目录，针对某个领域或主题建立 Web 站点。目录服务的收入主要来源于为客户提供 Internet 广告服务。

2. 搜索服务

与目录不同，搜索站点（如 Lycos、Infoseek）为用户提供基于关键词的检索服务，站点利用大型数据库分类存储各种站点介绍和页面内容。搜索站点不允许用户直接浏览数据库，但允许用户向数据库添加条目。

3. 虚拟商业街

虚拟商业街（Virtual Malls）是指在一个站点内连接两个或以上的商业站点。虚拟商业街与目录服务的区别是，虚拟商业街定位某一地理位置和某一特定类型的生产者和零售商，在虚拟商业街销售各种商品、提供不同服务。站点的主要收入来源依靠其他商业站点对其的租用。如我国的新浪网 Sina.com 开设的电子商务服务中，就有提供网上专卖店店面出租的服务。

4. 网上出版

由于网络信息传输及时而且具有交互性，网络出版 Web 站点可以提供大量有趣和有用的信息给消费者。目前出现的联机报纸、联机杂志属于此类型。由于内容丰富而且基本上免费，此类站点访问量特别大，因此便有出版商利用站点做 Internet 广告或提供产品目录，并以广告访问次数进行收费。如 ICP 属于此类型。

5. 虚拟零售店（网上商店）

虚拟零售店不同于虚拟商业街，虚拟零售店拥有自己货物清单和直接销售产品给消费者。通常这些虚拟零售店是专业性的，定位于某类产品，它们直接从生产者进货，然后折扣销售给消费者（如亚马逊 Amazon 网上书店）。目前网上商店主要有三种类型：一是电子零售型（e-Tailers），这种网上商店它直接在网上设立网站，网站中提供一类或几类产品的信息供选择购买；二是电子拍卖型（e-Auction），这种网上商店提供商品信息，但不确定商品的价格，商品价格通过拍卖形式由会员在网上相互叫价确定，价高者就可以购买该商品；三是电子直销型（e-Sale），这类站点是由生产型企业开通的网上直销站点，它绕过传统的中间商环节，直接让最终消费者从网上选择购买。

6. 站点评估

消费者在访问生产者站点时，由于内容繁多、站点庞杂，往往显得束手无策，不知该访问哪一个站点。提供站点评估的站点，可以帮助消费者根据以往数据和评估等级，选择合适站点访问。通常一些目录和搜索站点也提供一些站点评估服务。

7. 电子支付

电子商务要求能在网络上交易，同时能实现买方和卖方之间的授权支付。现在授权支付系统主要是信用卡如 Visa、Mastercard，电子等价物如填写的支票，现金支付如数字现金，或通过安全电子邮件授权支付。这些电子支付手段，通常对每笔交易收取一定佣金以减少现金流动风险和维持运转。目前，我国的商业银行也纷纷上网提供电子支付服务。

8. 虚拟市场和交换网络

虚拟市场提供一个虚拟场所，任何只要符合条件的产品可以在虚拟市场站点内进行展示和销售，消费者可以在站点中任意选择和购买，站点主持者收取一定的管理费用。如我国对外贸易与经济合作部主持的网上市场站点——中国商品交易市场就属于此类型。当人们交换产品或服务时，实行等价交换而不用现金，交换网络就可以提供以货易货的虚拟市场。

9. 智能代理

随着 Internet 的飞速发展，用户在纷繁复杂的 Internet 站点中难以选择。智能代理是这样一种软件，它根据消费者偏好和要求预先为用户自动进行初次搜索，软件在搜索时还可以根据用户自己的喜好和别人的搜索经验自动学习优化搜索标准。用户可以根据自己的需要选择合适的智能代理站点为自己提供服务，同时支付一定的费用。

（二）电子中间商的影响因素

1. 成本

网络中间商提供中介服务进行收费的模式一般有两种：一种是网络中间商按照企业使用的资源和使用站点提供的服务程度来收取费用；另一种是网络中间商根据企业由其网站形成的销售额进行提成。当网络中间商自身实力不足以对企业的销售额形成较乐观的预期时，企业通过使用网络中间商站点提供的服务所支付的成本相对会低一些。而当网络中间商自身实力足以对企业的销售额形成较乐观的预期时，网络中间商就会采取有利于自己的收费方式，如根据其网站所创造的销售额进行提成。

2. 资信

资信是指网络信息服务提供商所具有的信用程度的大小。目前，我国还没有权威性的认证机构能对网络信息服务提供商进行认证。因此，在选择网络中间商时需注意其资信程度。企业在评价网络中间商的资信状况时，可利用金融机构、专业资信调查机构和内部调查方式来进行调查，防止发生资信条件不足问题而带来的损失。

3. 覆盖面

覆盖面是指网络中间商宣传所能到达的地区和影响到的人数，以及网络站点所能影响到的市场区域。对于企业来说，站点覆盖面并非越广越好，而是要看市场覆盖面是否合理、有效，是否能够最终给企业带来经济效益。

4. 特色

每一个网络站点都要受到网络中间商的总体规模、财力、服务态度、文化素质、工作精神等因素的影响。在网站设计、更新过程中表现出各自的特色，会影响到不同的访问群。因此，企业应当研究这些访问群的特点、购买渠道和购买频率，为选择不同的网络交易中介机构奠定良好基础。

5. 连续性

网络发展实践证明，网站的寿命有长有短。一个企业如果要使其网络分销渠道持续稳定地运行，就必须选择具有连续性的网站，这样才能在消费者中建立品牌信誉、服务信誉等。同时，企业还应采取措施密切与网络中间商的联系，保持企业产品在其网页中位置的连续性。

（三）电子中间商与传统的中间商的区别

1. 存在前提不同

传统中间商是因为生产者和消费者直接达成交易成本较高；而电子中间商是对传统直销的替代，是中间商职能和功效在新的领域的发展和延伸。

2. 交易主体不同

传统中间商是要直接参加生产者和消费者交易活动的，而且是交易的轴心和驱动力；而电子中间商作为一个独立主体存在，它不直接参与生产者和消费者的交易活动，但它提供一个媒体和场所，同时为消费者提供大量的产品和服务信息，为生产者传递产品服务信息和需求购买信息，高效促成生产者和消费者的具体交易实现。

3. 交易内容不同

传统中间商参与交易活动，需要承担物质、信息、资金等交换活动，而且这些交换活动是伴随交易同时发生的；而电子中间商作为交易的一种媒体，它主要提供的是信息交换场所，具体的物质、资金交换等实体交易活动则由生产者和消费者直接进行，因此交易中间的信息交换与实体交换是分离的。

4. 交易方式不同

传统中间商承担的是具体实体交换，包括实物、资金等；而电子中间商主要是进行信息交换，属于虚拟交换，它可以代替部分不必要的实体交换。

5. 交易效率不同

通过传统中间商达成生产者和消费者之间的交易需要两次，而中间的信息交换特别不畅通，造成生产者和消费者之间缺乏直接沟通；而电子中间商提供信息交换可以帮助消除生产者和消费者之间的信息不对称，在有交易意愿的前提下才能实现具体实体交换，可以极大减少中间商因信息不对称造成无效交换和破坏性交换，最大限度地降低交易成本提高交易效率和质量。

四、数字经济对传统贸易的影响

经典国际贸易理论经历了比较优势理论—禀赋优势理论—新贸易理论—新贸易理论

的发展阶段，形成了一套近年来基于企业异质性的新－新贸易理论，进一步从企业生产率差异的角度探寻了贸易的成因，证实了生产率优势是企业从事国际贸易活动的基础。然而，国际贸易理论基本上都建立在对传统经济部门进行微观分析的基础之上，其中的要素投入、成本结构、经营模式等都未涉及数字经济，事实上，数字经济本身的低成本以及要素内生化等特性不可避免地使传统贸易理论面临一些挑战。

（一）比较优势的内生化

根据古典及新古典贸易理论，一国参与国际贸易并能够在某一领域实现出口的先决条件是在该领域的生产率或密集使用的要素方面占据比较优势。数字贸易的发展同样有赖于特定的比较优势，但其内涵发生了一些改变。

1. 数字贸易的发展进一步扩大了比较优势的内涵

一方面，数字经济使很多传统意义上的比较优势弱化，由于数字经济本身的虚拟性和无形性特征，其对有形物料投入的需求较低，对劳动者素质的要求更高，普通资源禀赋以及低技能劳动力在比较优势体系中的重要性趋于下降；另一方面，相对于传统贸易，数字贸易条件下的比较优势增添了很多新的元素，如数字基础设施的完备程度、与数字技术相关的劳动力、人力资本以及与数字监管相关的制度和法律法规等。

2. 数据要素禀赋将不再作为不变的外部条件存在

除新的比较优势元素的引入外，数字贸易对经典贸易理论的冲击还源于数字要素本身的内生化特性，即数据要素禀赋将不再作为一成不变的外部条件存在，而是会随着生产和贸易规模的扩张不断自我强化，从而使比较优势呈现出内生性和动态发展的特性。相关国家的进出口结构乃至全球的贸易格局也会在这种具有内生性特征的比较优势作用下呈现出“强者恒强”的特征。

此外，比较优势的内生性与自我强化可能还会进一步引发一个政治经济学层面的问题，即数字经济下的国际贸易是否依然有助于各国经济的收敛？在完全竞争市场与要素可自由流动的假设下，传统贸易理论认为，国际贸易会引发各国要素报酬和收益率的均等化。然而在数字贸易中，一方面，数据要素在使用过程中的零边际成本特性，使要素报酬均等化机制近乎失灵；另一方面，数据要素本身的内生性导致一国一旦形成微小的竞争优势，就可以借助规模经济效应使这种优势不断强化。因此，长期来看，各国之间的贸易规模乃至收入水平不仅不会收敛，反而存在着不断扩大的可能。如果数字贸易最终会造成各国贸易规模与收入差距的不断加大，那么“第一步”的选择，即在数字贸易领域率先建立优势就变得异常重要，这无疑会使人们更加质疑古典以及新古典贸易理论“放弃政府干预，完全借助市场本身的力量实现‘公平’贸易格局”的观点，并动摇“自由贸易”的理论基础。

在数字贸易条件下，由要素内生性导致的贸易规模自我强化无疑会使上述战略性贸易政策的重要性进一步凸显。借助战略性贸易政策和产业政策的力量，通过大量前期投入抢占产业发展先机将成为数字贸易条件下各国的现实政策选择。

（二）从“规模经济”到“范围经济”

数字贸易中，由于数据要素的内生性，不仅企业的生产会呈现出更明显的规模经济特性，数字要素的低成本、跨部门共享也会带来显著的范围经济，由此对现有国际贸易理论形成冲击。

首先，规模经济和范围经济不仅会进一步强化贸易活动中比较优势的内生性，而且会使相关领域的比较优势呈现簇生特征，即在某一具体领域所拥有的比较优势会凭借要素的通用性和共享性迅速扩散到其他领域，从而使企业在一系列相关产品与服务市场中建立比较优势，形成围绕同一类数据要素和技术特质的产业聚合体。这种簇生比较优势将使企业的贸易形态同时兼具产业间和产业内的特点，任何一种专注于产业间和产业内贸易的理论在描述其贸易特征时都会失之片面。

其次，范围经济使同一生产者不同产品之间的关系从传统的替代关系转变为互补关系，由此将颠覆多产品生产中的技术设定，并引发企业生产和贸易决策的一系列变化。数据要素的低成本、跨部门共享特性使产品之间不存在共同要素的争夺问题，甚至当数据要素可以通过某种产品内生获得时，一种产品的产出增加还能够提高其他产品产出，传统的产品转换曲线设定由此将面临彻底的颠覆，并动摇经典的最优化分析的前提。此时各国由禀赋条件所导致的产品间分工将不复存在。在相同的产品结构下进行复杂的产业内交换，甚至在规模经济的驱使下由一国完全垄断所有相关产品的生产可能成为数字贸易的典型形态。

最后，范围经济还会进一步引发国际贸易活动中定价策略的复杂化。由于数据要素的共享性，一种产品的生产可以通过积累数据的方式为另一种产品提供支持，即便不考虑价格补偿，单纯的产品生产本身也会为生产者带来一定的正向收益。落实到实践层面，这一情形可能会衍生出更为复杂的定价机制，如对于某类以数据挖掘和信息获取为主要目的的市场，企业可以以极低的定价甚至免费的方式吸引消费者，由此获得可观的数据要素积累，并将这些数据信息应用于另一市场以实现企业整体盈利。

（三）“数字鸿沟”与数字贸易中的技术扩散

在古典和新古典主义贸易理论中，产品生产并不存在特殊的技术壁垒，因此贸易活动带有一定的“普适性”特征———任何国家或者企业都可以根据自身相对比较优势，从专业化的生产中获益，这一情况适用于工业化早期或简单的产品生产。随着制造业技术复杂度不断提升，技术壁垒逐渐成为国家或者企业参与贸易活动的重要障碍。

相比之下，数字经济环境下的技术壁垒对国家和企业参与生产和贸易活动的阻碍作用将变得更加具象化，并被形象地称为“数字鸿沟”。一方面，数字贸易会面临更大的规模壁垒。数字经济条件下可能并不存在若干企业并存的完全竞争或垄断竞争市场结构，取而代之的更多是寡头垄断甚至完全垄断的竞争格局，企业进入市场的难度、生存难度都将远高于传统经济；另一方面，数字贸易活动会面临更多的技术壁垒和专利壁垒。由于数字经济依托于高度复杂的电子信息技术，无论是硬件还是软件产品，都具有远高于传统制造业的技术门槛，同时数字经济下的强竞争压力也会使相关产业有更高的研发密集度和技术更迭频率，而且数字产业具有高固定成本与低边际成本并存的特征，这进一步加大了企业参与生产与贸易活动的资金和技术壁垒。与此同时，许多发达国家的数字企业通过先行者优势主导了产业技术革新的路径，并通过在可能实现技术突破的节点预先申请专利的方式制造知识产权壁垒，对后进国家实行技术封锁，加大了企业突破技术壁垒的难度。此外，国家之间在数字基础设施以及人力资本方面的差异也将成为数字鸿沟无法弥合甚至逐渐扩大的重要原因。

尽管存在上述困难，数字贸易环境下更低的学习成本带来的强技术溢出与扩散效应也为后发国家实现技术的追赶甚至赶超提供了机遇。

首先，数字经济条件下产业技术更新换代的频率更高，颠覆性的创新往往会追平技术优势国家的领先优势，使后发国家获得弯道超车的历史机遇。

其次，数字经济本身的可复制性和易传播特征使得技术的封锁和控制更趋困难，特别是对于软件源代码等以数字为载体，或以商业模式创新为主要形态的技术而言，贸易过程中有更大的概率被后进者仿效。

最后，数字经济下产品的多样化使领先者的技术优势更加难以维持。后发者在现有产品基础上进行微小的改动或创新都可能实现对市场的成功切入，并借助数据内生化的“滚雪球”效应迅速做大，甚至动摇领先者的技术优势和垄断地位。

（四）引力模型是否失效

“引力模型”是国际贸易研究中最重要也是最为常用的分析框架，广泛用于贸易的影响因素以及贸易壁垒的测算等方面。传统的引力模型主要基于制成品角度，其中经济规模和地理距离作为产能约束和运输成本约束对贸易规模产生着基础性的影响。在数字经济背景下，传统的引力模型是否依然成立存在一定疑问：一方面，从地理距离来看，近乎为零的运输成本使得地理因素对于数字贸易的影响大幅下降，甚至可以将其从引力模型中剔除；另一方面，从经济规模来看，尽管数字贸易的规模仍会受到经济规模的约束，但由于数字产品的要素投入，特别是关键性的数字要素具有近乎零边际成本的特征，成本约束将主要体现为一次性的固定成本投入，经济总量规模对于数字型企业的产能约束作用也将大大减弱。

但这并不意味着数字贸易对引力模型框架的彻底颠覆，而是更多地表现为使其内涵发生了改变。

首先，从规模约束来看，尽管经济规模对数字贸易的影响力减弱，但数字贸易实际上会面临另一种形式的规模约束，即贸易参与国的数字基础设施以及网络的普及与发达程度。在生产端，数字贸易可以摆脱物化要素的投入约束，但其对数字基础设施，包括畅通高效的网络条件、大规模的运算能力、高质量的终端系统乃至云平台等有更严格的要求；在需求端，数字贸易的市场开拓实际上也相当程度取决于当地的互联网以及各种移动设备和智能终端的普及程度，进而取决于整个经济中的网民规模。简而言之，在数字经济下的引力模型中，数字基础设施以及互联网的普及程度将取代经济规模成为决定贸易流量的核心因素。

其次，从距离因素来看，虽然数字贸易可以凭借零运输成本摆脱地理距离的限制，但国家之间的一些隐性距离，如文化和制度等对于数字贸易的影响会进一步凸显。作为以内容和用户体验为核心的产品，消费者在数字产品的消费过程中倾向于选择与自身语言、消费习惯和消费心理更为贴近的产品，文化越接近的国家之间，对上述需求因素的把握越为准确，由此使文化因素取代地理距离成为影响数字贸易规模的关键因素。与此同时，在数字贸易规则尚未有效建立，各国对于数字要素和数字产品跨境流动的态度与政策选择存在较大差异的情况下，数字贸易面临的制度性壁垒，包括数据要素的本地化限制、数字产品的内容合规性限制乃至电信产业的市场准入限制等也会对数字贸易活动产生重要影响。

（五）生产区位与贸易格局

随着全球经济开放程度的提高和要素可流动性的增强，企业可以通过国际直接投资选择生产区位。国际贸易和国际投资不再是彼此独立的，二者共同决定了全球范围内的生产以及贸易格局。制成品贸易（Finished Product Trade）理论模型较好地解释了工业革命以来发达国家与发展中国家之间的分化以及各国的工业化历程，但这以外部规模经济与运输成本为核心的模型在数字经济条件下也面临着一些挑战：一方面，数字产品的跨境运输成本近乎为零；另一方面，可变要素投入在成本中占比极低，令数字型企业对中间品投入的依赖大幅下降。所有这些都会导致引发企业集聚的传统因素失灵，并使得数字经济下的生产区位选择与贸易格局形成两种可能的发展趋势：

首先，由于地理距离已经不再是数字贸易活动的主要障碍，一些依靠地理优势成为贸易枢纽的国家和地区，如航线关键节点上的国家以及沿海港口城市可能会逐渐失去其优势地位。相对而言，一些因地理局限导致交通不便，在传统贸易格局中居于劣势地位的国家或地区在数字经济条件下却可能通过其他优势的培育异军突起，成为数字贸易活动的新枢纽。

其次，脱离运输成本束缚的数字型企业完全可以将生产活动安排在母国与东道国之外的第三地，充分利用当地的特殊比较优势向全球提供数字化产品和服务。换言之，传统经济活动中不具备显著区位优势的地区可能成为数字贸易更为活跃的地区。同时，在较低的边际成本与交易成本作用下，数字型企业的生产和贸易活动会更趋集中，并可能形成少数国家占据大部分数字贸易份额的格局。如果数字要素的跨境流动或者数字产品与服务的提供面临一定的政策壁垒，数字型企业也可能会将上述集中化的生产与贸易模式转化为分散性的经营模式，即通过国际直接投资将数字产品与服务的提供安排到目标市场所在地，并通过数据的本地化采集和应用、提供针对目标市场的个性化产品和服务迎合当地监管与市场偏好等途径，规避数字监管壁垒。由此，将会出现国际直接投资对数字贸易的大幅替代，并最终在规模经济的作用下形成由少数大型数字企业以直接投资的方式组织和控制数字产品供应的全球生产与贸易模式。

此外，数字经济还改变了传统意义上的产业分工格局。在数字经济条件下，产业的分工已经完全突破了传统意义上基于横向产品类别的产业间分工和基于纵向产业链条的产业内分工，且在大型跨国企业的主导下，依托交易平台形成复杂的网络化分工与产业生态体系。一方面使产品生产的复杂程度和国际化程度大幅增加，从而世界上任何一个国家都不再具有脱离全球分工体系独自实现发展的可能；另一方面也将导致数字贸易的“国界”概念变得更趋模糊，界定其“原产地”或者“民族属性”乃至对一国在分工体系中的地位进行具体的评判会更加困难且无意义。

（六）新“里昂惕夫悖论”

根据传统的要素禀赋理论，在一个充分开放的经济体系中，工业化程度较高的发达国家应当集中生产并出口资本和技术密集型产品，进口劳动密集型产品。然而美国经济学家里昂惕夫针对第二次世界大战后美国对外贸易发展状况的研究发现，美国作为一个最发达的工业化国家，却大量进口资本密集型产品，并出口劳动密集型产品。根据要素密集度逆转假说，任何一种产品的生产在不同国家和不同技术条件下都可能具有截然不同的要素密集度，因此在一些国家主要依靠劳动力进行生产的劳动密集型产品，在另一些国家可能因机器设备的大量采用而转变成资本密集型产品。要素密集度逆转假说可以在一定层面解释国际贸易活动中的“反理论”事实，但在以传统制造业为主的生产体系中，生产技术的国别差异不会十分显著，要素密集度逆转是否会真实发生一直存在争议。在数字经济背景下，产品的生产方式正在经历巨大的变革，由此带来的更为显著的要素密集度逆转可能导致“里昂惕夫悖论”越来越多地出现。在数字经济条件下要素密集度逆转的一个重要诱因是数字技术普及带来的生产自动化和人工智能制造技术的应用。受其影响，越是在传统的劳动密集型产业或生产环节（如标准化的简单制成品以及加工组装环节），人工智能对劳动的取代会越深入，相应的产品越有可能直接从劳动密集型产品逆转为资本密集型产品。

这种要素密集度的逆转会使国际贸易中出现更多的“里昂惕夫悖论”———在传统的贸易格局中，发展中国家即便不具有技术方面的优势，仍可借助相对丰裕的劳动力资源参与国际分工并开展国际贸易。但在人工智能和自动化技术的冲击下，发达国家将会在高端制成品之外进一步获得传统意义上的低端劳动密集型产品的比较优势，形成对发展中国家技术和成本的双重挤压。在这样的背景下，传统贸易理论的贸易“普适性”与“普惠性”特征在数字经济条件下是否依然存在也是贸易理论面临的新的挑战。

第三章　我国对外贸易转型与升级的价值

第一节　有利于对外贸易发展

在对外贸易转型和升级的基础上，我国企业可以对世界范围内的经济发展要素进行有效汲取，并将其作为向全球市场发展的参考依据，对自身的不足之处进行完善，通过“引进来”“走出去”来提高我国的对外贸易水平。

一、中国“引进来”和“走出去”的演进

（一）“引进来”与以资源禀赋比较优势嵌入全球价值链

由于国际市场的信心不足以及中国对于外部环境的不确定，中国改革开放之初对外开放的幅度非常有限，外商在华直接投资规模小、技术含量低，基本以加工贸易为主，“引进来”的总体质量不高。与此同时，中国企业通过“干中学”以及与外商企业建立的前向联系、后向联系中逐渐加强与外资企业的合作，并依靠丰富的自然资源和廉价劳动力逐渐参与到其生产环节中，中国的加工制造、装配等环节开始在全球价值链分工中拥有一席之地。

（二）“引进来”“走出去”与以综合性比较优势深度融入全球价值链

加入世贸组织后，中国凭借在自然资源和劳动力资源禀赋上的巨大优势参与全球价值链分工，在开放农业、制造业的基础上，进一步了基础设施、金融业、保险业、证券业和服务业等，逐步同国际规则接轨，推动形成全面开放的经济格局。此时中国的比较优势逐步发展成为包括资本、技术、土地、能源在内的综合性比较优势，经济进入黄金增长期，中国“引进来”逐步走上规范化与法制化，“引进来”质量进一步提高，加速中国融入全球价值链的进程。大型跨国公司基于全球经营战略纷纷进入中国市场，转向投资资本密集型的基础设施、高新技术产业以及现代服务业，并广泛参与国有大企业的改组改造，将其纳入全球生产体系。同时，那些成长快、规模较大的创新型私营企业也成为外商投资的重点。

在“引进来”的同时，这一时期流向发达国家和地区的“走出去”逐渐发展壮大，中国香港、美国、日本、德国集中了四成左右的中国境外投资。虽然这一时期下中国的“走出去”仍以从事简单生产加工和商业服务为主，但企业在开拓国际市场的同时，也存

在一定的反向技术溢出效应，通过反向技术转移、研发资源共享、研发成果反馈、海外市场竞争等传导机制在一定程度上提高了母国的技术发展水平，中国企业以更加积极主动的姿态深度融入全球价值链。

（三）“引进来”“走出去”与全球价值链重构

全球价值链的深度调整为中国提高在全球价值链中的地位带来挑战与机遇。伴随西方贸易保护主义抬头及大国竞争的日益激烈，攀升到全球价值链中高端越加困难：一方面是由于发达国家的“再工业化”和“制造业回归”政策；另一方面则是由于发达国家吸引优质外资而形成的激烈竞争局面。变革中隐藏机遇，深度调整的全球价值链也为中国提升价值链地位、构建以中国为核心的全球价值链带来机遇。中国在供给侧结构性改革及创新驱动等政策的激励下，科技水平和综合经济实力不断提升，中国作为世界第二大经济体和第一大出口国，已具备构建以中国为价值链核心的能力。这将成为未来一段时间内中国经济工作的重点，也是“引进来”“走出去”面临的新任务。

二、中国“引进来”“走出去”的发展困境

（一）“走出去”内外部发展均面临困境

1.“走出去”产业内部选择存在一定盲目性

“走出去”是攀升全球价值链中高端及构建以中国为核心的全球价值链的重要途径。一方面，高质量“走出去”既可以通过参与发达国家高附加值环节生产来攀升全球价值链中高端，也可以通过向发展中经济体和新兴经济体进行核心生产环节输出来建立以中国为核心的区域价值链；另一方面，根据东道国资源禀赋及条件，选择性地将国内部分劳动密集型产业的全部或部分生产环节和产能输出，也有利于国内产业结构的调整与升级。自2001年“走出去”正式提出以来，“走出去”推动了中国参与价值链分工广度的拓展和深度的强化，但从构建全球价值链角度看，“走出去”仍存在一定的盲目性。

第一，大部分境外投资领域仍集中于传统的低附加值行业，包括建筑业、远洋渔业、商业服务业等，高端“走出去”比例过低。

第二，境外投资地区结构不合理，避税型投资占比过大。根据商务部统计资料显示，近几年中国境外投资主要流向了中国香港、美国、开曼群岛、英属维尔京群岛，除美国外，其他投资地均以避税闻名，避税型投资的增长速度过快。

第三，对“一带一路”沿线国家“走出去”的风险意识、产业规划与引导有待完善。“一带一路”沿线大多为发展中国家和新兴经济体，经济发展水平总体不高，与中国所处经济发展阶段差别明显，虽符合构建以中国为核心的区域价值链的客观条件，但投资过程中常常因缺乏对项目的可行性、投资风险、法律法规、信仰等的深入了解而导致投资失败。此外，私营企业对“一带一路”的“走出去”具有较强随机性，产业升级作用不强。

第四，单打独斗现象明显，企业间缺乏合作，未能形成完整的产业链条。规模庞大的境外经贸合作区因经营形式粗放、配套设施不完善、企业各自为政和相互合作的缺乏，

导致完整的产业链条难以形成。

2.“走出去”的外部障碍增加

对于中国企业而言，限制措施主要表现在两个方面：一是提高了战略性行业的投资准入。例如，澳大利亚、美国提高了农业、电力、化工、通信行业的政府审查强度。二是加强了对外资国家的安全审查，且呈逐年上升趋势。近几年，西方发达国家对跨境并购的审查日益趋紧，尤其对技术获取型跨国并购更是格外关注，这是为了保护其核心基础设施和关键技术企业不被外资收购，尤其不被中国并购。

（二）“引进来”日益面临高质量外资引进不足的困境

近年来，中国引进外资的结构发生较大变化，中国港、澳、台投资尤其港资占比大幅上升，高质量外资（以日本、德国、美国为主）占比逐渐下降。根据商务部统计数据显示，中国加入 WTO 后的初期，日、美、德优质资本占比较高，外资来源结构较为合理。导致外资来源结构发生巨大变化的原因多种多样，既有中国劳动力成本快速上升的因素，也有相关鼓励措施滞后、股东关系紧张及公司治理不当等因素。高端外资引进的缺乏，不利于中国有效利用境外资本的技术溢出效应，不利于通过对国外先进技术的消化吸收进行再创新。

（三）“引进来”和“走出去”缺乏良性互动

从全球价值链角度看，“引进来”是承接发达国家国际产业转移，从而融入全球价值链和攀升全球价值链中高端的重要途径；“走出去”是国内产业全部或部分生产环节境外转移，从而构建全球价值链的主要途径。但“引进来”和“走出去”并不是独立的两个问题，是全球价值链发展这一问题的两个方面，二者对提高中国的全球价值链地位具有重要推动作用和内在统一性。但从改革开放后“引进来”与“走出去”的发展方向看，二者更多地表现为各自为政。从发展时间上看，改革开放后的“引进来”与“走出去”更多为交替进行：改革开放前 30 年，中国主要重视“引进来”，通过“引进来”融入全球价值链；加入世贸组织后，更注重“走出去”，实现了主动深度融入全球价值链。从互动上看，“引进来”对于中国企业“走出去”能力的提升具有一定促进作用，通过对外资企业技术的消化再吸收，提高了中国企业“走出去”的总体实力；但“走出去”对于中国企业技术进步及创新的促进作用却不足，反向技术溢出效应传导机制也不健全，限制了其对“引进来”的促进作用。

三、全球价值链重构与“引进来”“走出去”的推进方向

改革开放 40 多年来，“引进来”和“走出去”将中国不断升级的比较优势发挥得淋漓尽致，中国成功嵌入并深度融入全球价值链。国际形势的变化和国内经济发展的要求都推动我国在全球价值链分工体系中发挥更加积极的主导作用。然而，在当前贸易保护主义抬头、逆全球化思潮涌动的背景下，以多区域价值链构建为主、逐步发展为全球价值链，是中国比较可行的现实之策。

（一）“走出去”推进“一带一路”区域价值链构建

“一带一路”沿线大多为发展中国家和新兴经济体，经济发展水平总体不高，基础设施较差。而中国在不断扩大对外开放及供给侧结构改革的推动下，产业结构不断升级、科技水平不断提升，部分技术尤其是高铁技术已达到世界先进水平。“一带一路”沿线国家与中国所处经济发展阶段的差别较为明显，根据比较优势理论，通过“走出去”加强与沿线各国基础设施及产能的合作、构建“一带一路”区域价值链具有现实可能性。

由于“一带一路”区域内国家的差异性，构建区域价值链需要对沿线各国的政治、经济、社会、文化、法律，尤其自然资源及产业发展情况进行深入了解和准确把握，根据不同国家不同产业的要素禀赋差异及异质性开展产业合作。结合中国优势产业及“一带一路”真实需求的具体情况，能源、交通运输、电信等行业是中国构建“一带一路”区域价值链的最优产业选择。此外，在对“一带一路”沿线国家“走出去”的同时，亦不能忽视对欧美发达国家的“走出去”，对发达国家的投资有利于承接、转化世界先进技术，有利于将发达国家融入“一带一路”的区域价值链中。

（二）“引进来”攀升东亚区域价值链中高端

当前全球价值链的发展表现为明显的区域性。东亚价值链是全球最重要的区域价值链之一，价值链中的主要国家与美国经贸的联系极其紧密，包括日、韩与美国以及中国与美国的联系，因此，东亚价值链具有逐步转变为全球价值链的可能性。由于受中、日、韩三国关系影响，东亚价值链在很长一段时间内的发展并不稳定。特别是中国近年来更多地关注“一带一路”区域价值链，忽视了东亚价值链对于中国构建全球价值链的重要性。

东亚产业转移而形成的东亚价值链中，我国主要承担生产中的加工组装环节，处于价值链的中低端。伴随中国科学技术的快速发展及劳动力成本的上升，中国需要从东亚价值链的中低端攀升至中高端，延伸到高附加值的中间品活动。但与日本通过对外投资构建东亚区域价值链不同的是，由于东亚国家与中国经济不具有典型的垂直性，现阶段通过“走出去”来攀升中高端环节仍不具备硬性条件。对于中国而言，通过东亚地区的日、韩、新等优质资本“引进来”以及形成巨大的生产能力，进而确立在东亚价值链的地位更加现实可行。

（三）“引进来”和“走出去”内外联动，逐步构建以中国为核心的全球价值链

“一带一路”倡议提出前，中国融入全球价值链的发展方向主要是加入以发达国家为主导的全球价值链和以美日为主导的区域价值链。空间特征主要是向东开放，经济特征是向发达国家开放。“一带一路”倡议下，与沿线国家开展基础设施建设合作与产能合作，以构建区域价值链，其空间特征是向西南开放，经济特征是向广大发展中国家和新兴经济体开放。这两种开放战略截然不同。

从长远看，中国提高全球经济治理地位与话语权必须推进以中国为核心的全球价值链的构建，然而由于自身经济及技术水平的限制，直接构建全球价值链不具备现实条件。

现阶段的中国应通过“引进来”和“走出去”内外联动，攀升全球价值链高端及构建中国为核心的区域价值链，并逐渐将全球价值链与中国为核心的区域价值链进行对接，逐步升级为全球价值链。攀升全球价值链高端，一方面可以通过“引进来”，尽可能承接发达国家高附加值的生产环节；另一方面可以通过对欧美发达国家“走出去”，更好地吸收世界先进技术，逐渐形成中国优势。构建区域价值链则主要通过产业转移、输出部分生产环节等方式进行。中国在这两部分价值链中主要起到“承上启下”的作用，通过有效链接，形成以中国为链接点的“双环流价值链”。

第二节　可以调整产品出口结构

在对外贸易的整个过程当中，产品出口占有重要地位。要想有效保障对外贸易的效果，就必须对产品结构进行合理调整。现阶段，我国各大行业还缺少对产品出口结构的正确了解，因此并没有对产品结构进行合理制定，为行业发展以及我国经济发展等带来了众多不利影响。而如果想对对外贸易进行转型与升级，我国企业可以引进先进的技术手段，进而对产品出口结构进行优化调整，并结合国际经济贸易环境，对产品出口比重进行合理调整。另外，企业也可以积极引进设备、原材料以及其他资源等，这样不仅有利于实现全球范围内的产品交易均衡，也可以达到合作共赢的目的。

一、出口商品结构的含义及其分类

（一）出口商品结构的含义

出口商品结构是指，在一定时期内，各类出口商品在整个贸易总额中的比重，即某大类或某种商品出口贸易与整个出口贸易额之比，以份额或者比重来表示。一国的出口商品结构是由该国的经济发展水平、科技发展水平特别是产业结构状况来决定的，因此，它可以反映出国家经济发展水平和商品的国际市场竞争力。

（二）出口商品结构的分类

按照各种出口商品占出口贸易总额的比重进行分类，我国出口商品结构大致可分为工业制成品、劳动密集型产品和机电产品等。

按照国际贸易标准进行分类，工业制成品分为化工产品；轻纺、橡胶和矿冶产品及相关制成品；机械及运输设备；杂项制品和其他未分类产品。其中，化工产品和机械及运输设备可归为资本及技术密集型产品，而其他产品则可归为劳动及资源密集型产品。工业制成品出口商品结构的变化主要表现为资本及技术密集型产品和劳动及资源密集型产品所占出口比例的变化。

劳动密集型产品又称为劳动集约型产品，是指生产需要大量劳动力的产品，也就是说产品成本中劳动量消耗占比较大的产品。从改革开放至二十世纪末，在我国的出口商品结构中，劳动密集型产品占我国出口商品的主导地位。机电产品是指机械设备、电气设备、交通运输工具、电子产品、电器产品和仪器仪表等及其零部件、元器件。

机电产品的出口一直在我国出口商品中占重要地位，但是既要看到机电产品出口拉动经济增长的有利一面，也要看到机电产品中质量良莠不齐，影响了高端机电产品出口的一面。

近年来，中国的对外贸易得到长足发展，出口商品结构也有了明显的改善，集中表现为出口商品结构正快速地由劳动密集型商品向资本密集型和技术密集型商品过渡，初级产品的比重不断下降，高新技术产品的比重迅速提高。但是中国仍然是贸易大国而非贸易强国，我们需要不断优化出口商品结构，提高出口商品的附加值和科技含量，实现我国出口贸易的持续发展。

二、我国出口商品结构特点分析

（一）出口产品仍以劳动密集型产品为主

劳动密集型产品仍是我国主要的出口产品，这类产品的附加值普遍不高，出口利润也较低。尽管近几年高新技术产品的出口比重有所提高，但与发达国家相比还存在一定的差距，这就说明我国对“高、精、尖”技术产品的出口还缺乏一定的实力。虽然我国是一个制造大国，但生产的产品的技术含量普遍偏低，大部分企业只是把劳动密集型产品中的劳动密集生产环节转变为资本与技术密集型产品中的劳动密集型生产环节，产品的附加值和利润率没有发生根本改变，出口商品仍然处于产业链的低端，在国际分工中的地位较低，能在世界上具有影响力的品牌寥寥无几。因此，中国的产品就很容易受到国际汇率等成本因素变动的影响，难以应对国际贸易的激烈竞争。

（二）加工贸易附加值低且贸易保护严重

加工贸易占据了我国对外贸易总额的很大一部分，是我国出口贸易商品的主要来源。它不仅可以解决大量的就业问题，还能够拉动我国对外贸易的增长，对国民经济总量的增加有不可替代的作用。尽管近几年我国加工贸易的状况有了一定改善，一部分企业开始逐步从事资本密集型产品的加工，但总体而言，其劳动密集度仍然较高，产品的技术含量相对较低，高附加值、高技术含量的产品比重仍然比较低，很大一部分加工企业只是赚取很少的加工费，处在国际分工链条的最末端。而在很多加工贸易中，资金雄厚的外商企业控制了产品的核心技术和销售渠道，我国的加工企业扮演着加工工厂、制造基地的角色，只参加其中简单的加工环节。更有一部分加工贸易产品为高耗能、高污染、资源消耗量大（两高一资）的产品，虽然有一定的外汇收入，但污染环境，耗费能源、资源，破坏生态，不利于我国经济的持续发展及加工贸易的良性发展，进而影响整个国家的经济安全。可见我国加工贸易的一大部分利益皆被外商所得，我们能得到的实际利益十分有限。目前世界各国都在实行贸易保护主义，价格低廉的中国出口产品越来越成为反倾销和贸易保护的对象，低成本的国际竞争优势不断被削弱，利润越来越少，使得产品价格在国际市场上没有竞争力，市场需求越来越少。

（三）服务贸易比重有所增长但技术含量低

服务业被称为“无烟工业”，一直具有就业容量大、环境污染和资源消耗少的优点，而服务贸易的发展能有效缓解经济发展和环境、资源之间的矛盾，服务贸易受到越来越多国家的重视。中国的服务贸易起步较晚，主要以消费服务为主、其他服务为辅的结构发展。服务业主要集中在远洋运输、旅游、劳务出口等传统的服务业方面，而在全球贸易量最大的咨询、保险、金融、邮电等技术密集和知识密集型的服务行业的发展还比较缓慢。尽管近几年服务贸易的比重稳步增长，但服务的技术含量还比较低，主要从事一些简单的劳动密集型服务，而像网上交易平台、跨境支付、电子商务等收支结算的服务贸易模式还处于比较初级的阶段。

（四）对外资依赖严重而抗风险能力不强

为了促进对外贸易的发展，我国出台相关的优惠措施鼓励外商投资企业在中国设厂来从事加工贸易，利用劳动力价格便宜的优势吸引外来商品的加工，但由于技术力量相对薄弱，大部分核心技术和知识产权都牢牢地掌握在外商手中。外商投资企业通过大量出口来赚取巨额利润，付给中国的只是一些原材料的费用和劳动者的报酬，带来了环境的污染，中国实际得到的贸易利益或收益十分有限。外商投资企业利用中国丰富廉价的劳动力资源，把国际产业链条上的加工组装环节移到中国，通过控制进口原料和出口成品两个环节来谋求利润。因此中国巨额外贸的大部分是由外商投资企业进行加工贸易创造出来的，加工贸易的发展使我国经济对于外贸的依存度增高，过度依赖外资无形中降低了我国抗御风险的能力。我国对外贸易发展迅速，但对外商投资企业的依赖过于严重。一旦外商投资企业发生任何风险，就会严重地影响我国的实体经济。

（五）出口结构受到发展阶段相同国家相似出口贸易结构的挑战

从当前世界经济发展的趋势来看，亚非拉国家普遍实行开放政策，在经济发展初级阶段均以资源密集型和劳动密集型产品参与国际分工，从而使国际市场上的资源密集型和劳动密集型加工贸易面临的竞争日趋激烈，尤其是我国周边的发展中国家，基本上和我国的出口贸易结构相似。目前，我国与东南亚国家构成激烈竞争的出口产业主要集中在纺织品、服装业和机电设备制造业。东南亚国家有的凭借丰富的自然资源和低廉的劳动力资源，有的凭借具有较高质量和附加值的产品而具有国际竞争力。相反，我国进入20世纪90年代以来，由于劳动工资成本的不断上升和其他一些政策因素，导致出口产品成本不断攀升，致使我国劳动密集型产品的竞争力有时相对甚至绝对下降。如果现阶段不及时调整我国出口产品结构，那么我国原有的部分国际市场将很有可能轻易地被其他发展中国家所占领。

（六）工业制成品科技含量不高且缺乏自主品牌

我国工业制成品就出口总额而言已位居世界前列，但绝大部分产品的技术含量和附加值都比较低。例如：我国一些企业生产的产品没有自己的品牌，只是通过接受外商的委托生产来赚取一点加工费，核心技术、核心零部件和品牌都掌握在外商手中。而另一些企业尽管有自己的品牌，但由于技术力量薄弱，只能出口一些家用电器、一般机电设备、摩托车等产品，甚至还有一部分企业以出口手工具、机用工具等小五金、链条、轴承等基础零件为主，而对于高科技产品和成套设备的出口量很少甚至没有自己的品牌。尽管近几年中国工业制成品的出口增长较快，但大多以附加值低、技术含量低的产品出口为主，这表明我国出口商品的结构没有发生根本的改变。

三、对外贸易与产业结构升级

（一）产业结构升级的内涵

1. 产业结构升级及其相关概念的说明

（1）产业结构

产业结构是生产要素在不同部门、不同区域配置的比例关系。它既是过去经济发展的结构，又是新的经济周期或发展阶段的起点。各国之所以要对产业结构进行调整，一是消除结构性短缺或结构性过剩，保证市场供求平衡；二是促进生产要素向效率更高的部门转移，提高资源配置效率和国际竞争力，在国际分工和国际交换中保持优势。

（2）产业结构升级

产业结构升级是指以资源的合理配置及生产率全面提高为目标，按市场经济规律要求，通过技术进步而促使产业结构质态的根本改进和整体水平的提升。一是指产业的高附加值化和高技术化，即在产业中普遍应用高新技术，增加产品的附加值；二是产业高集约化，即产业组织合理化，有较高的规模经济效应；三是产业高加工度化，即加工深度高，包括：产值结构高级化、资产结构高级化、技术结构高级化、劳动力结构高级化。

2. 产业结构升级的一般趋势

工业化过程中产业结构演变规律一般是：在总产出中，制造业比重趋于上升时，初级产业比重趋于下降；制造业产出中，重型制造业比重趋于上升，轻型制造业比重趋于下降；资源则按配置效应从农业部门向工业部门继而向服务业部门转移，其中生产率提高快的产业发展潜力就大，反之则发展减缓。因此，产业结构演变升级的轨迹应沿着提高生产率的方向不断推进。就此而言，集约增长方式就是推进产业结构高度化。地区内产业结构的演变，应兼顾产业结构的合理化与产业结构的高级化，即产业结构的升级，二者协调发展。

3. 产业结构升级的影响因素的分析

在开放经济下，一国（地区）产业结构的演化和升级，受市场供给结构和需求结构的影响，也受国际经济关系的影响。

（1）产业政策

产业政策是政府对一定时期产业组织和产业结构变化趋势的预测和发展目标的确立，同时规定各个产业部门在社会经济发展中的地位与作用，并提出现实发展目标和政策措施。产业政策作为国家宏观策略的一种，直接影响到产业结构的成长。产业政策对产业结构升级的作用主要表现在对市场机制的缺陷或不足的补充。产业政策作用于产业结构，就其政策内容而言，主要涉及三个层次：在宏观层次，主要是改善产业发展环境；在产业结构层次，主要是协调产业结构，例如主导产业选择、战略产业培养等；在微观层次上，主要是调整产业组织，指导企业实现规模经济和有效竞争等。

（2）社会需求

社会需求结构是产业结构变化的主要影响因素之一。社会需求结构变化调节产业结构变动，它不仅影响各个产业的发展规模，也支配产业发展的先后顺序。某产品的需求量及其变动趋势，将决定该产品的生存地位和发展前景。

（3）自然资源状况

资源是产业发展的物质基础，一般国家在发展产业时，往往注意发挥资源优势，优先发展本国可以利用的优势资源的相关产业。一国（地区）拥有自然资源的状况，甚至地理位置通常是产业结构成长的基础或出发点。

（4）国际贸易

在开放经济下，产业结构升级不仅会受到国内经济发展水平和社会分工等条件的制约，还会受到来自产业国际分工格局和竞争态势的制约。其产业升级就应当根据国际分工和国际竞争的需要，通过产业的国际化来有效地推动整个产业结构的升级。国际贸易对产业结构升级的影响主要是通过商品和技术的进出口，从而改善国内各部门的投入产出效率，同时，还通过贸易促进专业化和市场竞争，提升各产业的核心竞争力。因此，国际贸易也是产业结构优化和升级的影响因素之一。

（二）产业结构升级的动力机制

1. 信息化

信息化是当今世界经济和社会发展的大趋势，信息化水平决定了一个国家的综合实力和国际竞争能力。信息技术的高度发展为产业结构的升级创造了条件，产业结构升级应以信息化来推动。

从 20 世纪 50 年代信息技术革命开始，人们的生产、生活就与信息化的发展息息相关，经济结构的中心也开始向信息化靠拢，出现了新的工作方式、新的生活方式与新的商务方式。

信息化对各国的产业结构升级产生了深远影响，并使各国的产业结构发生了根本性的变化。主要表现在：劳动类型从劳动力密集型转变为知识、信息密集型。在信息化时代，生产要素的投入发生了重大变化，在诸多生产要素中，知识、技术、信息占主要地位，专门以知识、信息为劳动资料的智力劳动者越来越多。信息产业等知识密集型产业，在国民经济结构中所占的比例越来越大。随着信息化的不断发展，传统的劳动力结构也向着知识密集型的方向发展。

信息产业不仅成为主导产业，而且信息技术促进了传统产业的信息化与技术化，全面改善了工业产业，使其不断优化升级。主要表现在：计算机技术的运用，将分工越来越细、技术越来越复杂、专业化程度越来越高的制造业各个部门有机地联系起来，形成一个新的分工体系。

信息通信技术使产业结果的主体——企业，实现了全部生产经营管理活动的信息化。使不同的岗位上的员工能够相互沟通、相互协调，提高了经营管理效率。

2. 技术创新

随着知识经济时代的到来，一个国家的产业发展水平与国际竞争力将越来越取决于它的科技发展水平和技术创新水平。技术创新过程是一种技术经济活动，是推动产业结构升级的重要条件之一。技术创新对产业结构升级的作用主要表现为：

第一，科技创新和物质生产力的发展形成了新的产业分工，而社会分工及其深化又引起产业结构的变化和发展。

第二，科技创新是经济增长的重要因素。无论是从经济史角度看，还是从各国发展的状况看，在决定经济增长的要素中，经过科技创新之后出现的知识、信息越来越重要，科技创新越来越成为企业提高经济效益的重要渠道。

第三，科技创新对劳动工具、劳动对象和劳动力等社会生产力的各要素都有很大的影响。现代生产力的每一要素在很大程度上都是科技进步的产物，而科技创新正是产业结构变化的重要基础。

第四，科技创新不断推动产业结构向高级化方向发展。科技创新对产业结构有诸多影响，不仅推动了新兴主导产业的形成，而且可以改变传统的产业结构，从而带动整个经济的协调和持续增长，这是较为重要的方面。

（三）对外贸易与产业结构升级

1. 对外贸易在产业结构升级中的作用

对外贸易与产业结构的提升是相辅相成、相互促进的关系，一个国家或地区的比较优势，决定了其进出口商品的结构；而优化进出口商品结构，增加技术含量和高附加值工业制成品在出口产品中的比重，可以推动产业结构的优化升级。另外，一国还应从一定的战略角度出发，制定出适合本国国情的贸易政策和产业政策，从而推动本国的产业结构优化升级。对外贸易可以通过以下方式来推动产业结构的升级：

第一，对外贸易进出口总额促进产业结构升级的传导机制。一国通过对外贸易的发展，可以扩大进出口商品的规模，产业发展的一个基本条件是生产要素的积累，尤其是资本积累。对外贸易是由进口和出口两个部分组成，通过出口规模的扩大，可以增加出口国的外汇储备，而出口国再通过进口国外先进技术设备以及本国不具有比较优势的产品及服务，使由出口吸收而来的外汇储备转化为一国的实际生产力，可以有效地实现资本的积累，并对国内产业的发展起到传导作用，即对外贸易对产业结构升级的传导机制。对于一国而言，出口商品的规模扩大，产业的产品进出口总额都会有一定程度的增加，这样国内各产业部门就实现了初步的资本积累，资本积累同样还要通过投资来实现最终的增值过程。同时通过进出口高新技术产品，可以推进一国的产业技术的进步，这样使得产业发展有了资本和技术的支持。之后在一国内部，由于有了资本和技术进步的支撑，可以促使国内产业部门的产品技术和工艺流程得到发展和进步，使新产品的开发和生产工艺的进步得以实现，最终实现国内原有产业升级和新兴产业的发展。

第二，对外贸易进出口商品的结构，尤其是中间商品贸易比重的提高，可以促进产业结构升级。从对外贸易诞生之日起，发达国家便利用自身的技术优势，出口工业制成品等技术含量较高的产品，而发展中国家只能出口初级产品或农产品这些技术含量较低的产品，从而导致发展中国家在出口贸易中处于不利地位，长此以往，必然会使发展中国家内部产业结构失衡，经济发展受阻。随着国际贸易的进一步发展，各国之间的贸易产品结构逐步发生变化，尤其是部分发展中国家出现分化，部分国家（地区）大力发展新型工业化，与发达国家之间的商品贸易结构发生了质的飞跃，已经上升为工业制成品的贸易往来，其他包括中间产品和资本产品的贸易往来也日趋频繁。两国之间贸易商品的结构变化就直接导致二者之间产业结构依存关系的不断更替变迁。若两国贸易商品主要以最终产品为主，则两国的产业结构之间就是一种间接依存的关联关系，两国的相互影响不是十分显著；若以中间产品为主要贸易商品，则两国的产业结构联系就是一种直接的依存关系，即两国之间产业结构的联系更为紧密，一国发生变动，对伙伴国的影响更加巨大。由目前的贸易发展趋势来看，国家之间的商品结构更注重中间商品的贸易，所以国家之间的产业关联程度进一步加强和深化，尤其是具有直接依存关系的贸易国之间，通过产业关联进而影响、促进产业结构的优化升级。

第三，服务贸易以及高新技术产品贸易的发展可以促进产业结构软化，推动产业结构升级。推动产业结构升级的根本力量归根结底是生产力的发展、技术的进步和创新。通过调整对外贸易的结构，特别是对外贸易中服务贸易以及高新技术产品的发展，可以带动一国技术进步。可以引进国外的先进管理人才和管理经验，以及进口国外的先进技术，尤其是在高新技术领域一些科技含量高的行业，技术的更新显得尤为重要。进口了国外的技术可以使进口国节省更多的研发资金以及节约更多的研发时间，将这些资源利用到其他方面，促进一国经济更全面的发展。此外，通过对进口产品、技术的研究，实现模仿和创新，激发一些有长远发展规划的出口企业加强对新产品的研发，推动该行业技术的进步，从而带动整个区域实现技术进步。此外，进口贸易可以通过需求信号刺激供给技能发挥作用，推动新产业的滋生和成长。随着一国进出口商品科技含量的提高，商品类型由劳动和资本密集型向技术密集型转变，同时促进国内第三产业的发展，使得国内产业结构软化。

2. 对外贸易促进产业结构升级的实现机制与条件发展

对外贸易促进产业技术进步，可以通过以下几个途径来推动产业结构升级：

第一，直接进口国外的先进技术和机器设备，实现技术水平的跳跃式发展。进口国外的先进设备、工艺和管理方法，可以提高新产品的生产能力，实现区域产品生产率的飞跃。进口研发所需要的资料、人才以及设备，可以增强企业甚至整个区域的研发能力，提高整个区域的内部创新能力，使区域经济发展更有活力。不论进口哪方面的技术、设备，都需要外汇的支持，所以，需要对外贸易为技术进步提供强大的资金支持，提供可用的进口能力。

第二，通过对外贸易发挥其先导作用，利用外商直接投资来引领投资方向，导入国外的先进技术。通过与其他国家的外贸往来，促进了中外合资经营企业的蓬勃发展，外商到华投资，仍然也是以利润最大化为最终目标，必然要不断更新自己企业的工艺、技术以及机器设备，这些技术的革新与进步，无形中嫁接给了企业的生产者，即国内的合作伙伴，间接地促进了合作国技术的进步，推动了该国产业结构的升级。

第三，大力发展服务贸易，推动产业结构升级。服务贸易的重要性已经受到各国政府部门和外贸部门越来越多的重视，通过服务的对外交流和交换，可以使国与国之间在服务业，比如商业服务、旅游业之间进行交流学习，传播和吸收先进的管理技术和经验，推动一国服务业的发展，从而带动东道国内以服务业为代表的第三产业的发展壮大，推动产业结构上升到更高的级别。

总之，在发展对外贸易从而促进一国产业结构升级的同时，更要注重发挥外贸的先导作用及对产业升级的引导功能，针对区域内的具体情况，制定出符合实际的产业发展和贸易发展战略，改善该区域内部的投资结构和方向，优化进出口商品结构，大力扶持高新技术产业的发展，推动区域产业结构软化，促进区域经济的快速协调发展。

第三节　有利于我国企业的发展

我国多数企业的管理策略以及技术手段相对不足，降低了自身在国际市场中的竞争优势。而通过对外贸易的转型与升级，能够拓宽我国企业和世界接轨的渠道，并将西方先进的管理策略以及技术手段等引入到自身的发展当中，进而提高自身的经营管理水平。

一、我国企业经营管理的现状分析

随着我国对外开放的力度不断增强，外来跨国企业给本土行业带来了较大冲击，市场竞争日益激烈，为我国企业的生存及发展带来了较大的挑战。管理在现代企业的发展过程中至关重要，然而受管理意识、内外部环境等多方面因素影响，国内企业的管理在一定程度上存在一些问题，制约了国内企业的经济效益增长。

（一）企业管理的现状

在企业管理工作中，人力资源管理是企业管理的重要组成部分。但是现在部分企业出现了许多闲杂及闲置人员，这种现象导致企业的成本增加，也影响了企业管理工作的效率，对于企业的发展极为不利。有的企业为了留住人才，一味地打出感情牌，这对于留住人才来说收效甚微。因为人除了感情，还有生活。人才也需要在城市中生活下去，用感情牌只能留住人才一时，并不能解决根本问题。有的企业则通过严苛的企业管理规章制度来约束员工的行为，这是不妥的。制度约束不了人的思想，因此，在约束行为的同时，还要注重企业文化，让员工对企业有归属感，这样才有利于企业发展。

（二）企业管理中存在的问题

1. 外企带来的问题

在市场经济中，外企以其先发优势不断扩大市场份额，给我国同行业企业的利益带来了损失。同时，对本土企业造成了冲击，更甚者会导致在发展中的本土企业关门倒闭。随着本土企业数量的减少，消费者只会更多地在外企旗下进行消费，而且他们购买的商品也会越来越被外企选择出售的商品所局限。中小企业的倒闭除了使其业主遭受严重损失外，还会使成百上千的员工丢掉饭碗，其中仅有少数人能在外企找到工作，而收入还很可能会减少。外企掌握着先进的技术，在很大程度上有能力干涉产品性能。现在，由于制造业向东南亚转移，其就业机会越来越少，中国的人口红利带来的效益也在逐步减少。

2. 管理流程存在的问题

在企业管理工作中，工作流程虽然实现了网上办公与转接，但是仍然比较繁琐，而且工作的精细化导致了烦琐的工作流程，网上办公也导致有时工作并没有被简化，反而更为复杂，繁琐的流程导致企业的管理成本大大增加。对于企业管理而言，管理流程是企业开展工作的重要导向，对于工作的质量和效率会产生直接影响。企业只有建立合理的管理流程，才能让其高效运转。但是，企业现如今部门之多、分支之多，导致有时候部门职能重叠，闲杂人员增多，执行命令的效率低下，各部门之间矛盾增多，对事情互相推诿。

3. 发展理念存在的问题

对于部分企业来说，由于是从改革开放时期走来的，自身的发展理念更多的是依靠上级，因此自身动力不足，创新理念也不够，对于企业的发展和管理没有清晰的概念，这对于企业的发展是极为不利的。同时，有的企业发展理念较为单一，或用企业文化，或用规章制度，容易出现盲目跟风的现象。对于自身企业发展没有清晰的定位，对于人才的培养也没有具体的计划和概念，别人公司搞团建，于是就纷纷效仿，这对于企业长期向好的发展没有任何帮助作用。

4. 经营管理存在的问题

在现今的市场竞争中，企业为了抢占市场份额，盲目地扩大生产，一味地打折促销。很多企业销量最好的产品反而是亏本买卖，这种方式不利于市场的发展，而且会使市场陷入恶性循环之中，从而产生“劣币驱逐良币”现象。这种方式虽能短期满足企业发展需求，但不利于企业的长期发展。

5. 企业缺乏品牌意识

随着信息技术的发展，地球上的距离不再遥远，成了一个“地球村”。因此，当有一个好的理念或品牌兴起时，会引起众多企业跟风模仿。而由于信息的不对称性，消费者本身很难辨别真伪。这种模仿虽然能为企业带来收益，但是对于企业本身来说，会使企业对自己的定位更模糊，不利于形成自己的品牌。同时也会增加企业的依赖心理，不利于企业的理念创新、技术创新、品牌定位等。

二、国际经贸信息对企业经营决策的推动作用

随着新时期的到来，我国的社会市场经济也在不断发展当中，科学技术的更新速度

不断加快折旧，使国际贸易信息在我国经济流通以及企业决策当中被不断运用与推广。企业的发展情况主要依靠管理者的经营，而经营模式的好坏关键在于对信息的决策能力，管理者若是想要准确地做出决策就离不开高质量国际经贸信息的支撑。

（一）获取国际经贸信息对企业经营决策的重要性

从本质上来说，现代的市场经济其实就是信息经济之间的竞争。当今世界朝着全球化方向发展，所谓全球化指的是随着人类社会生产力的持续性发展，全球各国、各地区之间的生产与消费环节都相互依赖、相互联系。像以前那样由于地域或国家等因素而形成的阻碍正在日益消退，世界经济形式正走向一个难以分割的总体。在当今的全球化时代，信息是现代企业进行经营决策、获取经济效益的一个全新且十分重要的战略资本。经贸信息尤其是可靠的国际经贸信息，对于现代企业的经营管理决策，其价值可能比黄金还要贵重。“企业拥有出色的信息管理者等于拥有光辉的未来”，这句话是很多日本当代企业所崇尚的警句，也是当今日本经济得以飞速发展的秘诀。

由此可见，收集利用价值高的国际经贸信息对于企业的运营与发展是非常重要的。随着当今世界经济的飞速发展，国际经济贸易活动已经从曾经单纯的货品交易转变成了现在的经济投资、国际信贷以及商品技术转让这一类层次较高的贸易活动，国际的商贸信息交流更加频繁，形成了一种新颖的经济交流形式，国际经贸信息交流在我国经济贸易中也占据着重要的地位，信息全球化是世界经济发展进步的必然走向。现代企业要想发扬光大、在国际市场交易中获得机会，就必然要将其企业决策建立在科学可靠的国际经贸信息情报之上。

（二）如何获取国际经贸信息

国际上展开的一系列以货币为媒介的贸易活动是国际经贸信息的主要源头，国际经贸信息包括一切与这些贸易活动相关的信息。通常国际经贸信息的内容主要包括以下六方面：其一，来源于国际市场信息，包括了商品市场、金融市场、劳动市场、商品市场等多方面的信息。其二，来源于国际经营管理的相关信息，包括大型企业间的合作信息、大型企业的投资信息、跨国企业的经营信息以及企业咨询服务信息等方面。其三，产品相关的专利、规格以及产品样本等方面的基础信息。其四，各种大型公司的信息。其五，国际经贸的法规、法令以及面对不同交易国的对外政策等。其六，世界各地区的经济发展情况。我们在这里总结了国际经贸信息的一些收集方法：

1. 从对外公开的资料中获得

公开资料包括向公开发行的书籍、期刊、广播电视以及互联网等多种媒介来收集相关信息。在这当中应该引起高度重视的是外国当地发行的一些报纸期刊，例如美国的《华尔街日报》与《时代》、英国的《泰晤士报》与《金融时报》等。这些刊物都含有丰富的关于国际贸易信息、市场行情信息、金融投资信息等的重要内容，是最简单且快速的海外信息获取来源。

2. 市场调查

这里的市场调查一般分为两大方面。第一类是调查分析软性资料，软性资料我们可以从经贸相关的人员那里获取。第二类是调查分析硬性资料，硬性资料包括和调查有关的产品销售情况、消费者的购买意向、消费者行为趋势等。

3. 从相关经济机构中搜集

目前为国际经济信息咨询的服务类机构已经在全球化大环境中应运而生，这些机构专门向全球的企业提供大量可靠的经贸数据报告，报告的主体内容是专业人员通过优化处理之后得出的经济信息。另外，通过国际范围内的联机检索，也可以快速地获取相关国际市场的情况，但对相关信息的管理人员有一定的专业要求。大型国际信息服务公司都有其专门的商情数据库，还有一些经济类期刊，像英国的金融时报也有自己的经贸信息数据库。全球范围内的大型商贸资料库，每天都会更新世界经济数据，提供大量的市场动态预测。

4. 通过相关国际化机构获取

像经常在国际上举办的博览会、商品展览会上都可以获取大量的经贸信息。这种信息收集方式能够直击市场需求，让企业能够及时地调整生产结构，站稳国际上的市场地位。世界贸易组织是各国政府之间关于关税以及贸易规则的多边协定的桥梁，拥有最为全面具体的国际经贸领域的数据与资料，是当今企业查询世界经贸资料的基本来源与渠道。另外，还可通过联合国有关机构获取经贸信息，这些机构会对国际上主要国家的经济贸易进行调查与统计分析，对世界流通的各种主流产品的贸易情况都有预测。

第四章　数字经济给国际贸易发展带来的机遇

第一节　更低的生产和交易成本

一、数字经济对生产力与生产关系的影响

数字经济对于社会经济活动的改变是深刻的，其中就包括数字经济对生产力与生产关系的影响。生产力是劳动者劳动时的物质力量，是人们改造自然的能力。马克思认为，影响劳动生产力的因素有劳动者的熟练程度、科学技术水平、生产过程的社会结合、生产资料的规模和效能，以及自然条件。其中，科学技术水平是影响生产力变化发展的重要决定性因素。纵观人类社会发展历史，农耕时代下，工具的使用促进了社会生产力的发展；蒸汽时代中，在工业革命的影响下实现了机器大生产，社会生产力得到了极大的提高；信息时代下，计算机、互联网的应用，对于社会生产力的提高起到了关键性的作用，这些都是已经发生过的客观的历史经验，也是科技改变生产力的客观佐证。如今，以数字技术为重要推动力的数字经济，引领人类社会进入了数字时代，数字技术也在对社会生产力的改造过程中发展出了新的生产力。这种新的生产力是从产业数字化和数字产业化进程中衍生发展出来的，也可以称作是数字生产力。数字生产力的出现，推动着劳动对象和劳动资料向数字化转变，也对劳动者提出了掌握数字技能的新要求。当传统的劳动过程发生新的外延，数字生产力实现了对经济结构的改造，也就成了推动高质量发展的关键力量。

生产力决定生产关系。当科学技术影响生产力的变革时，生产关系也会受到影响，因为生产关系会为适应生产力的变化而发展。马克思认为，当生产力发展到比较发达的阶段之后，旧的生产关系会成为桎梏，会被更进步的生产关系所代替。生产力和生产关系的不断发展推动了人类社会的历史进程，可以表现为从农业经济到工业经济，再到数字经济的转变。与过往的发展历史相似，数字经济下的生产关系为适应新的生产力，也逐渐衍生出新的组织形式和新的市场模式。例如，数字经济时代下有一种全新的市场模式，这种市场模式可以概括成“产品免费、流量付费”（陈若芳，2021）。不同于传统市场模式下企业向消费者销售产品从而获得利润，在新的市场模式中企业向消费者免费提

供产品以获得稳定的黏性用户，以此为基础向广告商等收取服务费用，从而获取最终利润。现实生活中，百度、搜狗、360等搜索引擎和腾讯、优酷、爱奇艺等视频网站，以及其他拥有平台提供服务的企业，都是采用这样的新型市场模式实现创收。单从广告营收来看，2021年我国互联网广告收入5435亿元，同比增长9.32%，其中阿里巴巴和字节跳动的广告收入突破千亿，占据市场份额的50%。

二、数字经济对社会再生产过程的影响

数字经济对于经济活动的改变，还体现在对于社会再生产过程的革新。马克思认为，社会再生产过程包括生产、分配、交换、消费四个环节。其中，生产环节作为开端，在全过程中具有决定性作用；分配环节和交换环节将整个过程串联起来；消费环节是全过程的终点，也是全过程的最终目标。随着数字技术的发展应用，数字经济飞速地渗透进社会生产过程中，同时对社会再生产过程产生影响。

（一）数字经济对于生产环节的革新主要体现在生产资料、生产过程和最终产品上

从生产资料的革新来看，数据资源成为数字生产资料的重要生产要素。跟传统要素不同，数据天然具有非排他性、非竞争性和规模经济效应。这种具有描述性、预测性、指导性功能的生产要素，能直接反映生产过程状况，也能在再生产过程中低成本复制。随着数据的复制数量逐渐增多，利用数据对经济运行规律进行总结分析就越容易。从生产过程的革新来看，数字化贯穿了整个生产过程。数字化的生产资料通过数字化劳动加工得到数字化产品，形成了独具数字经济特色的数字生产过程，改变了传统的生产资料与劳动结合的过程。从最终产品的革新来看，数字生产过程通过对数字生产资料进行加工，得到的最终产品就是数字产品。与传统的最终产品不同，数字产品的存在形式比较多样，既有物质形态的实体产品，也存在非物质性形态的纯数字产品。非物质形态下的数字产品容易复制且稳定性强，同时还便于生产者修改编辑。数字经济对于生产环节的影响是深刻的，但是并未改变生产的本质，只是对传统的生产环节加以丰富扩充，提高了传统生产环节的生产效率。

（二）数字经济对分配环节的革新在于生产资料和最终产品的分配上

在生产环节中，生产资料和最终产品都发生了新变化。因此，二者的分配关系也发生了一定的改变。一方面，数据作为数字生产资料，是现代经济社会的新生产要素。这种新生产要素是先由企业构建平台，然后用户在平台上活动所产生的。因此，在分配生产资料时，应当考虑数据的所有权归属，不能等同于传统生产要素分配。闫境华等（2021）建议可以建立二元权利结构，既保证个人用户的原始数据所有权不受侵犯，也能给企业的数据要素用益权提供保障。另一方面，数字产品的分配也要兼顾生产数字产品的劳动者和提供生产要素的企业。即与传统产品的分配原则一样，既要遵循按劳分配，也要考虑企业要素投入后的参与分配方式，保证劳动者和企业双方的权益。数字经济对于分配环节的革新，释放了数字经济的普惠效应，模糊了生产者与消费者的界限概念，

促进了企业与消费者一起协同创造数字产品，又一起参与分配。这样，全体参与者可以共享数字经济发展成果，很大程度上促进了我国经济社会公平与效率的统一发展。

（三）数字经济对交换环节的革新主要体现在交换的载体上

因为数字产品的存在形式多元，物质形态和非物质形态共存。因此，数字产品的交换既可以发生在有形市场上，也可以发生在无形市场上。当数字产品交换载体不再受限于时间与空间时，数字经济下的交换环节就发生了变化。当数字产品在无形市场交换时，交换过程中发生的交易成本较低，产品可能出现的损耗较少。在这种数字交换中，产品交换的双方不必考虑时间和空间上的冲突，可以根据自己的需求随时进行交换。由于数字产品的复制成本较低，因此在交换过程中卖方可以将数字产品的使用价值进行多次售卖，比如线上课程、电子图书等依托数字技术实现的产品交换。数字经济对于交换环节的革新，利用大数据、人工智能、云计算等技术整合了各个流通环节，极大地缩短了流通时间，降低了市场交易成本，提高了商品的流通效率。

（四）数字经济对于消费环节的革新在于消费模式、消费内涵和消费理念

不同于传统的消费模式，数字经济下的人们无须前往实体消费场所就可以实现消费需求的满足。在数字基础设施和仓储物流体系的双重作用下，人们能够完美地实现消费互动，做到足不出户也能消费。在全新的消费模式下，个人的消费内涵也发生了改变，呈现多元化、虚拟化和个性化特点。这是因为人们在消费时面对的选择更加多样，并且所消费的对象还可以通过健全的储运体系及时送达实现满足。当人们适应了多元的消费选择后，人们会根据自己的需求偏好进行个性化选择，整体的消费倾向逐渐向非物质性消费转变。由于消费内涵的不断外延和数字产品的非排他性，消费者的消费理念发生改变，使用而不占用的共享概念成为数字经济中的主流消费理念。这标志着消费者对于物品所有权概念的淡化，也标志着数字经济时代下，人们对于商品使用价值的重视程度不断提高。

三、数字经济的创新驱动效应

技术创新是推动全要素生产率增长的重要因素。数字经济对整体社会的创新是起到较强的促进作用的。

首先，数字经济是以数字技术为核心驱动力量的，数字经济发展本身就促进了技术创新发展。随着数字技术加速集成优化，技术创新活力裂变式的释放，云计算、大数据、人工智能等数字技术愈发成熟，带动着技术能力和效率呈现指数级提高；同时，数字技术与生物、能源、交通等其他领域的深层融合，带动了各领域的技术创新发展，提供了新的增长动力和发展潜力。这都是数字经济发展过程中直接表现出来的技术进步，也是直接作用在全要素生产率增长上的。

其次，数字经济的马太效应对企业创新行为产生了促进作用。在市场竞争中，进入市场的第一代产品能够自动获得一半的市场份额，迫使企业必须不断地更新自己的产品，以占据市场的主导地位。这种激励作用会随着企业规模的扩大而逐渐增强，即达维多定

律在数字经济促进企业创新和全要素生产率增长中成立。同时，数字经济的网络外部性一定程度上缩减了科学到技术、技术到成果的路径，促使企业投资新兴技术研究的回报路径缩短，企业的投资意愿得到增强，企业的创新活力得到释放。

最后，数字经济通过数字技术与实体经济的深度融合，以数字产业化和产业数字化为发展核心重塑生产力，一边形成以技术密集型产业和生产性服务业为主导的产业结构，一边通过智能化生产方式推动实体经济发生深刻变革，形成智能制造、平台经济等融合型新业态。总的来说，数字经济的出现提升了社会经济活动的互联互通性，城市整体的创新能力得到提升，从而使依靠创新带来的全要素生产率得到提升。

四、数字经济的要素配置效应

要素资源的优化配置可以有效地推动全要素生产率的增长。从前文的理论基础上可以看到，数字经济的发展对要素市场的资源配置起到了促进作用。

一方面，数字经济削弱了信息不对称给要素配置带来的负面影响，通过云计算、大数据等数字技术使信息突破时空的限制，进而改善了劳动力市场和资本市场的信息环境，提升了就业机会与资本借贷的机会，强化了信息甄别机制，确保人力资本和信贷资源的优化配置，减少要素市场的扭曲程度，促进要素配置效率的提升。

另一方面，数字经济降低了交易成本，这里的交易成本包括了搜索成本、复制成本、运输成本等。在数字经济的发展中，通过数据整合的数字平台大幅降低了搜索成本，扩大了搜索的潜在范围和质量，提高了要素市场买卖双方的匹配质量；信息的高流动性使得数字产品的复制成本和运输成本下降甚至接近于零，有效地提高了要素市场的流通性；可以看到数字经济催化出的匹配平台提高了交易的频率，降低了信息的获取难度，实现了要素资源的有效配置。

此外，从政府对要素配置的干预来看，数字经济与政府部门的深度融合，推动了政府部门治理体系数字化，使得政府在干预要素市场时更加科学规范、细致严谨，并为创新性行为提供合理的激励和充分的保护，给予经济高质量发展充分的保障。

第二节　更高的资本有机构成

数字经济的发展引发了传统生产方式的变革，并使得数字环境下的生产与贸易活动在要素结构方面呈现出更高的资本有机构成特征。这主要源于：其一，数字化产品本身的可复制性和非实体性使其具有更低的可变成本与边际成本，但与之相对的则是技术门槛和规模门槛所导致的高昂的前期固定投入；其二，数字经济下人工智能的广泛应用所带来的资本对劳动的替代。这两方面的因素都会带来固定成本与可变成本比率的变化，即资本有机构成的提高，并由此对贸易过程中的产品定价决策以及贸易的具体组织方式和分工格局产生显著影响。

一、企业资本的有机构成

资本有机构成是马克思主义政治经济学中连接技术和社会关系的枢纽性变量，在理论和经验分析中占据着重要的地位。

（一）生产社会化与个别和社会资本有机构成之间的背离

在社会化大生产的条件下，马克思的生产条件分为三种。第一种是“生产的个人条件”，即劳动力；第二种是“社会生产的公共的、一般的条件”或“社会生产过程的一般条件”，即交通及运输方面的设施；第三种是“外在的物质条件”或“自然条件”。这三种生产条件是个别资本再生产顺利进行的重要前提和条件。但生产的社会化规律一方面发展了社会生产条件，造成个别生产条件与社会生产条件的分离；另一方面加深了生产条件的异化程度，造成生产条件可持续发展价值与购买价格的背离，从而造成了个别条件下生产条件价值的低估，导致个别条件下企业资本有机构成与社会条件下企业资本有机构成之间的背离。

1. 生产社会化引发的个别和社会资本有机构成之间的背离

（1）社会化的劳动力成本与个别条件下可变资本的低估

生产的社会化规律对劳动力造成了两个方面的影响。一方面，随着生产社会化的发展，资本有机构成不断提高的趋势加深了资本对劳动的统治，产生了规模庞大的产业后备军；另一方面，生产社会化要求社会提供具有一定知识和技能水平的熟练劳动者，并要求在社会层面为劳动力再生产提供生活资料。这使得政府与社会机构必须承担起社会化劳动力再生产的部分成本，为资本再生产的顺利进行创造良好的条件和环境。

在这种情况下，政府财政支出可分为四类：社会实物资本投资、社会人力资本投资、社会消费和生产的社会费用，后三者都对单个企业劳动力再生产成本的社会化有重要影响。社会人力资本投资包括“各级教育系统提供的教学、行政和其他服务以及教育机构提供的科学和研发服务”，这部分政府支出将社会化部分提高劳动力技能和素质的成本；社会消费支出可分为“劳动阶级集体消费的商品和服务以及应对经济不安的社会保障”，这部分政府支出将社会化部分劳动者本人和家庭的生活资料；生产的社会费用中的政府转移支付也会社会化部分劳动力再生产的成本。因此，考虑到这些因素，在计算企业资本有机构成时，仅计算个别条件下企业支付的可变资本，而忽视社会化的劳动力再生产成本，将导致企业可变资本的低估和资本有机构成的高估。

（2）生产的公共条件与个别条件下不变资本的低估

生产力的发展和资本有机构成的提高，推动生产在社会的层面上的逐渐展开，也要求社会提供相应的公共基础设施等生产条件。政府支出中的社会实物资本投资就是与企业整个生产过程相关的生产的公共条件。奥康纳指出：“社会实物资本投资包括经济基础设施——如公路（包括高速公路）、机场、铁路、港口和其他交通运输设施，供电、供气、供水、排水设施以及相关的工业发展项目。”这些经济基础设施服务于大多数企业的生产，有利于提高企业的生产和商品流通速度，从而在一定意义上保持或提高了企业劳动生产率。

但另一方面，政府提供的公共基础设施社会化了个别资本中的部分不变资本，造成企业个别不变资本与社会不变资本之间的分离，导致企业不变资本的低估。因此，正确计算企业资本有机构成要将生产的公共条件纳入分析。

（3）自然条件的异化与生产条件价值的低估

在市场经济中，资本以价值形式将自然条件纳入生产。从可持续发展和绿色发展的角度来说，正确地评估自然条件的价值需要做到：首先，至少应该满足自然条件的再生产，以保证生产能够顺利地进行；其次，还应该包括企业生产对生态造成的外部性的恢复成本。从上述两个意义上来说，个别资本中有关自然条件的部分远不足以反映自然条件的内在价值。因此，生产的自然条件价值的低估导致了企业生产成本的低估，正确计算企业资本有机构成要从自然条件的可再生产性和持续性等方面衡量其价值。

2. 对生产条件再生产的影响

社会生产条件的发展和自然生产条件的异化是生产社会化规律下资本积累的必然要求，其根本目的是促进资本的运动和增殖，个别和社会资本有机构成之间的背离是这种要求和目的的表现形式之一。对个别资本而言，个别资本和社会资本有机构成之间的背离将进一步表现为企业个别利润率和社会利润率之间的背离，表现出企业资本有机构成和利润率的扭曲，并引发市场条件下私人资本积累和生产条件再生产之间的矛盾。如果没有相应的社会协调保证生产条件的再生产，生产条件将遭到严重的破坏，并会影响到企业的生产和再生产活动。这实质上是生产社会化与生产资料私有制之间矛盾的具体表现形式之一。

具体而言，对生产条件的破坏表现为劳动力的过度使用、公共设施的供给不足和自然条件的过度剥削。

首先，当企业资本有机构成被低估、利润率被高估时，以逐利为目的的私人资本在竞争的内在驱动下，将加速提高劳动生产率的资本积累，在更大的规模上创造出相对过剩人口，加大现役劳动者的竞争压力，加强对劳动力的使用；还加速对公共生产条件的消耗，增加交通基础设施、水电等项目的供给压力，导致公共基础设施的过度剥削和公共生产条件的滥用；同时企业利润率的高估和自然条件价值的低估还使企业以更少的资本购买更多的生产资料和劳动力，引发超过自然条件可持续再生产限度的资本积累，导致自然资源的过度开发和滥用，并可能引发全球性的生态危机。

其次，当企业资本有机构成被高估、利润率被低估时，虽然资本积累的步伐会在一定程度上放缓，但私人资本为了生产剩余价值并保持竞争力，同样会加强对劳动力的使用，以缩短资本周转时间、生产更多的利润，并且为降低生产成本，企业将推动私人成本转化为社会成本，增加公共物品供给的压力，加剧自然条件的消耗和破坏。因此，需要不同形式的社会协调来保证社会再生产的顺利进行。但资本主义私有制的历史局限性决定了资本主义政府协调生产条件再生产只能在一定程度上和一定阶段中缓和资本积累造成的劳资冲突、环境问题等社会矛盾，结构性的危机无法避免，最终结果只能是通过重大的制度重建以继续维持稳定的资本主义阶段关系并促进资本积累。因此，资本主义国家对经济的协调会随着生产条件的破坏及其引发的社会矛盾对企业资本积累能力的影响而发生改变，但无法改变资本积累对生产条件的破坏趋势，也根本无法解决资本积累和生产条件再生产之间的矛盾。

（二）资本有机构成和利润率的经验测算

企业资本有机构成反映的是企业生产过程中由生产技术条件决定的不变资本和可变资本之间的比例，对研究企业技术水平和利润率具有重要的作用。但生产社会化引发个别条件下企业资本有机构成和社会条件下企业资本有机构成之间的割裂，会导致企业资本有机构成和企业利润率的扭曲，并影响到企业的生产决策和实际经济运行。所以正确计算企业资本有机构成和企业利润率，要将生产社会化对生产条件的影响纳入分析。

二、数字经济的发展对资本有机构成的影响

数字经济发展将重塑产业结构，而按照库兹涅茨“倒 U 形”假说，产业结构调整会引起收入不平等的问题，那么，数字经济发展会如何影响收入分配格局呢？

（一）数字经济与收入分配关系

数字经济正在重塑产业形态，破解中国制造转型升级中的“痛点”问题，实现了对传统要素质量的改造升级，提升了要素生产效率，带来了非农就业增长。数字技术在给获得信息的人们赋予许多权力的同时，也加剧了数字鸿沟。数字鸿沟不仅存在于个人之间，也存在于国家之间。例如，省域数字经济综合发展呈现由东向西梯级递减之势，城乡互联网基础设施供给差异加剧了城乡收入差距。

数字经济发展与收入分配之间呈“倒 U 形”关系。2004—2011 年，互联网使用比例的提高减少了整体工资不平等的现象。使用互联网能够减小中、低收入层就业者的性别工资差距，却加大了高收入层就业者的性别工资差距。数字普惠金融能够显著缩小城乡居民收入差距，提升农村低收入家庭收入。互联网贸易不仅可以缩小地区收入差距，而且可以改善城乡收入差距。移动电话普及和电子商务发展同样缩小了地区的城乡收入差距。

“倒 U 形”关系主要源自三方面原因。

1. 互联网基础设施投入差异

互联网接入没有平等地分布在贫穷国家与发达国家之间、城乡之间以及代际之间，接触电脑软硬件及新媒介等信息渠道的差异、信息拥有者和信息缺乏者之间的鸿沟、弱势群体和优势群体使用信息技术的资本形式差异，以及网络素养方面的差异，都构成了数字不平等的基础。在互联网基础设施短缺时，接入可及性差异是数字不平等的主要表现形态。

2. 不同国家、不同人群的互联网使用成本差异

对 14 个非洲国家的调查发现，最底层的 3/4 的手机用户在移动通信上的支出平均占其收入的 7%～11%，而发达经济体中，则占其收入的 2%～3%，那些在管理和专业部门工作的人在 1GB 数据上花费了他们平均收入的 2%～3%，贸易和工艺工人在 1GB 数据上花费了其平均收入的 7%，农业、林业工人在 1GB 数据上花费了其平均收入的 23%。

3. 年龄、收入、性别或教育等社会人口特征差异

2000 年美国综合社会调查（GSS）数据和 1997—2000 年瑞士数据显示，受教育程度高、收入高的用户更倾向于用互联网“积累资本”，而社会经济地位低的用户更多地将互联网用于娱乐。美国经济研究所的数据显示，拉丁裔占美国人口的 17%，而在硅谷和全国范围内，仅有 7% 的技术工人是拉丁裔；与从事技术工作的非西班牙裔同事相比，西班牙人平均少了 16353 美元。即使降低文化障碍，提供男女平等机会，数字化进程并不能缩小劳动力市场上的性别差距。

综上所述，研究数字经济与收入差距的文献主要集中在互联网基础设施供给、技术接触和使用，以及由此引起的国家间、城乡间以及代际间的数字鸿沟，但是并未深入分析数字经济的生产特征及其本质，而正是这些方面塑造了数字经济与传统经济的差异，故需要进一步探究。

（二）产业数字化和数字产业化的比较分析

现实中，数字技术与经济的融合以两种形态出现：产业数字化和数字产业化。

1. 产业数字化与效率提升

产业数字化是指“应用数字技术和数据资源为传统产业带来的产出增加和效率提升，是数字技术与实体经济的融合”。数字化改造之所以能够提升传统产业效率，主要是由于以下变化：其一，促进了传统产业的生产流程、管理方式和营销模式的微调，激活了生产潜能，节约了劳动成本，提高了企业竞争能力。其二，企业的信息采集和市场需求分析能力提高，从而在产品个性化订制、库存周期控制和资金统筹配置等方面做出优化安排，由此提高资源利用效率，增强企业盈利能力。其三，促使企业的部分机构及其功能调整，引起人力、物力和财力等在企业内部配置的优化。

这种效率提升的实质是：企业把个别劳动时间缩短到社会必要劳动时间以下，可以获取超额利润。然而，超额利润既会鼓励竞争者采取生产的数字化改造，也会吸引外部资本进入。不管哪种情形，都会加剧行业竞争，引起超额利润下降，促使行业利润率回归平均水平。在这一过程中，数字化改造逐步扩展到其他行业，而与这种数字化进程相伴随的则是社会生产效率的系统性上移。在劳动时间不变的条件下，社会生产率的系统性上移使企业获得相对剩余价值，并提高资本所得在社会总收入中的比重。

可见，产业数字化改变的是“旧经济”的效率及其呈现形式，没有替代或者颠覆传统经济的价值创造过程。因此，产业数字化进程中的收入分配机制与传统经济没有实质性差异，影响路径和作用机制如出一辙。

第一，数字化带来的超额利润是部门间收入差距的主要来源。由于全社会创造的利润总额与劳动量成正比，不会随着产业数字化部门的效率提升而增加，因此，产业数字化部门的利润增长伴随着传统经济部门的利润损失。不过，随着传统经济部门的数字化进程的展开，这种利润损失会减少，从而出现资本收入的库兹涅茨“倒 U 形”结构。

第二，当数字经济成为主导产业后，资本因社会生产率提高而获得更多利润，工资则因劳动力价值贬值而下降，此时劳资收入的相对变化是资本所有者、管理层和工薪阶

层之间收入差距的主要来源。

第三，数字化是资本有机构成不断提高和机器逐渐取代人的过程，所以是劳动者失业和工资下降的过程，由此会引起产业数字化进程中的绝对贫困问题。

2. 数字产业化与新经济

数字产业化强调数字技术的应用及其产业化，是创造数字产品的新经济形态。狭义定义聚焦于信息通信产业（ICT），广义定义则从 ICT 扩展至数字内容、数字产品的生产、交易和消费等范畴。与此相关的数字产品分为有形数字产品和无形数字产品，前者是基于数字技术的产品，如 MP3 播放器、数码相机、数字电视机和数码摄像机等；后者是指经过数字化或编码转换并通过网络载体进行传输、存贮、加工、交易和消费的商品或服务，比如网络游戏、计算机软件、手机应用软件、电子书、网络购物平台、电子货币和虚拟现实等。

数字产业化的内涵和外延表明，有形数字产品是传统经济的拓展和深化，就像“自然力的征服、机器的采用、化学在工业和农业中的应用、轮船的行驶、铁路的通行、电报的使用、整个大陆的开垦、河川的通航”等一样，仅仅是生产及其产品种类的丰富，没有突破时空约束和物质载体束缚。无形数字产品则是对实体经济的超越，扩展了生产、消费和生活边界，如生产从现实空间转移到虚拟空间；产品从物质形态转变为虚拟形态；消费从物质需求升级为对“爱与归属”“自我实现”等精神层面的体验和享用等。

由于无形数字产品摆脱了实体经济的物理限制，与有形数字产品存在根本性差异，所以我们把数字产业化界定为无形数字产品或服务的生产、交易和消费过程。这一定义规定了数字产业化的主要特征：其一，生产工具的能动性。在传统经济中，唯有劳动力具有主观能动性，资本、土地、技术和知识等只是发挥生产资料的作用；但在数字产品生产中，生产工具和设备具有模拟人的思维和计算处理的能力，一些生产过程由计算机自动完成，劳动力作用将会被弱化。其二，契约实施机制短期化。市场信息获取能力的提高和市场交易成本的下降，鼓励人们用短期的“市场契约”替代长期的“企业契约”，进而导致企业组织结构由层级化结构向扁平化结构转型，而后者更容易拓宽员工在“契约”中的自由空间，激发创新精神。其三，数据的非排他性使用。传统经济中，劳动力、资本和土地的供给有限，技术进步缓慢，石油、天然气等矿产资源则随着使用而减少；与此不同，数据在一定范围内是无限供给，或者增长极快的，在使用中具有非排他性。其四，收益递增。数字产品一旦研发成功，边际成本极低，容易形成规模效应和范围经济，突破了传统经济的边际成本递增约束。

尽管这些特征规定了数字产业化的特殊性，却没有脱离基本的经济规律约束。其一，数字产业化过程中，劳动力是剩余价值的创造者。不管机器人或人工智能的思维和计算处理能力有多强，在生产中依旧发挥生产工具的作用，它们不创造价值及剩余价值，正如耕畜、水车和机器不创造剩余价值一样。其二，组织方式调整没有改变企业获取剩余价值的实质，反而因激发员工的创造力而提高了剩余价值生产。主要原因有三：一是在规模报酬不变的条件下，企业边界及其要素数量扩张带来同比例的剩余价值增长；二是生产时间的无缝衔接变相延长了劳动时间，增加了绝对剩余价值生产实践；三是个别劳动时间因员工创新力增强和效率提高而缩短，由此获得超额剩余价值。其三，低边际成本和规模效应建立在数据免费使用的基础之上，而这只是数字经济粗放发展阶段和数据产权模糊条件下的产物，在未来建立数字经济行业规范、加强监管和界定数据产权是大势所趋，数据收费在所难免。其四，数据来源于人们的经济活动和科技进步，而人口和科学进步存在自身规律和发展界限，这是数据的终极约束条件。其五，数字经济不能脱离劳动、资本和土地等生产要素，它们的有限供给会限制数据的使用范围和程度，最终造成数据使用的边际成本递增问题。其六，收益递增建立在社会对数字产品的无限需求之上，而人们对数字产品的需求因收入和偏好而有所不同，这促使数字经济像实体经济一样不断地推陈出新，又不断地“破坏”，这个过程伴随一些企业的崛起及其边际收益递增，以及另一些企业的衰落及其边际收益递减的现象。

3. 资本有机构成与资本收益率

按照数字化程度差异，社会经济可以分为数字产业化部门、产业数字化部门和传统经济部门。究其原因：其一，数字产品或服务的生产高度依赖于创新，需要大量的研究型劳动力及可变资本；其二，产业数字化提高了生产效率，劳动力及可变资本减少；第三，传统经济部门主要生产劳动密集型产品，数字化程度和工业化程度较低，劳动力及可变资本需求更多。

与这种资本有机构成结构相适应，资本收益率将存在两种可能性：其一，行业间资本收益率存在差异。在其他条件相同的情况下，资本有机构成越高，资本收益率越低；资本有机构成越低，资本收益率越高。其二，行业间资本收益率均等。按照平均利润理论，资本收益率差异推动资本流出低收益率行业，进入高收益率行业，最终实现平均收益率。

然而现实不完全符合理论预期（见图 4–1）。其一，资本有机构成居中的计算机与软件服务业的资本收益率高于资本有机构成最高的机械工业，而资本有机构成最低的农林牧渔业资本收益率长期低于机械工业、计算机与软件服务业。其二，市场竞争没有带来行业资本收益率趋同，在 2006—2020 年，农林牧渔业的年均资本收益率为 2.76%，机械工业为 5.83%，计算机与软件服务业为 7.31%，资本收益率最大值与最小值之间相差 4.55%。

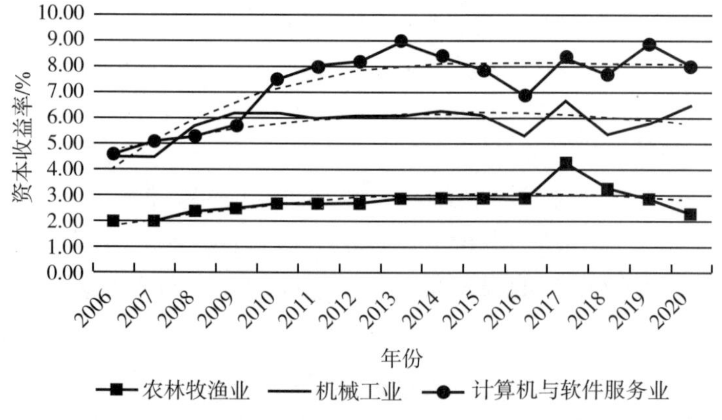

图 4–1　2006—2020 年部分行业资本收益率

资本收益率差异同样存在于数字经济的细分行业。如图 4–2 所示，在 2006—2020 年，广播电影电视业的年均资本收益率为 6.12%，广播电视设备制造业的年均资本收益率为 3.79%，低了 2.33 个百分点。在 15 年时间内，广播电视设备制造业的资本收益率只有在 2019 年和 2020 年高于广播电影电视业，而且是以前者基本稳定和后者大幅度下降为条件的。这一现象表明，资本收益率逆转极有可能是短期的外部因素引发的，如贸易摩擦等，而不是行业自身盈利能力提升而促成的长期结果。

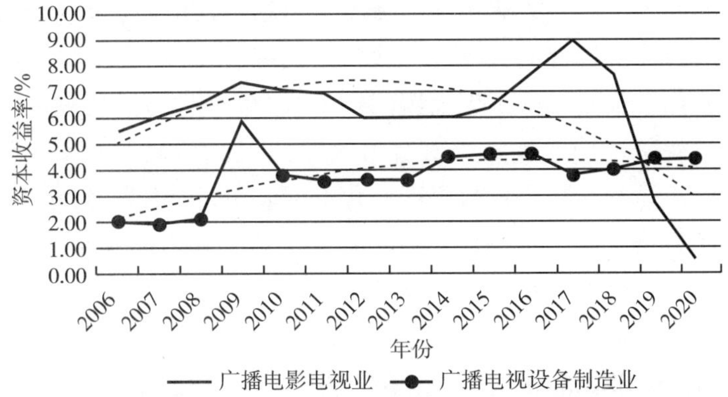

图 4–2　2006—2020 年广播电视业及设备制造业资本收益率

比较分析表明，资本收益率差异源于行业间数字化程度差异。计算机技术以及互联网技术的高度发展引起了数字经济革命，正如“蒸汽和机器引起了工业生产的革命”那样。如前所述，尽管这一“革命”带有不同的“面纱”，却始终没有超越传统实体经济运行规律的范畴，即数字经济的价值创造源于劳动，数字化提高了数字产业化部门和产业数字化部门的劳动生产率，缩短了个别劳动时间，获得了更多剩余价值，因而资本收益率更高。

（三）数字化进程与收入差距扩大机理

数字产品与其他产品一样，有一个投产、成熟、衰退和消亡的生命周期。数字产品生命周期与不同区域的要素禀赋结合在一起，就形成了不同区域、不同行业的差异化数字产品经济形态，即“旧经济”的数字化和数字的产业化。

1. 资本收益率均等与工资差异

在有效市场条件下，资本收益率差异会导致一些行业投资过多，产品供过于求；另一些行业投资过少，产品供不应求，进而从产品价格和生产成本两方面推动资本收益率回归均值。

由于传统经济部门和产业数字化部门的投资在资本收益率平均化过程中下降，而数字产业化部门的投资增加，所以传统经济部门在经济中的占比大幅度下降，产业数字化部门的占比保持稳定或者略有下降，数字产业化部门的占比大幅度提高。只要资本平均收益率低于数字产业化部门的资本收益率，这一趋势将持续进行。由于传统经济部门在经济中的占比下降，提供的就业机会就减少；而数字产业化部门的占比提高，提供的就业机会就增多，因此传统经济部门所使用的非熟练劳动力竞争加剧，工资下降；数字产业化部门对熟练劳动力的争夺加剧，工资提高。

2. 资本收益率差异与工资不确定性

资本市场有效、资本自由流动和资本收益率平均化只是理想状态，现实中的技术垄断、先发优势和市场壁垒等都会导致部门间的资本收益率差异长期存在。如图 4–1 和图 4–2 所示，在 2006—2020 年的多数年份中，计算机与软件服务业的资本收益率高于机械工业，农林牧渔业长期处于低位，因此更接近现实的假设是部门间的资本收益率不等。

随着数字化的推进，数字产业化部门在经济中的占比就会提高至某个阈值，此后进入数字产业化部门的资本就会依次超过产业数字化部门和传统经济部门，而这种高投资又会加快数字产业化进程，进一步提高部门资本收益率和工资水平。同时，数字产业化的快速发展对传统经济部门的投资形成挤出效应，造成传统经济部门萎缩，就业减少，引起工资下降或者工资增长落后于数字产业化部门。不过，传统经济部门萎缩会逆转供求结构，引起产品价格上涨，提高资本收益率。总之，在数字化成熟或快速发展阶段，数字产业化部门的工资和资本收益率不仅处于高水平，且增速较高；传统经济部门的资本收益率保持稳定或小幅提高，工资则随着传统经济部门的萎缩而下降。

3. 数字鸿沟的本质和形成条件

归纳起来，数字化进程和资本收益率差异的叠加，会造成部门间贫富进一步两极分化的态势，即数字鸿沟（Digital Gap）现象，且在不同阶段、以不同方式引起了收入差距扩大的问题。

然而，工资的作用不仅有限，而且充满了不确定性，资本始终是影响收入分配格局的主导力量。数字产业化部门和产业数字化部门的资本收益率之所以更高，在收入分配中更为有利，不是由于人工智能创造了更多价值，而是由于数字化提高了效率，创造了更多使用价值，降低了单位商品成本，获得了超额剩余价值。本质上，数字产业化部门的超额剩余价值不是来自该部门，而是来自资本有机构成比较低的部门或传统经济部门。MGI 研究显示，互联网创造的大部分经济价值都不属于技术领域，75% 的收益来自传统行业。因此，数字化进程越快，部门效率越高，“机器排挤人”现象越普遍，数字经济部门创造的价值就越少，从劳动密集型部门分享的剩余价值越多，数字鸿沟就越严重。

数字鸿沟看似是不同部门之间的发展差异鸿沟，实质是一种资本鸿沟。简言之，数字鸿沟归根结底是资本收益率的非均等化问题。

（四）资本收益率差异基础及影响因素

资本收益率平均化将对冲“资本收益率高于经济增长率，进而导致劳资收入差距持续扩大”的历史规律，有利于跨越数字鸿沟。困难在于，资本收益率差异是一种长期存在，高资本收益率更是部门间收入差距扩大的第一推动力。那么，资本收益率差异的基础是什么？在实现资本收益率平均化的过程中会面临哪些约束因素？

1. 资本收益率差异化的内生基础

虽然农林牧渔业的资本有机构成最高，投入劳动力最多，但是和数字化程度更高的计算机与软件服务业相比，其投入的劳动属于简单劳动，在同一劳动时间内创造的价值及其剩余价值只能是后者的某个比例。就此而言，农林牧渔业的低资本收益率反映了较少的价值创造，而资本收益率差异真实地反映了各行业劳动在创造剩余价值方面的贡献差异。此外，在数字化初期，数字产业化进程中的高市场风险和道德风险实际上构成了一道无形的行业壁垒，资本收益率极低，唯有风险资本才敢涉足，而它们之所以愿意承受这种风险，是基于对未来的高资本收益率的预期。因此，观察到的高资本收益率本质上是对短期损失的补偿，是跨期决策的必然结果，具有短期性，在投资的生命周期内仍然趋向收敛。

不管何种情形，只要一些部门的资本收益率足够高，总会有外部资本进入。资本不断进入的过程，也是部门效率不断提升和资本收益持续增长的过程。资本竞争及其收益率降低也不是一步到位的，而是伴随不同行业的生命周期演进的渐进过程。在这一过程中，传统经济部门的资本收益率往往还来不及平均化，就又涌现出新产业，带来更高的资本收益率，吸引外部资本转向这些新领域。也就是说，资本收益率之所以没有出现平均化，不是由于没有资本从低收益率部门向高收益率部门流动，而是由于资本流动引起的资本收益率的平均化速度赶不上行业生命周期演进带来的资本收益率差异化速度。

较低的资本流动速度源于资本稀缺及其投资者的谨慎选择。不同行业具有不同的风险水平，投资者具有不同的风险偏好，而农林牧渔业的低资本收益率实际上反映了该行业的低风险特质，如价格保护、低投资门槛、低税负和公共物品的免费供给等。对于风险厌恶型投资者，这些因素足以吸引他们投资农林牧渔业，而不是投资周期长、风险高和专业性强的数字产业化领域。由于这类投资者众多，因此是一支不可忽视的力量，以至于总有充足的资本投资该领域，使资本收益率长期处于低位。此外，一旦投资者进入某个熟悉领域，就会构建自己的投资逻辑，久而久之便会形成投资依赖或投资惰性。即使面临数字经济带来的投资机遇，也不会退出熟悉领域，而是宁愿获得略高于无风险投资的资本收益率。

进一步推论，资本收益率是一个国家要素禀赋、市场机制、金融体系、宏观调控制度、行业差异素等客观因素和人们的投资偏好、心理预期、文化差异等主观因素综合作用的产物，因此，只能是差异化的，而不是均等的；只能收敛于某个区间，而不像平均利润规律要求的那样收敛于某个值。在此意义上，资本收益率差异化并不是否定平均利润规律，而是平均利润规律在现代市场经济体系下进一步作用的表现。

2. 资本收益率均等化的条件及约束因素

即使修正的平均利润规律有效，即资本收益率收敛于某个区间，但是长期存在的资本收益率差异无疑会扩大行业收入差距。当这种资本收益率差异和数字经济叠加在一起时，就会更加复杂化收入分配机制，引起数字鸿沟。因此，要缩小数字鸿沟，就需要收敛资本收益率。不过，这种收敛不仅指资本收益率趋近某个值，而且指缩小资本收益率区间。

具体而言，资本收益率收敛需要具备两个条件：一是“资本有更大的活动性，也就是说，更容易从一个部门和一个地点转移到另一个部门和另一个地点”；二是“劳动力能够更迅速地从一个部门转移到另一个部门，从一个生产地点转移到另一个生产地点”。第一个条件的前提是：“社会内部已有完全的商业自由，消除了自然垄断以外的一切垄断……其次，信用制度的发展已经把大量分散的可供支配的社会资本集中起来”，而不再留在各个企业家手里；最后，不同的部门都受企业家支配。第二个条件的前提是：“废除了一切妨碍工人从一个生产部门转移到另一个生产部门的因素，或者对于自己劳动的内容是无所谓的；一切生产部门的劳动都已最大限度地化为简单劳动；工人抛弃了一切职业的偏见。”

然而，资本流动面临很多限制因素，资本收益率难以收敛，导致部门间资本收入差距扩大。其一，按照产品生命周期演化模式，数字产业化部门处于技术、品牌领先地位，占据相当大的市场份额，拥有低价倾销的市场势力，以此吓退潜在进入者。其二，在工业社会向数字社会的转型初期，产业数字化部门拥有雄厚的政治游说资源，而政府出于就业、经济增长和社会稳定的考量，也会出台行业保护政策，以限制外部资本进入。其三，在关系国家安全、国民经济命脉的重要行业、关键领域和自然垄断行业，如能源、铁路、电信、盐业和公用事业等传统经济部门中存在制度性垄断，非公有制经济难以进入。其四，信用制度发展不充分，落后地区的资本规模小而分散，难以形成规模，民间小额借贷普遍存在，这些资金达不到进入数字经济部门的最低投资门槛，只能进入低门槛的传统经济部门。其五，生产决策不完全由追求利润最大化的企业家主导，城乡存在各类自给自足式的个体经济。

此时，劳动力自由流动可以抑制行业间的资本收益率差异。具体而言，数字产业化部门劳动力短缺、工资较高，稀释较高的行业资本收益率；传统经济部门劳动力过剩、工资较低，缓解较低的行业资本收益率。但是，现实中的劳动力流动壁垒比行业壁垒和资本分散更为严重。其一，劳动异质，知识、技术、性别、民族、年龄、语言、地域、户籍制度等都是阻碍劳动力自由流动的现实因素。其二，职业偏见普遍存在，人们对数字产业化部门的就业偏好显著强于农林牧渔业等传统经济部门。其三，劳动市场被无形地分割为两部分：一部分是从事数字经济活动的知识型或熟练劳动力，他们数量较少，处于知识和技能的垄断地位，获得高工资；另一部分是从事传统经济活动的非熟练劳动力，他们数量众多，处于激烈的市场竞争之中，难以进入数字产业化部门，只能获得较低工资。由此造成一种局面：工资差异会推动部门间的资本收益率收敛，但是不仅作用有限，而且加剧了部门间的收入差距。

第三节　交易平台化与供应链扁平化

数字技术支撑下的平台经济是数字经济环境下迅速发展起来的一种新的市场组织形式。作为一种勾连用户、商品与服务供应商的典型双边市场，平台不仅通过汇聚消费者产生了需求端的规模经济，还通过统一的硬件、软件和管理组织取代了原有的分散组织形式，并通过摊薄初始投入成本实现了供给方的规模效应。

作为交易活动在全球范围内的拓展，数字经济下的国际贸易也不可避免地向平台化方向发展，并使贸易活动的组织方式发生了显著变革。由于信息壁垒的存在，传统的贸易活动大多需要依靠专业化的进出口商作为中介，由此带来供应链环节的增加，使供应链呈现出有较多中间商参与的链条式结构。数字化环境下，信息技术的广泛采用大大降低了供需双方的信息壁垒和信用壁垒：专业性交易平台的发展实现了供需双方的直接对接，凭借庞大的数据汇集与整合能力，使得供需双方都能够更便捷地寻找到合意的交易对象并直接确定交易细节，这不仅减少了交易过程中的搜寻成本与信息成本，也可借助平台的信用支撑解决传统贸易中的信用风险问题。在这种交易模式下，传统贸易活动中的中间商作用大幅下降，并逐渐向为贸易活动提供采购、物流、仓储和通关等一体化服务的外贸综合服务企业转型，贸易活动的供应链也越来越呈现出扁平化的特征，即从原有的链条式结构向扁平化的网络式结构转变。

一、传统国际贸易的形式与特征分析

（一）传统国际贸易的形式

1. 代理

代理（Agency）是许多国家的商人在从事进出口业务时习惯采用的一种贸易做法，在国际市场上存在着名目繁多的代理商。在我国的对外贸易中，为了扩大出口，也同不少国家和地区的商人建立了代理业务关系。许多国家特别是发达国家的民法或商法中通常对代理业务有种种规定，甚至有些国家专门制定了代理法，对代理人也都作了定义。但一般都认为：在国际贸易中的代理业务是指以委托人为一方，独立的代理人为另一方，在约定的地区以货主的名义与资金从事业务活动。代理业务的依据是代理协议。

2. 寄售

寄售是一种有别于通常的代理销售的贸易方式。它是指委托人（货主）先将货物运往寄售地，委托国外一个代销人（受托人），按照寄售协议规定的条件，由代销人代替货主进行销售，在货物出售后由代销人向货主结算货款的一种贸易做法。寄售（Consignment）是一种委托代售的贸易方式，也是国际贸易中习惯采用的做法之一。在我国进出口业务中，寄售方式的运用并不普遍，但在某些商品的交易中，为促成交易和扩大出口的需要，也可适当灵活运用寄售方式。

3. 商品期货交易

期货交易是商品交换高度发展的产物，至今已有 100 多年的历史。近十几年来，商品期货交易又在世界范围内取得了突飞猛进的发展。仅美国各种期货合同的数量每年就达 1 亿多份。商品期货交易的萌芽出现于中世纪欧洲节庆日的一种集市，并发展于 17 世纪的日本，现代的期货市场起源于美国。进入 20 世纪，进行期货交易的商品种类越来越多，例如谷物、棉花、食糖、油料、活牲畜、木材、有色金属、原油等。目前世界上已形成了许多商品期货交易中心。例如纽约、芝加哥、伦敦、利物浦、鹿特丹、安特卫普、汉堡、阿姆斯特丹、巴黎、米兰、加尔各答、卡拉奇、香港、新加坡、墨尔本、神户、横滨等。

我国实行开放政策以来，开始涉足国际商品期货交易领域，在我国也开设了商品交易所。因此，有必要了解和掌握有关期货交易的基本知识，以便在我国对外贸易业务中利用期货交易转移具有价格风险的技术，避免或减少国际市场上商品价格不利变动给我们带来的损失。期货交易（Futures Transaction）是众多的买主和卖主在商品交易所内按照一定的规则，用喊叫并借助手势进行讨价还价，通过激烈竞争达成交易的一种贸易方式。期货交易不同于商品贸易中的现货交易。众所周知，在现货交易的情况下，买卖双方可以任何方式，在任何地点和时间达成实物交易。卖方必须交付实际货物，买方必须支付货款。而期货交易则是在一定的特定期货市场上，即在商品交易所内，按照交易所预先制订的标准期货合同进行期货买卖。

4. 包销

包销（Exclusive Sales）是国际贸易中习惯采用的方式之一。在我国的出口业务中，根据某些商品的特点和扩大出口的需要，在适当的市场上，选择适合的客户，也可采用包销方式。包销（Exclusive Sales）指出口人（委托人）通过协议把某一种商品或某一类商品在某一个地区和期限内的经营权给予国外某个客户或公司的贸易做法。尽管包销也是售定，但包销与通常的单边逐笔出口不同，除了当事人双方签有买卖合同外，还须事先签有包销协议。采用包销方式，买卖双方的权利与义务是同样被包销协议所确定的。两者签订的买卖合同也必须符合包销协议的规定。

5. 招标与投标

招标（Invitation To Tender）是指招标人在一定的时间和地点，发出招标公告或招标单，提出准备买进商品的品种、数量和有关买卖条件，邀请卖方投标的行为。投标（To Submit Tender）是指投标人应招标人的邀请，根据招标公告或招标单的规定条件，在规定的时间内向招标人递盘的行为。

（二）传统国际贸易的特征分析

探究国际贸易分工的基础不限于绝对成本差异，即使一国在所有产品的生产中劳动生产率都处于全面优势或全面劣势的地位，只要有利或不利的程度有所不同，该国就可以通过生产劳动生产率差异较小的产品参加国际贸易，从而获得比较利益。比较优势理论遵循“两优取其重，两劣取其轻”的原则，认为国家间技术水平的相对差异产生了比较成本的差异，是构成国际贸易的原因，并决定着国际贸易的模式。

二、贸易企业数字化平台转型及交易平台建设

（一）数字化和平台化转型

数字化转型是企业发展的必由之路。数字化转型重在转型，数字化只是手段。技术本身不会创造商业价值，只有将技术应用在商业和业务中，才能真正让企业因为使用技

术而创造商业价值。也就是说，技术服务于业务才能发挥技术的价值，而制定“数字化转型战略”的重点也在数字化这个部分上。

数字化转型是建立在数字化转换、数字化升级的基础上，进一步触及企业核心业务，以新建一种商业模式为目标的高层次转型。

数字化与信息化的区别：传统信息化是“人”驱动“IT 系统”，“IT 系统”是人的流程中的一环；而数字化的本质则是“IT 系统”驱动“人”，人是系统流程中的一环。

通过数字化转型来实现更好的商业价值。真正的数字化转型是对现有企业从战略到商业模式上的重构，这样企业的产品更智能、商业模式更加数字化，内部运作效率至少实现倍数级增长，具备一点也不逊色于初创企业的业务创新效率。要成功实现数字化转型，非常重要的一点是要找到商业模式和数字化的结合点，如果能找到其中的关键支点，则会让数字化转型过程事半功倍。

数字化转型需要新的组织和人才体系。以前，传统企业可能是通过卖衣服、卖汽车，提供金融服务获取营收，将来会有越来越多的企业通过在这些业务场景中沉淀的科技能力进行对外的商业输出，赚取除传统商品销售利润之外的营收。

在传统企业加入了科技公司的行列后，就需要在与其他科技公司的竞争中具备自身的核心竞争力，而竞争力的打造来自产品、交付、组织、运营等方面。其中，数字化的作用就会成功得到凸显。数字能力成为企业的商品，企业就需要像科技公司那样构建完整的产品设计、研发、销售、交付体系，这对于很多传统企业来说都会是一个不小的挑战。

平台化转型是数字化转型的重要支撑。首先，平台型企业的构成。平台型企业是指具有高度组织结构柔性和战略弹性的、能够通过促成双边或多边进行交易，并从中获取收益的第三方界面系统或经济主体，平台功能可以由第三方扩展，并受网络效应的影响。

其次，交易平台的主要难点。真正的交易平台，必须具有交易特性，即平台支付、平台交付。没有这“二付”，就不是交易平台，也就达不成交易平台的价值。

最后，交易平台要想在竞争中胜出，需解决五大问题：找到专业化的业务基础、发现专业化业务和互联网融合的交易模式、建立有效的信用和支付模式、市场化的运营能力、资本支撑。

（二）企业架构结构

企业架构包含以下两部分：

第一，业务架构。企业业务架构通常由商业模式分析、业务域与业务流程、业务能力、组织结构、绩效考核体系、IT 能力与需求等部分组成。数平化转型中，业务架构会在盈利模式、运营模式、组织结构等方面发生改变。

第二，应用架构。按照应用架构的层次模型细化为各个应用 / 应用群的功能模块和应用范围、应用之间及与外围系统的关联关系、应用 / 应用群的分布模式、接口定义及数据流向，在此基础上实现现有应用架构向目标应用架构的过渡。

企业架构是连接战略和IT的桥梁，能够起到承上启下的作用，有效地将IT与企业战略连接起来。确保IT与企业战略高度一致、确保IT交付是企业所期望的业务价值，起到“顶天立地”的作用。企业架构也是IT与业务融合的结晶。不同部门、不同专业的人对同一个问题会有不同的理解，如何为不同背景的人搭建一座沟通的桥梁是一件重要的事。对业务和IT部门来说这一点尤为重要。

（三）中台架构结构

中台是一种业务和组织形态。组织的设计要充分考虑企业的商业模式和核心战略。针对业务发展较快或者需要快速试错验证的业务要设置前台业务组织。前台业务组织要盯紧市场的变化及客户的需求，机制一定要灵活，不能施加太多固化的流程及规则的约束。

1. 中台的本质

就是实现连接、协同和共享，驱动数字经济从垂直分工走向水平分工，沉淀出更专业、高价值、低成本、可复用的能力，这类似于成熟工业体系里不同类别的供应商。

2. 中台要解决的痛点问题

其一，在技术方面。基于云计算的IaaS虽然可以解决底层的计算能力和网络通信问题，但在企业进行业务和管理的创新时，技术的部署、应用、开发等障碍仍然存在，这需要中间层的平台来消除。

其二，在商业方面。不同的企业处于不同的发展阶段和水平。并不是所有企业都具有丰富的管理和运营经验，它们依旧面临很多商业创新的障碍，比如专业知识、能力与经验等。

其三，在成本方面。在上一轮信息化阶段，企业的投资巨大，项目的研发、部署、实施周期长，运维成本高。一旦后期业务流程或模式发生了改变，信息系统势必需要调整，但耗时更长、成本更高。

企业的数智化要以战略为引领，以业务为核心，以数据为基础，以智能为价值，以场景为抓手，以连接为前提，以运营为保障，以技术为平台。

3. 中台是企业数字化转型的新途径

数字化中台是指导企业数字化转型、实现数字营销的新途径。数字化中台建设关注全局，采用大数据核心技术打通、整合企业线上 / 线下全渠道业务数据，并在数据接入集成后进行数据清洗、转换、加工、抽取形成统一的数据标准、数据规范和标准的数据管理流程。

在数据有效管理后，以规范准确的数据资产为基础，结合实际业务场景创建数据分析模型和算法模型，利用大数据挖掘技术、云计算和AI等技术，企业可以实现智能分析、用户画像、行业数据图谱等数据服务能力。企业通过封装的数据服务实现数字化管理和决策，让业务“滋养”数据的同时，也让数据“反哺”业务，构造数据跟业务的良性循环，真正实现数据赋能组织，促进企业发展。这是业务中台的架构与落地形态。

业务中台建设的目标是实现企业业务数据的实时、统一、在线。一般会提供企业业务场景中在线交易类型、偏实时业务处理相关的服务能力，比如在电商平台上实现一个订单的创建、在分销平台中进行一次库存的调拨、在财务系统中产生一笔转账操作等，就是技术人员常说的 OLTP 类型的数据处理。

通过各个服务中心提供的服务能力，支撑前台不同业务系统在线交易，这些服务中心不同于之前单体系统中的模块化，每个服务中心所提供的服务能力并不是单单给前台某一个业务系统提供服务，而是对于前台所有业务场景进行支撑。

保持各个服务中心的业务扩展性是中台建设中非常重要的一个原则。为了达到这样的要求，业务中台里各个服务中心的落地形态需要具备几个特征：代码和数据库完全隔离、仅提供该业务领域的攻关能力、仅以服务方式对外提供访问、支持服务中心的独立运营。

4. 中台建设方式

其一，顾旧立新。在企业和组织中，经过多年的 IT 系统建设，系统的数量众多，而且这些系统还在正常运转。面对这样的场景，可采用顾旧立新的方式，即在保持现有系统不改变的情况下，对于企业计划新建的系统采用中台架构建设。新建的系统如果需要与原有系统进行交互，可采用 API 网关或传统 ESB 的方式实现，随着基于中台架构的新系统的不断建设，中台沉淀的服务中心能力会越来越强，而按照之前描述的项目方式建设的原有系统能力却在“运维期”不断令人失望，将这些系统推倒重建只是时间问题。等到这些系统真的需要被推倒重建的时候，相信此时的中台已经有了一些沉淀，正好利用已具备一定能力的中台架构对系统进行快速重构，将该系统向中台架构上迁移。

其二，平滑迁移。“平滑迁移”的方式能将系统迁移到中台架构的风险降到最低。但这种方式对企业有一个刚性要求，就是必须有强大的技术团队对该迁移系统具备源码级的改造和把控能力，因为在服务中心不断从旧系统剥离的过程中，与该服务中心相关的逻辑调用都要切换到中台的服务中心。

其三，不破不立。对一些运转了多年、束缚了企业业务转型和创新、处于被淘汰的边缘的系统，如果采用“顾旧立新”的方式多少会涉及新系统与旧系统间的交互和兼容，会产生新系统设计要兼容旧系统的包袱，且很难达到企业构建中台以及数据统一在线后带来的全局优化的效果。要敢于针对这些系统进行批量改造和重构，即在中台架构上，遵循中台建设的最佳实践，逐步批量废除原有系统，重新构建新系统，我们称这种方式为“不破不立”。

（四）平台建设需把握的九大要素

第一要素：业务全局视角贯穿业务链。企业如果把数字化转型作为企业战略，就一定要针对企业的整个业务链，而不是针对局部业务环节进行单纯的技术升级，要放弃孤岛式思维。

参考阿里巴巴集团在 2015 年启动的中台战略，其核心思想是从业务全局视角贯穿业务链，沉淀可复用的核心数字资产，实现业务需求快速响应和创新探索，真正实现以技术驱动业务。

在整个中台战略中，业务中台起着核心作用。业务中台建设的本质是从业务链的全局视角，通过企业业务数据的实时、统一、在线，实现业务的全局数字贯通。

总结来说，企业数字化转型站在一个新的起点思考企业数字化建设之路。首先一定要改变过往从各个业务局部思考和建设系统的方式，应站在业务的全局视角思考如何更科学地构建整体架构，通过中台架构实现业务链的全局贯通这一建设方法，在业界被证明是切实可行且有效的，值得所有企业参考，这一思路的改变决定了数字化建设的方向和总体形态，所以它是平台建设的第一个要素。

第二要素：构建支撑业务优化的数据链路闭环。绝大多数企业构建的“大数据”平台只是提供了大量的数据，相比之前数据仓库平台拥有更快的计算能力。但是，这绝不是“大数据”的核心价值，企业要真正发挥“大数据”能力，一定要从业务场景出发，没有深入业务场景去挖掘的数据是没有价值的。

针对大多数企业业务功能建设及大数据割裂思考和建设的问题，可以借鉴中台架构中数据方面的建设方法，通过业务中台和数据中台共同构建起企业数据的闭环。业务中台的功能是将一切业务数据化，数据中台的功能是将一切数据业务化，两者相辅相成。

第三要素：以用户体验最佳为重要原则。每家企业进行数字化转型的目标和驱动力有所不同，但一个很明显的趋势就是逐渐转向以客户为中心。

随着互联网的发展，用户访问的渠道越来越趋向于多元化。在有些场景中，小程序是最简便的用户操作渠道；在有些场景中，App 应用操作则更能满足功能要求；在另外一些场景下，采用 Web 端的方式能给用户提供更高效的操作体验。简而言之，从业务需求和用户体验的角度来说，用户访问终端渠道的多样化有助于提升用户体验。通过在应用层的架构分层，将具备不同特性的功能规划在对应的层级，本质上也是将复用的服务能力再进行一次分层解耦。

第四要素：提供复用能力支持业务快速创新。沉淀可复用的业务服务能力应该是数字化转型的重要建设目标，所以在建设思路和设计等方面都需要将其作为一个重要的指导原则。只有科学地梳理企业核心的业务并进行高质量的沉淀，才便于对前端业务有新的想法时，能基于已有的业务能力快速进行组合和扩展，在最短的时间里将想法投入市场，通过市场和用户的反馈进行快速的迭代和调整，使企业在做任何业务创新时投入的成本尽可能在一个可控的范围，同时也能在最短的时间内通过市场验证业务想法，根据市场反馈快速、灵活地调整业务。

第五要素：支持业务上下游企业的网络协同。随着数据共享范围的增加，数据价值也随之提升，而且企业与业务链的上下游企业将会有越来越多的社会协同。对于数字化转型来说，企业就需要兼顾对整个场景的支撑，既能做到很好地实现数据在企业内部、外部的分享，又能做到很好地将业务链上下游的优质企业集成并融入整个平台。

第六要素：支持用户个性化及业务扩展需求。大型企业面向的用户群体基本是企业用户，通过 SaaS 平台给这些不同的企业提供系统服务，最需要解决的是如何满足企业用户个性化需求及业务扩展性的问题，而当前 SaaS 平台一直没有很好地解决这个问题。

第七要素：团队从项目式建设为主转向数字能力产品运营。数字化转型的落地会依托企业现有的 IT 团队，要改变过去传统 IT 项目建设的模式，在明确战略总体规划的基础上，采用灵活的业务架构、技术实现以及产品持续运营的模式，同时将 IT 团队的职能从系统建设运维转向企业数字资产的运营，使其真正成为数字化转型战略的强有力的支撑底座。

第八要素：支持基于能力开放的外部合作伙伴生态共建。企业能够获取的业务能力和数据一般来自自身行业的业务场景，企业一定要好好地利用这些业务场景，无论是与客户的营销场景，还是与供应商的采购场景，或者是产品设计场景等，在这些场景中沉淀出具备企业特质、有价值的业务能力和数据，随时为企业能力开放、融入社会跨界创新和融合创新的大环境做好准备，甚至会成为企业产业转型依托的根基。

第九要素：从职能型组织架构向业务导向型组织架构转变。如今传统企业组织形态刚性有余，但韧性不足。在业务需求明确并追求业务规模化、效率最大化的情况下，采用传统工业时代的流程化 IT 系统建设能很好地满足需求。

企业的数平化发展需要在数字化和平台建设上，根据业务场景不断挖掘用户群体需求，通过技术手段、组织手段、管理手段等不断完成建设任务，融合互联网大环境，完成变革的核心要求。

三、数字经济背景下的供应链发展

在数字化背景下，物流业作为国民经济发展的基础性、战略性、先导性产业，如何提升数字化发展水平、打造数字化供应链，成为未来供应链行业发展的重要课题。

（一）我国供应链行业发展现状

1. 涵盖从生产制造到流通消费的全环节服务

以快递物流企业为例，供应链是基于所服务目标市场的企业客户的供应链外包需求，提供定制化综合解决方案，并组织内外部资源进行落地运营的综合服务，涵盖从生产制造到流通消费的全环节。随着物流服务能力及资源整合能力的不断强化，物流企业逐渐打破各组织间壁垒，为客户提供从计划、采购到交付、售后的全环节供应链服务。

2. 我国供应链市场规模增速较快

以供应链物流市场为例，据罗戈研究分析及测算，2020 年中国供应链物流市场规模约为 1.79 万亿元，2016 ~ 2020 年复合增长率约 7.7%。随着经济双循环发展、数字经济持续渗透等带来的供应链物流服务市场需求提升，预计未来五年的中国供应链物流复合增长率将达到 11.6%，2025 年市场规模将达到 3.14 万亿元（见图 4–3）。

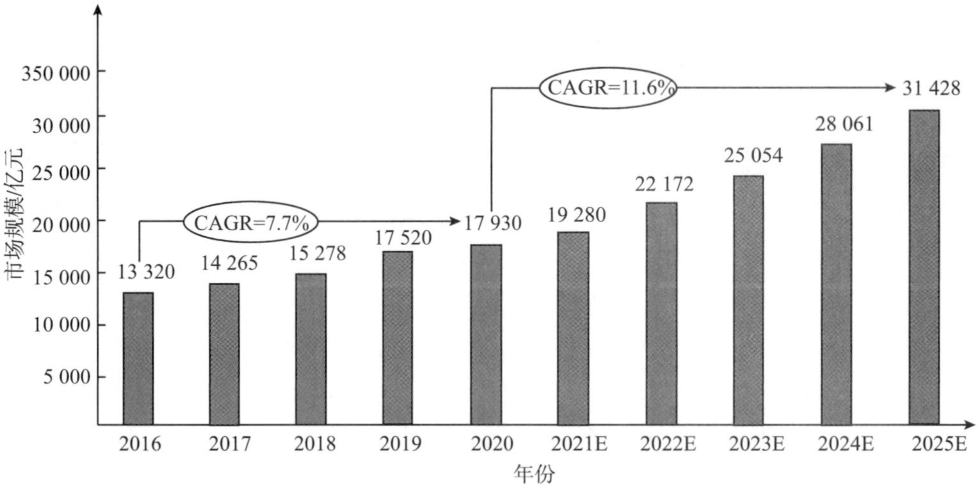

图 4-3　2016 ~ 2025 年中国供应链物流市场规模及复合年均增长率（CAGR）预测

3. 传统供应链存在的问题日益突出

随着社会经济快速发展，传统供应链各种问题日益突出，成为限制企业数字化转型升级的瓶颈。

（1）缺少设备实时监控

生产设备是供应链的重要参与者，设备数据的实时处理和分析直接影响供应链的运作效率。传统供应链的设备数据可视化程度较低，主要依靠人工进行设备生产运行的数据统计，导致在实际生产过程中，无法掌握完整信息，极大地提高了信息的滞后性和出错的可能性。

（2）上下游协同困难

供应链是协调统一的一个整体，实现协同能够有效地利用和管理供应链资源。传统供应链的信息技术应用较为落后，主要依靠纸质、电话和电子邮件等与上下游企业进行沟通，协同程度较为落后，导致供应链各参与者的决策分散化，难以实现整条供应链的整体成本最优化。

（3）缺乏快速响应能力

客户需求日新月异，对供应链的快速响应提出了更高要求。传统供应链往往是以制造为中心的"推式"供应链，客户处于被动接受状态，企业难以应对客户的个性化需求，难以实现对客户需求的快速响应，导致整条供应链快速响应能力较低。

（4）存在信息偏差与滞后

供应链是一个复杂系统，涉及多个节点企业和众多产品。在传统供应链中，当客户需求信息由供应链末端逐级向上游企业传递时，信息将发生失真、滞后的情况，即"牛鞭效应"，导致需求信息与实际市场信息发生较大偏差，极易导致决策错误。

（5）缺乏应对风险的弹性

任一节点遭受到风险冲击都将威胁整条供应链安全。传统供应链对危机事件管理和应急预案计划的重视程度不足，应对风险能力较差，导致在面对自然灾害、疫情等突发状况时，容易暴露出明显的脆弱性，面临随时断链的重大风险。

（二）供应链的数字化转型

1. 数字化转型的影响因素

（1）企业数字化转型的需要

第四次工业革命所产生的数字化浪潮正在使制造业发生巨大变革，不同企业都在摸索自身的数字化转型之路。大量研究表明，供应链的数字化转型是企业数字化转型的关键之一。

（2）提高企业竞争力的需要

世界局势变化莫测，目前正处于全球供应链生态化时代，数字化供应链能够帮助企业提升供应链竞争优势，进而增强企业竞争力。

（3）市场需求带来的挑战

随着时代的发展，客户需求呈现个性化和复杂多变的趋势，对供应链提出敏捷响应和高质量服务的要求，传统供应链亟须数字化转型以迎接挑战。

（4）传统商业模式的转型

传统制造业正在从以制造产品为核心的商业模式向“制造＋服务”的商业模式转型，制造业的服务化、数字化转型成为必由之路。

（5）数字经济的发展

数字经济的蓬勃发展，带来了组织方式、生产要素、生产方式、驱动力和发展方式变革，推动了供应链数字化变革。

（6）工业 4.0 的驱动

人类社会正在经历第四次工业革命，完成信息时代到数字时代的转型，在这个过程中，供应链必然要经历数字化变革。

（7）全球化带来的挑战

全球化给供应链增加了复杂性和不确定性，构建数字化平台能够提升供应链可视化水平，帮助供应链应对挑战。

（8）国家战略的需要

供应链数字化转型是提升我国国际竞争力和发展数字经济战略的需要。近年来，国家出台了大量数字经济的相关政策，促进了供应链的数字化转型发展。

2. 数字化供应链的主要特征

数字化供应链能够实现实时数据的可见性与透明性，通过使用实时数据可以更好地为决策提供信息，实现“看得见、看得准”。对比传统供应链，数字化供应链具备数字管控、同步规划、智能供应、智能流程、动态履约、连接客户等能力特征。

第五章　数字经济推动国际贸易参与主体多元化

第一节　推动了更多中小企业参与国际贸易

数字技术的发展与应用降低了企业进入出口市场的"门槛"，推动了更多中小企业参与国际贸易。企业进入出口市场需要付出包括获取跨境订单、磋商交易细节以及交付商品等一系列成本，进而形成了所谓的贸易"门槛"，使得生产率较低、缺乏相关专业人员、资金实力较弱的企业，特别是中小企业，难以进入国际市场。在数字经济时代，互联网市场的出现大幅降低了跨境展示商品、获取海外订单的成本，数字技术的应用使得跨境沟通、结算、物流协调更加便利，电子化政务改革简化了企业出口的流程，进而使得贸易"门槛"不断降低，更多中小企业开始进入国际贸易市场。同时，由此引发的竞争加剧使得贸易向"买方市场"偏移，谁能够更好、更快地满足市场需求，便能够在市场中占据更重要的地位，而中小企业由于组织结构简单，响应速度更快，具有更加明显的竞争优势，同时也倒逼大型跨国企业进行事业部分拆等扁平化转型，最终使得国际贸易市场集中度不断降低，参与主体呈现出普惠性特征。

一、中小企业参与国际贸易的现状分析

（一）中小企业界定

中小企业是指生产规模、人员配置、经营业务以及资产规模等相对较小的企业。主要集中在个人业主制以及合伙制企业。为降低成本及费用，企业的所有权与经营权基本没有分离，所有者及经营者的职责以及权限也几乎没有划分。这类企业大多数是家族式经营，因为社会信用低和以"家"为核心的传统文化思想的影响，企业的管理者及核心成员是由家族内有裙带关系的"亲戚"组成。

中小企业特征表现为三点。

1. 集体观念较深

中小企业方方面面都较弱，在市场激烈竞争中处于弱势地位。因此，被迫与其他企业抱团协作，相互提供资金、实行人才和技术交流、建立销售联盟等方式，形成团体效

应来应对风险。

2. 注重实质效果

中小企业以"实用""实效"以及"有用"为经营的最高原则，忌讳形式主义，一人多岗或者身兼数职系常态。

3. 市场竞争倾向性严重

劳动密集型生产模式是中小企业经营的主要特点，市场竞争以提高操作流程的熟练度从而提高劳动生产率，降低成本为主要途径。

（二）中小企业参与国际贸易意义

1. 中小企业参与国际贸易的必要性

一方面，现阶段，世界经济一体化趋势的步伐加快，各国、各地区根据自身优势形成的经济区域化特征也越来越明显。另一方面，美国特朗普上台以来，世界范围内的单边贸易保护主义与贸易、投资、金融自由化态势的矛盾加剧，市场竞争更加激烈。机遇与困难并存，为了生存和发展，中小企业必须更加积极主动地开拓国际市场。一是开辟新市场、新空间，建立新的销售网点和服务网点，调整经济结构，优化产业结构，增强经济效益；二是通过实现技术创新和资源合理配置，冲破贸易壁垒的保护，跻身海外市场，顺应我国进一步扩大开放的机会，利用外资猎获更多间接和直接收益；三是推动国际新秩序形成与建立。在加入 WTO 至今，中国最大贸易国形象昭然于世，中小企业在添砖加瓦的同时也借势出海，提高了企业在国际贸易中的竞争力及影响力。中小企业在参与国际贸易过程中，可以直接学习国外企业的先进技术和管理理念，为自身注入新的血液，从而增强企业自身活力。由此可见，中小企业参与国际贸易是有必要的。

2. 中小企业参与国际贸易的紧迫性

近年来，WTO 规则下的同类外来商品和服务大量涌入。同时，国家倡导引进外资，给予各种政策支持和优惠，大型国外企业入驻中国，挤占了本国市场。中小企业由于规模小、人才少、产品单一、资金短缺等弱点，即便在国内竞争中，一样处于不利地位。我国国民轻消费、重储蓄的生活理念，对国产商品不信任的惯性思维，制约了内需消费的提升。许多企业出现大量商品积压，产能过剩十分明显，使中小企业的生存发展举步维艰。

因此，中小企业开拓国际市场迫在眉睫。随着国际市场全球化加速，社会生产的国际化、专业化，使中小企业自觉或不自觉地处于国际市场的汪洋大海之中。与此同时，不少有着宏观视野和长远眼光的企业家也深刻认识到中小企业跨国经营的重要性和急迫性。

（三）中小企业参与国际贸易的困境

1. 中小企业进入国际市场方式单一

绝大多数中小企业自主意识不强，国际贸易依然采用委托代理的进出口方式，处在国际化经营的初始阶段。在海外设立销售点、贸易分部成为中小企业从事跨国经营的主要模式，离全球化战略还相当遥远。

2. 中小企业进入国际市场营销策略单一

成本导向定价是我国中小企业在国际市场上采取的主要出口手段。采用“薄利多销，打价格战”等手段参与国际市场竞争，占领市场。低价不但引起竞争对手的强烈反应，还会引起东道国的行政反扑，通过征收反倾销税或推出其他非关税壁垒措施，大幅提高进入该国市场的门槛，压制我国产品在国际市场的竞争力。

3. 中小企业参与国际贸易人才匮乏

大多数中小企业没有经过专业化学习及培训的外贸人才，既熟悉国际市场，了解国际惯例，又有能力组织跨国生产、擅长经营管理的国际化人才严重匮乏。中小企业培养自己的国际化人才的意识薄弱，人力资本的投入不足，内部员工的培训力度欠缺，没有形成招贤纳士的激励机制。

4. 中小企业产品国际竞争力低下

中小企业的经营规模小，产品档次低，科技含量低，品牌知名度低。受资金、人才等因素的制约，技术创新能力薄弱，没有核心技术优势，产品缺乏自主知识产权。市场竞争多数仅靠劳动力成本较低来取胜，面对竞争日趋激烈的国内外市场，风险规避的能力不高，产品生存率和市场占有率十分低。

二、贸易数字化赋能中小企业参与国际贸易

随着经济社会的发展与时代的不断进步，互联网、电子商务等新兴产业应运而生。在新兴领域的研究中，马克思主义基本原理依然可以作为基本理论去搭建相关研究的理论逻辑。立足于我国的现实国情，将马克思主义基本原理直接或间接地运用于新时代经济或社会的课题研究中，依然具有极其重要的现实指导意义。运用马克思主义基本原理从以下三个方面对企业数字化转型的动力进行逻辑分析：其一，数字技术的发展与进步为企业进行数字化转型奠定了必要的技术基础；其二，数据参与分配是推动企业数字化转型的必备客观条件；其三，追求超额利润是企业数字化转型的主观动机与根本动力。

（一）数字技术为企业数字化转型奠定了技术基础

新一代数字信息技术的创新发展大大提高了经济社会的数字生产力，支撑着数字经济的发展。马克思认为社会劳动生产力受多个因素影响。随着大工业与数字经济的融合发展，现实财富的创造与积累更多地取决于当前社会中科学技术的平均水平、迭代速度及应用情况，而非劳动时间的简单堆积。因此数字技术的进步是推动社会生产力变革的关键因素，致使经济形态发生改变，逐渐形成数字经济形态。

数字信息技术的发展与进步为企业进行数字化转型奠定了必要的技术基础。一方面，数字信息技术的进步能够提高企业进行数字化生产的劳动生产率。运用马克思的相关观点进行分析可知，数字信息技术的发展与运用决定着资本划分为不变和可变部分之间的比例。而在当前社会性质确定且发展速度较为稳定的情况下，财富的积累与人的发展密切联系在一起。因此当企业的生产部门合理有效地配备数字化软硬件设施及高技术人才时，将会大大提升该企业生产部门的劳动生产率。在数字经济时代，只要有某一个部门

率先完成数字化转型，实现生产方式的变革，“必定会引起其他部门生产方式的变革”。值得注意的是，在数字化生产过程中，数字信息技术及相应的数字化软硬件设施，“总是全部地进入劳动过程，但始终只是部分地进入价值增值过程”。数字技术及数字化生产设备本身不创造价值，但它把自身的价值逐步转移到它所生产出来的数字产品或所提供的数字化服务之中。从这个意义上来说，数字技术及数字化生产设备是数字产品或服务价值的一个组成部分。

另一方面，数字信息技术的进步促使企业各部门之间的协作数字化及分工专业化，有利于推动企业组织的数字化变革。互联网、5G 等数字信息技术的发展使得协作不受时间及空间的限制，有利于扩大协作范围，大大提升协作的效率。企业在技术进步下的数字化生产运作本身就是一个庞大且复杂的体系，需要大量的局部工人分工协作完成，数字信息技术的发展及应用为专业化的分工创造了条件，有利于降低企业进行生产运作的成本。正如马克思所说：“且不说由于许多力量融合为一个总的力量而产生的新力量。在大多数生产劳动中，单是社会接触就会引起竞争心和特有的精力振奋，会提高每个人的个人工作效率”，数字信息技术的运用更是为扩大这种社会接触的影响提供技术支撑，推动企业组织数字化高效化变革，大大提高企业工作者的工作效率。

（二）数据参与分配是企业数字化转型的必备条件

非实物形态的数据之所以能参与分配，是因为它随着数字经济的发展逐渐资本化，具有资本的性质，也是一种特殊的资本。结合马克思主义基本原理分析可知，在互联网、大数据及人工智能等相关数字技术运用所形成的数字网络中，社交媒体日常使用过程中所产生的数据转变为资本要经历两个阶段。

1. 商品化阶段

用户在使用社交媒体的过程中需要消耗一定量的体力与脑力，基于此产生的相关数据以劳动产品的形式存在；当这些数字劳动产品“通过交换，转移到把它当作使用价值并进行使用的人的手里”，则成为数据商品，即在市场经济中，通过数字劳动产生的数据，以盈利为目的被用于交换时，才以商品形式存在，它具有价值，同时也能够为社会创造相应的使用价值。

2. 资本化阶段

用户在日常生活中使用各种软件产生数据的数字劳动是无偿劳动，依然具有“剥削”性质。类似于亚马逊等大型互联网头部企业基于企业数字业务体量及相关数字技术优势，无偿占有用户的数字劳动及其产生的数据价值。根据业务发展需要抽取其无偿占有的数字劳动所产生的相关数据，经过数字技术处理形成数据群，进行交换买卖，卖掉其数据商品“并把由此得到的绝大部分货币再转化为资本”，并用于企业持续进行数字化发展所需追加的生产资料和劳动力，数据商品则转变为数字资本。在此过程中数据则以资本形式存在。

数据参与分配是数字经济发展的必然趋势，是企业进行数字化转型的必备客观条件。数据参与分配主要涉及两个方面：一方面是数据作为生产要素参与分配。由要素分配论的相关理论分析可知，数据已然成为一种特殊的生产要素，其分配原则是由社会生产关系决定的。在资本主义社会中，数据作为生产要素如何分配，是由数据占有者，即资本家决定的。而在社会主义社会中，公有制的数据资源是由全民共享，非公有制的数据资源是在既定法律条件下由市场主导分配。另一方面是数据作为最终产品参与分配。在我国，数据产品的分配需满足基本分配制度的相关要求，主要是由数据采集、分析及应用过程中的劳动者按所付出的劳动量决定的。

综上所述，数据作为数字经济发展的核心要素，参与分配有利于推动大数据与各产业发展的有机结合，激发数据参与社会生产及发展的活力。从国家层面上指出数据是生产要素并参与分配，表明了我国完善数据分配制度的决心，明确了发展数字经济的基调，倒逼企业进行数字化转型。因此数据参与分配为企业进行数字化转型创造了必要客观条件。

（三）追求超额利润是企业数字化转型的根本动力

在数字化时代中，马克思在劳动价值理论中所阐述的“劳动”结合数字信息等现代技术形成一种新的劳动形式，即数字劳动。根据劳动价值理论的相关阐述可知，数字劳动包含具体劳动与抽象劳动。某个用户在社交媒体中发布视频、图像及评论等，这种基于一定目的的劳动力耗费则构成数字劳动的具体劳动，发布的具体内容可以满足人们的某种需要，因此数字劳动的具体劳动所产生的数据信息能够给经济社会创造出使用价值；全部用户的数字行为，如网页搜索和浏览行为，这种没有具体形式，一般意义上的人类劳动则形成数字劳动的抽象劳动，给予商品生产者有关设计商品大小、形状及功能的需求信息，从而基于相关技术运用进行相应生产、创造价值，体现了数字化时代社会生产过程中的数据生产者、信息使用者及商品销售者等相关参与主体之间的社会关系。

基于数字技术运用生产的商品的价值量是由社会必要劳动时间决定的。数字信息领域“科学的发展水平和它在工艺上应用的程度”越高，数字劳动生产力则越高，其所生产出的数字商品的价值就越小。由剩余价值生产理论的相关分析可知，在数字经济发展初期，个别企业家通过数字信息技术提高企业劳动生产力，进行数字化生产及运营，其生产商品所耗费的劳动时间少于社会平均条件下生产同种商品耗费的劳动时间，这说明个别企业家基于数字信息技术所生产的商品价值低于社会价值，从而获取了超额剩余价值。基于此，该商品的个别生产价格会低于社会生产价格，采用数字信息技术进行数字化运营的企业则会获得多于平均利润的额外利润，即超额利润。由于市场竞争规律的存在，个别企业家运用数字信息技术进行生产运营从而获取超额利润的做法，会被所在产业的其他企业家复制推广，最终吸引更多的企业提高数字化生产及运营能力，进行数字化转型。

综上所述，追求超额利润是企业改进生产技术，进行数字化转型的根本动力，亦是主观动机。在数字信息时代，各个企业家对超额利润的追求，有利于提高社会的劳动生产率水平，促进数字经济的发展；数字经济的进一步发展，再次推动各个企业进行全方位的数字化转型以追求更多的超额利润，如此形成一个良性循环。

第二节　提升了出口生产率与竞争力

首先，出口企业生产流程以及内部管理的数字化、信息化提高了其生产效率与企业管理水平。其次，区域市场分割与行业垄断等因素造成的要素扭曲是导致我国生产要素整体配置效率不高、资源错配严重等问题的重要原因。最后，区域市场分割也使得企业在国内生产销售面临更大压力，生产率较低的企业为生存不得不转向出口市场，而竞争的加剧使原本就同质化严重的出口企业唯有通过降低产品价格谋求市场份额，进一步使大量中小企业在“内外夹击”下退出市场。而线上要素市场具有“全国统一市场”的重要特征，中小企业在全国范围内配置生产要素能够有效降低生产成本，出口竞争力得以提升。

一、数字化信息技术与企业生产管理领域的融合发展

信息技术作为我国新兴产业发展迅速，运用信息技术中独有的技术创新特点，以迅猛的发展速度应用到企业提升管理领域中的各个方面。根据目前的信息技术时代，企业如何利用信息技术为生产管理领域寻得创新性发展，又如何利用信息技术为企业生产经营谋求更高的利益。文章针对确定运用信息技术对企业生产领域创新进行突破性的发展，来改善原有的传统型生产管理系统，并且完善生产经营式；针对改善原有传统的企业生产管理结构，提升企业效益。

（一）创新性企业管理领域的现状

面对我国社会市场经济体系中如此激烈的竞争，我国企业必须抛弃掉原有传统的企业生产管理系统，运用信息技术为生产管理领域进行创新性突破，不然就会被社会市场经济的金融风暴彻底掩埋。我国企业生产管理领域创新性中关于信息技术的应用是非常重要的，它会成为企业在社会市场经济背景下立足的根本性因素。信息技术对于企业管理领域创新的关键原因，应该建立出一个完整的、创新的信息管理制度体系，同时还要用大量信息中的特点来解决传统管理体系中存在的问题，并且能够根据当时的企业现状来完善生产制度，提高企业生产管理领域的创新性发展。

（二）我国企业管理领域的现状

针对我国目前社会市场经济背景下我国企业生产管理领域也应该拥有新的创新特征，现在国家有多种多样的开放政策来提高企业对外发展的可能性。由于我国企业管理领域中各行各业都存在着弊端性的问题，产业化的不同，企业面临创新性的改变因素也有所不同。所以，在能够接受并愿意接受信息技术运用到企业升级管理领域中的企业并不是很多。因此，信息技术运用到企业生产管理系统的优点需要被更多的企业所知道，来解决自身企业所存在的弊端性问题。在国际大背景下我国企业在管理层次上跟外国企业相

比具有很大的差距，所以我国企业必须要在企业生产领域的创新上进行探究，而且高学历的信息管理型人才也是企业现在急需的。我国企业内部人员也必须进行信息技术的培训，提高管理制度的创新性发展。信息技术的改革发展是因为我国企业现在迫切需要进行这种模式变革，并且企业内的工作人员很大程度上也需要培训与指导，通过信息技术运用到生产技术中，提高生产的质量和企业的经营效益。

我国目前是信息技术急速提高的时代，企业生产管理领域通过信息技术的完善产生了质的飞跃，信息技术完善了企业生产管理领域中存在的缺陷。针对日新月异的企业生产经营管理时代，企业生产管理领域的创新是对传统生产观念的转变。创新性的企业管理理论思想转变着传统管理理论的思维模式，我国管理模式中团队合作新形式以及管理新措施都冲击着传统管理模式。通过研究企业生产管理领域与信息技术之间的创新性作用提高企业的效益。

（三）企业核心技术——信息技术的应用

我国企业生产管理领域中信息技术的应用是提高企业发展的必然性因素与之提高企业经营模式的创新。完善企业内部工作人员的思想观念，把企业经济利益的发展与自身的发展相结合等，这要靠信息技术来进行宣传和总结；我国企业管理领域的创新与发展，需要借鉴国外优秀企业管理模式的信息，这就需要信息技术的应用来改善我国企业生产领域中存在的弊端性问题。我国公司企业生产领域中还有许许多多的地方都需要信息技术的应用，我国企业生产管理领域中各个生产技术创新中都必须要运用到信息技术。这些创新性的生产结构和生产技术都将提升我国其他生产领域的发展。

二、企业数字化转型与出口竞争力提升

（一）数字化战略导向与企业市场竞争力

数字化战略导向是指企业采取数字化战略的倾向，在某种程度上反映了企业在数字化方面投入的关注和资源。而数字化战略或数字化业务战略是指利用数字资源创造差异价值来制定和执行组织行为的战略，强调了数字资源在运营、采购、供应链和营销等其他职能领域的普遍性，明确地将数字业务战略与创造差异化业务价值联系起来，将 IT 战略的绩效影响从效率和生产率的提升转向推动战略差异化和获取竞争优势的层面。从本质上说，企业的数字化战略是大数据、物联网、云计算和人工智能等新兴技术所促成的企业数字化转型。大量的研究表明数字化转型能够通过降本增效、社会协同、资源配置优化以及改进价值创造等方式为企业提供持续的竞争优势。

首先，企业数字化转型是一个应用数字化技术的过程。企业通过引入在生产活动中具有颠覆性作用的如大数据、人工智能、5G、云计算、区块链等先进的数字技术进行软硬件的升级，进而灵活地应对不断变化的市场环境。而这些先进的数字技术通常具有低成本、简单、小巧和便携等特征，使企业能更高效地访问、分析和管理这些不断生成的数据，最终通过更高效的经济价值创造过程和扩大业务范围来提高企业的市场竞争力。

其次，数字化技术的使用能够颠覆产品、服务创新的性质以及商业模式，通过新的

分销渠道和新的方式来创造和传递价值。数字化产品作为产物之一，极大地扩大了产品差异化的机会，使企业拥有绝对的竞争优势。如通过低成本、多维度的快速聚集丰富的历史数据和产品使用数据，不仅能够对市场需求及时响应，同时也能增加买家转向新供应商的成本；数字化生产能力的巨大扩张，也可能诱使企业与竞争对手展开功能和功能的竞赛，这种动态会使成本上升，削弱行业的竞争力；更复杂的产品设计、嵌入式技术和多层新 IT 基础设施的高固定成本也会使新进入者面临着巨大的障碍。

综上所述，企业数字化战略导向能够通过企业数字化转型，依靠数字化技术来进行高效的价值创造、颠覆产品和商业模式的创新，进而提高企业的市场竞争力。

（二）环境不稳定性、数字化战略导向与企业市场竞争力

环境不稳定性是指行业环境的不确定性。资源依赖理论认为企业存在于一个与外部环境息息相关的开放系统中，企业的战略行为依赖于外部环境变化。依据经典的战略理论，企业会根据外部环境的变化进行针对性的调整以适应环境，并逐步完成企业的战略变革。Keats 等（1988）认为环境的不确定性可能会影响企业的差异化战略，因为环境的不可预测性增加了组织风险，一个合乎逻辑的战略选择是通过差异化来分散和降低总体风险，保持或提高企业在产业中的竞争地位。根据这一逻辑，环境的不稳定性能够影响企业数字化战略对企业竞争力的影响。

首先，企业数字化战略是利用数字资源创造差异价值的战略，环境不稳定性能够激发企业数字化战略的实施，不稳定越高，企业感知的风险越大，越有强烈的动机采取数字化的差异战略。

其次，在企业进行数字化转型时期，环境不稳定性会促使企业增加资源配置来加速企业数字化转型以降低不确定所带来的潜在负面影响。更重要的是，企业数字化的优势会在不稳定的环境中更加凸显。企业数字化转型所带来的降本增效、社会协同、资源配置优化以及改进价值创造等优势会影响企业的吸收能力和动态能力。而企业的动态能力在面临环境不确定时，能够通过主动或反应性的方式重新配置组织资源、流程来更好地适应和应对不稳定的环境，进而辅助企业更灵活性地在竞争中保持领先。与稳定的环境相比，企业数字化战略反而在环境不确定时更有用武之地，能够灵活地应对不确定性所带来的威胁。

（三）数字化战略导向、企业市场竞争力与组织韧性

组织韧性是指组织系统在逆境中的潜在承受能力，以及在冲击后恢复和维持现有结构的能力。稳定性和灵活性是韧性组织的两个基本特性，具有韧性的组织擅长预测、吸收和调整来适应环境变化，因此能够更好地保持其核心结构，从挫折中反弹。有关组织韧性的研究强调，如果要了解企业将如何应对冲击，在系统性冲击之前考虑企业特征是至关重要的。主要以企业股价为切入点来评估组织韧性的两个方面。

用系统冲击后的股价波动来检验稳定性，公司股价恢复到震前水平所需的时间来评估灵活性。稳定性是指企业能够在面临干扰时保持其关键组织属性的能力。企业数字化所构建的企业市场竞争力本质上是动态的，对企业应对不利事件的冲击环境至关重要，

能够保护企业的业务量及其稳定性。从这个意义上说，企业数字化所构建的企业市场竞争力更准确地指出了数字化资源在资源基础观的理论框架下关于竞争优势的本质。

一方面，危机期间，通过企业数字化转型而带来的高水平市场竞争力的企业，上下游企业对其依赖性会更高，企业可以通过自身与组织所处的上下游利益相关者之间的相互依赖优势，培养企业抗外部干扰的能力。而这些相互依赖来源于企业数字化技术、数字化的平台等促使的上下游企业之间的反复互动，如资源、价值观和信息的共享。

另一方面，商业信用竞争假说认为企业市场竞争力和谈判能力越强，企业就越容易从供应商那里获得更多的商业信用。尤其是在危急情况下，商业信用能够缓解企业现金流的不稳定性。因此，拥有高水平市场竞争力的企业会更稳定地立足于市场环境中。如果企业在系统性冲击前有较高的企业市场竞争力，那么在系统性冲击后，企业就更有可能表现出更大的稳定性。

第三节　为中小企业培育出口竞争优势提供了动能

数字经济时代的出口市场竞争加剧也增加了企业研发创新的内在驱动力，加之资金、技术、人才对研发创新的约束降低，推动了其通过产品及流程创新不断增加自身竞争力，也使中小企业在出口市场中的地位不断提升。

一、数字经济对企业创新的影响

现有针对如何驱动企业研发创新的研究较为多元，核心视角可分为政府视角、市场视角、内部视角三个层面。在政府视角层面，现有研究主要从宏观政策、规制设计、政府财政研发投入和科技补贴等维度进行分析；在市场视角层面，国内学者聚焦于市场化改革、产业集聚对微观主体创新行为的影响；在内部视角层面，主要关注企业高管特征、企业财务状况、企业文化等方面。综合来看，高效持续推动企业创新是一项系统性工程，由政策、制度、环境、要素供求等因素共同决定。

而数字经济的发展可以从政府、企业、消费者等多个维度为企业研发创新提供保障和支撑。从政府治理视角来看，数字化治理能够让政策制定者实时捕捉市场供求动态，根据市场变化制定相应政策，并通过大数据技术、人工智能技术等数字手段精准获取政策实施反馈，降低政策不确定性，为企业研发创新营造稳定的制度环境，促进企业成长、发展和创新。从企业视角来看，企业通过数字信息技术和传统资源要素融合赋能企业研发过程，在产品研发阶段，数字仿真技术和数字孪生技术的支持能够大大降低企业的研发成本；在产品生产和制造阶段，物联网等技术的支持通过透明化生产流程各环节能够显著提高企业的生产效率，降低产业链上企业生产成本，提高创新效率，改善市场环境，对在位企业施加竞争压力，倒逼企业不断创新以求得生存和发展。同时，数字技术的发展充分赋能传统金融机构，大幅减少运行低效和资源错配问题，让企业创新活动得到充分支持，从而有利于企业创新。此外，从消费者参与视角看，数字经济重塑了企业生态系统和外部生态环境，使得更多的利益相关者成为价值共创者，进而极大地促进企业创新。

数字经济引发的深刻变革主要体现在“提供增量”和“优化质量”两个主要方面。“提供增量”是指数字经济可以有效整合现有市场资源并向企业提供额外的有效供给，是数字技术广泛的市场化应用进而推动数字新产业发展壮大的过程。数字经济发展背景下，大数据、人工智能、区块链等信息技术能在处理海量数据的同时维持成本、控制风险，有效地缓解信息不对称问题，改善市场中存在的资源错配现象，使企业研发创新资金需求能与适应资源匹配。企业通过与产业链上下游企业的协同创新，实现资源有效整合而创设新发展空间。数字经济发展丰富了企业销售方式与渠道（如线上平台、智能路演），进而实现已有产能和库存的快速消化。此外，大数据、区块链等数字技术提供了精准评价企业信用水平的可能性，以行为数据强化金融风险控制，使得金融工具和机构的结构与种类得以拓展与优化，能为企业提供更丰富的融资渠道和平台，有效帮助企业缓解融资约束，为企业创新提供坚实的金融资源基础。

“优化质量”即数字经济发展能为传统企业生产提供优化方案，全面提升效能。在企业生产经营方面，随着数字经济的蓬勃发展，通过应用互联网、区块链等数字信息技术，企业可显著提升交易效率，降低交易成本，效率和安全性兼顾的交易方式能够保护企业利益，有利于企业及时获得稳定的现金流，增加企业内部资金积累和经营实力，降低对外部资金的需求和依赖，从而缓解企业杠杆率，降低财务风险。在企业融资方面，数字金融的发展能够有效提升金融配置效率，打破传统金融约束，有效控制信贷风险，改善信贷资源错配，缓解企业融资约束压力。在市场信息流通方面，企业通过利用数字技术对海量数据进行深度挖掘与匹配分析，向市场各方提供企业内部准确可靠的运营信息，降低信息不对称程度，促进资源与企业创新项目的风险特征相互匹配，一定程度上降低了逆向选择和道德风险问题。即数字经济的发展拓宽了信息流通渠道，减少信息流动障碍，优化资源配置效率，有效纠正“属性错配”“领域错配”和“阶段错配”等问题。数字经济发展可以缓解企业融资约束、降低企业杠杆率、提升企业信息质量，有利于企业的长期可持续发展，保障企业专注于从事企业创新活动。

二、数字化转型对企业技术创新的影响

（一）数字化转型与企业价值

实施数字化转型的企业所拥有的数字资源与能力是其他企业难以模仿的，资源与能力是构成核心竞争力的两大重要因素，核心竞争力为企业带来竞争优势，使企业在激烈的市场竞争中占据有力地位，企业价值在一定时期内得以提升。

在数字经济背景下，企业竞争优势与企业数字化资源日益紧密联系起来。数字化资源作为一种全新的生产要素，以具体的要素形式参与到企业的生产经营活动当中，极大地提高了人类生产力作用的广度和深度，有助于实现企业生产、销售、管理、营销等流

程的智能化和自动化，赋予企业更强的敏捷性和灵活性。互联大数据的时代数字资源逐渐发展成为企业内部的核心资源，并且这种资源具有不可替代性，难以被模仿。不同性质的资源对于企业的影响是不同的，并不是所有的资源都能强化企业的竞争优势，只有那些异质资源才能有效提高企业竞争力，这些异质资源特点是：难以模仿、具有价值、稀缺以及不可替代。显然数字资源正是这种异质资源。谢卫红等（2016）认为数据是企业一项战略性资产，包括数据人力资源，技术资源和基础资源，数据资源是企业发挥数字能力的基础，整合利用这些数据资源是企业获得竞争优势的关键。

在核心竞争力的观点里，仅仅拥有资源是不够的，还要有整合资源，使用资源创造价值的能力。企业的数字化能力表现在对数字资源的分析、处理和利用上，Lenka等（2017）通过研究四家制造企业的数字化案例提出数字化能力是指企业运用数字技术来分析、处理和评价数据和信息，在此基础上进行共享与协作进而创造价值的能力。黄漫宇（2022）认为数字处理能力的应用能够解决企业生产经营中的难题，优化生产要素配置，提高生产效率。Mikalef等（2017）通过研究发现，数字技术通过快速处理信息，辅助决策能够达到优化生产流程的效果，尤其是在响应消费者需求时，可以做到快速而准确，这有效提升了企业经营效率、提高了消费者价值。张振刚等（2021）认为企业构建数字化平台加强了数字能力，上下游主体可以通过数字化平台共享信息，协同共进，实现价值共创。

企业数字化转型的背景下数字资源与数字能力共同构成了企业的核心竞争力，数字资源是稀缺，独特，难以模仿的企业资源，包括数字人力资源、技术资源和基础资源，数字能力是利用资源创造价值的能力。面对客户需求的不断变化，市场竞争的多元化，企业在汇集数字资源的基础上，加强整合这些资源的数字能力，能够增强自身实力，拓展多元价值创造方式，提高企业价值。

企业竞争力的提升，映射在资本市场中，即表现为企业价值的不断提高。

（二）数字化转型与技术创新

对于数字化转型与企业技术创新的研究，学者大部分认为数字化对企业创新具有正向促进作用。总结学者的观点认为数字化转型可以通过优化资源配置、降低创新成本以及提高劳动力水平等方面促进技术创新。

从优化资源配置角度来看，李琦等（2021）在研究中发现数字技术加快了企业内外部的信息交换，一方面提升了企业对市场的感知能力，企业利用数字技术分析处理信息数据，识别消费者偏好和个性化需求，进行针对性研发创新。另一方面向供应链集成体系中的合作伙伴进行信息共享，利用大量及时、多向的信息对低价值环节进行调整，推动业务创新。数字技术不仅加强了企业内部的创新活动，也发挥了与合作伙伴之间的创新协同效应，为企业技术创新提供了更多的可能性与发展空间，扩展了创新资源配置的空间范围，企业趋向于通过多渠道的信息整合，及时识别市场需求与价值主张的变化，及时调整企业技术创新方向，开展有针对性的研发活动。

从降低创新成本角度来看，企业使用数字技术能充分挖掘信息资源，加快信息搜集效率，不仅可以提高企业内部的信息沟通及组织效率，还能准确把握市场需求，开展精准营销，减少新产品的市场风险，较大程度上提升企业利润。数字技术可以实现信息的低成本获取，降低企业的创新试错成本。企业通过降低信息搜集与复制成本，增加企业利润，降低试错成本，有效降低创新成本。

从提高劳动力水平角度来看，数字技术应用加大了对高素质劳动力的需求，低端劳动力的减少、高素质劳动力的增加会优化企业劳动力结构。随着企业人力结构优化，优质的知识资本和人力资本会融入企业的生产经营过程，形成技术扩散效应，促进企业技术创新。企业数字化转型可以优化企业劳动力机构，促进员工之间信息沟通与信息获取，提升职工相关技能和决策制度能力，推动企业技术创新。数字化转型通过优化资源配置、降低创新成本以及提高劳动力水平等方面增强企业创新能力，突破技术创新发展的局限，激发技术创新的潜能，促进企业技术创新。

（三）技术创新的中介作用

通过上述分析可以得知，数字化转型对企业价值与技术创新都发挥了正向影响。数字化转型的企业使用数字资源和数字能力构建了核心竞争力，为企业带来了竞争优势，在市场竞争中占据有利位置，表现在企业价值上就是价值的提升。企业数字化转型提高了技术创新的质量，降低了创新成本，激发了创新潜能。技术创新有助于积累和维持企业竞争优势，增强产品竞争力，为企业增加潜在获利能力和成长机会，从而为企业创造价值。

技术创新增加了产品的竞争优势，扩大了市场份额。Monte（2003）在研究企业创新与绩效表现时发现有较高研发投入的公司，销售增长率比研发投入较低的公司要高，主要是因为企业通过研发活动和创新投入在市场竞争中确立竞争优势。对于企业管理层来说，可以通过加大企业研发投入开展创新活动，增加产品的竞争力，扩大市场份额，提升企业绩效。朱明琪（2018）在研究企业创新对绩效的影响时认为，企业开展创新活动是企业能够持续发展的重要因素。企业通过创新升级改造产品与服务，提高产品和服务质量，培养顾客对品牌的忠诚度，提升市场竞争力。通过对市场需求的迅速响应与对顾客需求的准确把握，企业开展创新活动在不断变化的市场环境中始终能够保持竞争优势，从而提升企业业绩和价值。

技术创新为企业带来成长机会及潜在获利能力。在 MM 理论中，企业的成长机会被定义为：专利和商誉等带来的发展机会，成长机会可以给企业带来远超市场平均水平的收益，而且可以长久地存在。王清伟（2006）认为技术创新带来的价值创造包括现有资产的价值创造和未来成长机会的价值创造。成长机会是企业未来形成获利能力的机会，反映了投资者对企业发展前景的预期。

技术创新为企业带来的成长机会包括：技术创新的协同和互补帮助企业在研发设计，生产制造和投入市场等过程中建立战略联盟，获得更多收益；技术创新提升企业竞争力，提高投资者对企业预期；优化资源配置，实现资产兼并重组的成功，提升资产经营中的价值创造。王同律（2004）技术创新的不断开展可以为企业带来企业价值的持续增长，在新经济条件下，企业竞争的关键不再是资产多寡或者规模大小，竞争的焦点已经转移到知识资产吸收、创造和管理上，认知能力的提升能为企业带来长期隐性增长，新经济条件下的竞争在一定意义上就是企业技术创新的竞争。企业全部能力整合形成企业核心能力，在其中知识创造能力以及创造的知识形态的资产是核心能力的关键，决定了核心能力的强弱。核心能力难以被模仿，这增强了企业的环境适应能力，帮助企业创造更多价值。

三、数字化转型对科技型中小企业创新的影响

在宏观层面上，数字化转型是促进我国产业迭代升级和经济社会高质量发展的驱动力。在微观上，数字化生产将成为企业生产效率提升、创造新价值的加速器。由于数据要素与科技型中小企业的核心要素即技术和知识结构最容易匹配，数字技术的应用又强化了科技型中小企业的技术偏向性。因此，科技型中小企业在数字化生产方式中有望获得最大的边际收益。数字化转型还将通过变革生产方式促进科技型中小企业创新活动的繁荣和创新能力的提升，其具体影响表现为以下四个方面的特征：

（一）规模经济性

数字化的生产方式为科技型中小企业提供了大规模生产的产业支撑和巨大的消费市场空间，使规模较小企业也能从大规模数字化生产中获得规模报酬收益，实现创新资源的积累。目前，我国拥有全球最完整的产业体系和配套齐全的工业门类，工业互联网的覆盖率和渗透率居世界前列，以大数据、人工智能和物联网为代表的技术应用日益普及，围绕数字化生产形成的产业链条日益成熟。科技型中小企业通过数字化转型，可以利用我国完备的产业链体系和超大规模的生产能力，以较低的成本获得扩大生产规模的机会，从而迅速提高盈利能力；与此同时，我国消费市场的规模和升级潜力巨大，科技型中小企业可以通过数字化转型获取需求端释放的大规模消费市场红利，并利用市场需求不断推动产品和服务的升级换代。

（二）平台效应

数字化以数据要素连接传统生产要素，催生了工业互联网平台、科技服务平台、关键技术平台以及资源条件平台等大量平台型企业或机构，极大减少了信息不对称，促进了资源和技术的扩散和集聚，增加了协同创新的机会，为科技型中小企业的创新发展赋能。单个科技型中小企业的创新，往往受资金、人才、企业规模以及抗风险能力等因素的影响，难以开展基础性强、持续性久的创新。科技型中小企业利用数字化转型的契机，一方面可以精准对接创新所需要的资源，借助公共创新平台吸引创新资源；另一方面可以利用平台提供的路径经验降低创新风险，实现平台效应下的协同创新。

（三）迭代效应

数字化使科技型中小企业的创新周期缩短、技术迭代加快，并且能深入小众的细分市场。与传统企业相比，数字化转型后的企业对客户需求不但可以实时洞察与反馈，还可以与客户共同创造需求，从而更科学、更具针对性地进行生产决策，驱动产品迭代，

加速技术创新。这种由需求驱动的迭代效应既增加了客户的黏性，也使科技型中小企业可以同时具备规模化生产和精细化定制的能力，从而降低市场风险和创新风险。

（四）分工深化

数字化极大降低了由于地理空间和市场壁垒造成的交易费用和市场分割，在全球化受到逆向影响的情况下需求市场规模仍有可能进一步扩大，从而使科技型中小企业在嵌入全球化产业链的过程中得以深化分工，并由此深入“特精尖细”的关键技术领域，成为产业链上的“隐形冠军”，与龙头企业形成优势互补，共同构筑一个充满活力的创新生态。

第四节　提高了中小企业的抗风险能力

一方面，中小企业能够利用互联网快速获知国际市场变化信息，并通过数字化生产管理系统及时作出生产及库存调整，提高了其抵抗市场波动风险的能力。另一方面，互联网金融的发展降低了中小企业的融资约束，拓宽了其融资渠道。互联网依托“雁过留痕”的重要特性，通过提供交易数据等信息，能够为中小企业的信用评估进行有效补充，互联网赋能下的普惠金融也为中小企业提供了更加便利、低廉的融资方式，提高了其资金方面的抗风险能力。

一、中小企业的风险管理分析

（一）企业风险管理含义

企业风险管理是对企业内可能产生的各种风险进行识别、衡量、分析、评价，并适时采取及时有效的方法进行防范和控制，用最经济合理的方法来综合处理风险，以实现最大安全保障的一种科学管理方法。有效地对各种风险进行管理有利于企业做出正确的决策、有利于保护企业资产的安全和完整、有利于实现企业的经营活动目标，对企业来说具有重要的意义。

（二）当前我国中小企业风险管理的特点

1. 风险和风险管理意识比较淡薄

我国的中小企业以20世纪80年代以后迅速发展起来的乡镇企业、个体私营企业为主体，由于历史的原因，普遍存在着组织制度、产权制度不健全，企业经营管理队伍素质较低，人才缺乏，特别是高级管理人才缺乏，企业的决策以经验为主，缺少科学的程序，因此在日常的管理中，容易忽视风险和风险管理。有关调查显示，相当一部分中小企业内部没有建立完善的风险管理机制，管理者和员工普遍缺乏风险意识，即使有些中小企业建立了风险管理机制，其风险管理也是一种被动式管理，而且这种管理活动也往往是暂时的、阶段性的，可以说，中小企业风险意识的淡薄和风险管理机制的缺失，使它们在面对风险时往往手足无措。

2. 风险管理水平落后

中小企业具有许多大型企业无法比拟的优势：一是规模小、投资少、活力强，对市场反应灵敏，“船小好调头”；二是对资源获取的要求不高，能广泛地分布于各种环境条件中，环境适应能力强。正因为“小”，中小企业相对于大企业来讲，更容易管理，也就更容易控制和回避风险。但由于中小企业组织结构单一，机构不健全，对风险管理缺乏系统性、全局性的把握。同时由于企业管理者水平的制约及企业在软件、硬件方面基础管理手段比较薄弱，使得中小企业的管理水平普遍比较落后。

3. 风险后果严重

“小”是中小企业的优势，但同时“小”也意味着风险的集中。与大企业相比，一方面，中小企业在资金、技术、市场、管理等方面有着很大的差距，容易面临各种风险；另一方面，中小企业的抗风险能力较差，一旦出现大的风险，极易陷入经营困境，甚至导致倒闭。因此中小企业的风险后果相当严重。

（三）中小企业面临的主要风险

由于金融危机的冲击，中小企业面临的很多风险都凸显出来，其中主要的风险就有：融资渠道单一带来的财务风险，信用风险管理不足带来的信用风险，传统经济模式带来的风险三种。

1. 融资渠道单一带来的财务风险

资金是企业生存发展不可或缺的资源，但融资难却是中小企业发展中的先天性问题。在各种融资方式中，银行信贷是重要的资金来源，但由于中小企业在自用资产、信誉名声等方面的劣势，使银行从自身利益出发，通常不愿开展中小企业信贷业务。根据中小企业资金在资金链上运转的顺序来看，财务风险又可分成以下几个类型：

（1）筹资风险

筹资风险是指由于资金供需市场、宏观经济环境的变化，企业筹集资金给财务成果带来的不确定性。筹资风险是中小企业财务风险需要防范的首要环节和重要内容。

（2）投资风险

投资风险是指在企业投入一定的资金后，由于市场需求的变化而影响了最终利益与预期收益发生偏离的风险。企业对外投资主要有这两种形式：直接投资和证券投资。在我国，根据公司法的规定，当股东拥有企业股权的 25% 以上就可以视为直接投资。证券投资主要有这两种形式：股票投资和债券投资。股票投资是一种风险一起承担、利益一起分享的投资形式；债券投资与被投资企业的财务活动没有直接关系，只是定期收取固定的利息，要面临的风险是来自被投资者无力偿还债务的风险。投资风险主要包括利率风险、再投资风险、汇率风险、通货膨胀风险、金融衍生工具风险、道德风险、违约风险等。

（3）经营风险

经营风险又称营业风险，是指在企业的生产经营过程中，供、产、销各个环节产生不确定性因素的影响而导致企业资金运作的迟滞，产生企业价值的变动。

（4）流动性风险

是指企业资产不能正常和确定性地转移现金或企业债务和付现责任不能正常履行的可能性。从这个意义上来说，可以把企业的流动性风险从企业的变现能力和偿付能力两方面进行分析与评价。发生在企业支付能力和偿债能力方面的问题，称为现金不足及现金不能清偿风险。由于企业资产不能确定性地转移为现金而发生的问题则称为变现力风险。

2. 信用风险

对企业而言，遵守信用不仅是一个简单行为，更是一种无形资产。它是企业在市场中的一张“名片”，代表着市场对企业的第一印象，凭借这张“名片”企业才能赢得市场的认可，在市场中占有一席之地获得长远的发展。但现阶段中小企业在信用风险管理方面存在很多不足，具体表现在以下两个方面：一是自身信用风险管理不足。在当前我国的中小企业中，仅有一小部分参加过资信评估，很多中小企业甚至没有参加过资信评估，没有任何的资信记录。二是对其他企业信用风险管理不科学。很多中小企业常常缺乏对客户信息的统一管理，仅以企业规模判断企业信用，对客户信用销售额度没有限制措施。

3. 经营模式传统带来的风险

目前，我国中小企业产权制度大多是单一的产权结构，基本上实行家族所有、家族决策、家族经营、家族参与者承担风险的经营管理模式。但随着企业规模的不断扩大和外部竞争的不断加强，其弊端开始显现，并表现出以下两个问题。

第一个问题是企业发展始终摆脱不了家族血缘关系（包括婚姻关系）的影响，企业整个制度安排仅仅停留在血缘关系之内。当企业的经济关系和血缘关系融合在一起时，企业发展到一定程度，往往是血缘关系经不住经济利益的考验而崩溃，同时给企业自身造成很大创伤。

第二个问题是资产所有者的经营能力并不会随着他的资产的扩张而成比例增长。单一的产权关系使企业不敢把财产交于与其没有财产关系或血缘关系的人使用，对人才的使用只能在家族血缘的狭小圈子内选择，从而很难选到最优秀的人才，最终造成中小企业无法适应外部环境的变化，导致发展停滞不前或陷入困境。

（四）中小企业风险管理存在的问题

1. 风险管理机制不健全

目前，中小企业的管理制度大多套用笼统的管理理念和规章制度，并没有具体的执行细则和执行目标，由此造成这些制度对于管理没有太大意义。因此，要想提升中小企业在风险管理上面的能力和水平，就应制定较为科学合理的管理制度及具体的实施细则和目标等。

2. 风险管理方法不科学

现阶段，中小企业经营部门的管理者和员工对经营活动中可能面临的风险的辨识能力、判断水平和评估能力不高，特别是在众多的业务接洽合同签订时，没有相应的能力来预警、识别、考量和分析风险点、机会点，对合同中的风险领域、风险程度、风险发生的可能性等问题无从下手，签回的合同质量不高、漏洞不少、风险不小。受风险因素的影响，许多中小企业发展经营目标遭到了阻碍，未能实现。

3. 风险沟通渠道不畅

管理者只有通过与员工进行有效的沟通获得足够的信息，才能做出正确的决策。同时，决策要得到实施，又要与员工进行沟通。任何有创意的想法，建设性的意见，都需要与员工进行沟通获得。否则，这些想法与意见便失去了实施的土壤。事实上，目前很多中小企业仅在由上而下的沟通方面较好，横向沟通和向上沟通不可避免地存在很多问题。

二、数字化背景下中小企业的抗信用风险能力

中小企业是国民经济发展的各种实体的重要组成部分，为发展国民经济做出了重要贡献，但也潜藏着信用风险。在如今的“数字经济”时代，中小企业的信用风险依然存在，具有客观性。当前，中小企业应通过强化培训学习，提高领导及员工诚信素质；加强财务管理，有效地利用资金；调研市场，聘请专家把握市场脉搏；建立严密的信息征集系统，确保其有用性等途径来减少信用风险，从而充分发挥其在经济发展中的重要作用。

（一）信用风险的内涵与特征

1. 信用风险的内涵

信用风险又称违约风险，是指借款人、证券发行人或交易对方因种种原因，不愿或无力履行合同条件而构成违约，致使银行、投资者或交易对方遭受损失的可能性。此概念反映的信用人（授信者）比较广泛，不局限于金融机构借贷中形成的信用人，符合中小企业的概念范围。

企业发展中面临许多风险，其中不可忽略的一个风险就是信用风险，如企业可能因经营管理不善而亏损、因市场变化出现产品滞销、因资金周转不灵不能按期还本付息等种种原因，导致到期不能偿还债务。信用风险的发生，严重一点可能直接会断送企业的发展，是企业发展中不可以忽视的风险。信用风险对于大企业和中小企业都存在，是他们的共性。但是由于中小企业存在灵活性、随意性、目标不准确性、规模小无力性、道德偏差性等原因，会加大信用风险。在如今数字经济时代，加大信用风险的这些原因还会存在，信用风险依然潜在。

2. 信用风险的基本特征

企业在经营中会遇到很多风险，包括信用风险及其他风险。信用风险是最重要的一种风险，是企业在融资过程中投资者首要参考的目标，也是企业交易资金顺畅流转的重要保证。企业信用风险主要有以下几个特征。

（1）客观存在性

在企业经营过程中，由于人的思维与行为的不确定性，经济环境不确定性，必然导

致违约即信用风险的存在，它是不以人的意志为转移的，是不可能消除的。

（2）实体间的传染性

经济的发展在实体之间具有链条性。实体一方出现信用问题，很可能会导致下一个或几个实体的经营困难或破产，从而导致信用链条的中断和整个信用秩序的紊乱。

（3）管理者与信用风险具有相关性

中小企业主要的一个特点是由投资者即所有者自主决策与管理，企业所有者的话语权在日常经营和重大决策中占最重要的地位，这是其自主灵活的一面。不利的一面是这种管理方式缺乏必要的制约和规范机制，企业管理者个人的信用观念和信用行为会直接影响到企业的信用，企业的信用风险与管理者个人素质具有较高的相关性。

（4）信用风险具有可控性

有经营就必然蕴涵信用风险，信用风险是客观存在的，是不可能消除的，但并不意味信用风险不可控制，该风险可以通过控制降到最低。信用风险是可以控制的，企业应该去探索研究风险的可控性，为企业后续长久发展规避风险。

3. 数字经济与信用风险的关系

数字经济是一个时代、一个平台，一个舞台。这个舞台上，演绎万象。数字经济本身与信用风险不是因果关系，信用风险在农业经济时代、工业经济时代就已经存在。而数字经济作为一个经济时代，在发展中，信用风险依然存在，只是会变因演绎，演绎的手段可能不同、演绎得多少不同而已，这就需要法律手段要更新了。

（二）数字经济背景下基于中小企业特征分析

信用风险经济发展中，各类企业并存。中小企业是国民经济的重要支柱，是大企业发展的重要基石，有着不同于大企业的特征，潜伏着一定的信用风险。

1. 资产规模小，资金薄弱

这是中小企业的本质特征，是企业类型划分作为中小企业应具备的根本标准。“资产规模小，资金薄弱”特征，是中小企业不利的一面，意味着生产经营规模不大，经济业务品种少，经济能力不强，抗风险能力差，存在潜在的风险包括信用风险。尽管处于数字经济时代，数字经济依赖的信息技术、网络技术迅速发展，具有强力渗透性，会助推经济，一定程度上会降低信用风险。但是信用风险具有客观性，不以人的意志为转移，不可能消除。

2. 员工人数较少，组织结构简单

这个特征，从有利的一面看，便于人力资源管理，对员工进行有效的激励，具有决策与执行的快速性，及时抢占经济的有利点。有利有弊，决策与执行的快速性，意味着实现的是少数人的意志，意味着考虑得不周全，意味着潜藏着信用风险。人是企业发展的根本生产力，优秀的规模队伍才是维护最佳信用的基础与动力。数字经济的发展，固然能提高员工的生产力，但只要有人在，就有信用风险，人员越少，信用风险越大。

3. 经营决策灵活，市场反应灵敏

中小企业资产规模小，人员少，在经营决策上有更大的弹性和灵活性，能较快地调整经营方向、调整产品结构，收效较快，数字经济的发展也会助推决策灵活性与市场反应灵敏性。从另一角度看，中小企业的决策依然依赖于少数决策者的判断能力，存在着决策失误的风险，也就自然存在着信用风险。

4. 更多关注细微市场，专营某细小方面

中小企业由于自身规模小，人、财、物等资源相对有限，无法与大企业竞争。因而，其往往会关注于那些被大企业所忽略的细微产品市场，专营于某一细小方面。这个细微方面，在数字经济时代下会更容易分析发现。不利的一面是细微产品经营取向的选择仍然取决于人的意志，细小方面的市场仍然具有竞争性，细小方面选择的决策依然存在取向失误的风险，存在着信用风险。

5. 科技创新较快，生产取向小型化、分散化

科技创新，是指工业企业用于科技创新和技术开发方面的具体活动。现代科技在工业技术装备和产品发展上有两大发展方向，一是向着大型化、集中化发展，二是向着小型化、分散化发展。产品生产小型化、分散化为中小企业的发展提供了有利条件。不利的一面，科技创新伴随一系列原因形成的信用风险，包括人才问题、技术应用问题、资金问题、市场问题等，都会导致信用风险的潜在性。

（三）中小企业经营过程中潜在的信用风险应对

信用风险产生于企业经营过程、投资过程等方面，各类企业经济发展中都存在潜在的信用风险。作为中小企业的信用风险，企业内部应予以充分的重视，外部社会国家层面应该严格有效地把控。

1. 强化培训学习，提高领导及员工诚信素质

中小企业员工少、领导少，容易形成个别人、少数人拍板既定的情况，存在着潜在信用风险，该信用风险与员工特别是管理者个人素质具有较高的相关性。减少信用风险，必须注重诚信素质。这就要求企业内部要有培养约束机制，更重要的是企业外部社会国家层面要有完善科学的培训管理制度，强化企业管理者三观高度，发挥互联网等手段的作用。

2. 加强财务管理，有效地利用资金

由于中小企业资产规模小，资金薄弱。这就需要在财务管理上做文章，精准决策，充分利用较少的资金，发挥更大的作用。另外，充分利用网络的发展，使得处于网络端点的生产者与消费者可直接联系，从而降低了传统的中间商层次存在的必要性，降低交易成本。

3. 经常调研市场，聘请专家帮助把握市场脉搏

中小企业在业务发展中，经营决策灵活，对市场反应灵敏，会专营某一细小方面。但依然存在着失误的问题，这个失误对于中小企业可能就是很大失误。这就需要在讨论经营决策时，尽可能多一点人员参与，需要仔细谨慎，要经常进行市场调研，聘请专家分析市场，寻找适合本企业经营的业务方向，减少决策失误，降低因失误带来的信用风险。

4. 建立严密的信息征集系统，确保其有用性

在目前的数字经济发展状态下，建立中小企业信用信息登记、征集、评价、发布和奖惩为主要内容的信用信息归集系统，是能做到的，而且已经有了一定的发展，但还需要进一步地推进，确保征信系统科学严密性。在发展过程中，需要政府部门牵头，这样才能更好地扩大建立中小企业信用信息归集系统。

5. 调整产品结构，提高优势项目竞争力

科技型中小企业的产品更新换代速度很快，要不断根据变幻的市场形势做出产品结构调整，抓住核心技术项目的优势，不断提高优势项目的竞争力，确保企业在同行业中保持竞争优势，使企业不断发展壮大。

三、数字化背景下中小企业的融资风险能力

数字金融对中小企业融资约束的影响除了体现在通过数字技术手段服务于金融机构发放贷款，使更多的资金流向为经济发展作出重大贡献的中小企业，让更广泛的中小企业能够获得融资，进而缓解中小企业的融资约束程度。还体现在通过形成数字金融大环境，使中小企业自身数字意识增强，掌握数字金融环境下的先进融资方法，积极参与到数字金融环境中来，通过数字金融技术和方法提高企业资金的运转效率，资金运转速度的加快相当于为企业带来了更多流动资金，企业对于外部融资的需求下降，融资约束降低。同时，我们还观察到数字金融具有缩小地区差异，促进市场公平的作用，能够通过促进金融市场化来支持中小企业的融资。通过多方面渠道让数字金融发挥其最大作用缓解中小企业融资约束。

数字金融增强信息识别机制、降低双方信息不对称的主要作用是可以让原本传统意义上有效信息不足但实质上却是“好企业”的中小企业能够融到资，将其从有效信息不充分的非金融机构目标客户转化为具有多维有效信息的可贷目标群体，缓解这部分企业的融资约束问题。数字金融的应用还有助于降低匹配交易实体的搜寻成本，在搜集和使用大数据方面达成规模经济。

信息是金融的核心，是金融资源配置的重要基础。在金融信息中，最核心的就是资金供需双方的信息。中小企业与成熟的大型企业相比，信息不够透明，是其产生融资约束的重要原因。众多中小企业并不拥有正规且标准的财务信息，选择披露财务信息的中小企业其披露质量也可能不及大型企业，因此利用这些信息进行信用评估准确性值得怀疑。中小企业的信息不透明除了其自身能力有限难以标准化财务报表以外，还有另一层原因，由于中小企业的经营模式一般较为简单，易于被同行模仿或复制，往往其在经营渠道上有一些独特优势，例如与大型企业之间的供销关系等。而这类中小企业也不愿意公布日常经营的具体交易金额和交易对象，以保持自己的竞争优势。因此中小企业的信息不透明既有客观上缺乏专业会计审计人员导致的财务信息不规范，也有主观上不愿意完全披露自身经营细节的原因。

在缺乏财务信息的情况下，银行等金融机构就难以正确评估中小企业的信用水平、企业的发展前景，以及投资项目的效益。根据信贷配给理论，对中小企业的贷款决策就

会更加谨慎，信息不对称降低了中小企业的融资可得性。当中小企业提供财务信息这类硬信息有困难时，可以从寻找其他方面信息的角度入手，数字金融为识别软件信息提供了可能。除常规财务信息以外，也有其他多方面的信息能够真实反映中小企业的经营情况，例如中小企业主或主要管理人员的个人信息、企业生产经营场地的水电信息、企业的上游供应商信息、同行评价的信息以及企业所在地社区评价等信息，这些信息对中小企业的信用评价也具有重要意义。

（一）数字金融搜寻、识别和处理信息的优势

数字金融对于中小企业信息的搜寻、识别和处理具有明显的三大优势：一是在数字经济时代，中小企业经营过程会产生更多的数字信息，特别是对于中小企业来说没有披露义务的信息，让信用评估不再是“无米之炊”，并且数字技术可以搜寻和识别到更多维的信息；二是区块链技术、加密技术等数字技术能够让大量信息被使用的同时还能保证其私密性和安全性；三是云计算保证了海量信息的高速处理，不需耗费大量人力物力也可以促成无数的个性化交易发生，每个交易的成本被压缩至极低，这是中小企业融资的长尾效应得以实现的基础。具体分析如下：

1. 数字金融能够搜寻和识别更多维的企业信息

社会网络使得个人与企业的信息快速积累，为企业信用评估提供了大量丰富的信息来源。大数据技术的发展推动了各类信息的使用，过去难以获得和利用的各种信息也有了被挖掘的可能，数字金融提升了信息需求方的数据捕捉能力。中小企业在数字经济社会中有大量的利益相关者，他们也掌握了中小企业的各类数字信息，如中小企业的经营能力、信誉基础、资产情况、中小企业主或实质控制人的个人信息等。某一方面的信息可能不能完全代表中小企业的资信情况，但数字技术的运用使得汇集这些信息变得容易，将所有信息汇总处理就能得到完整的企业画像。

数字金融借助数据挖掘，能够获取到多层次、多渠道的中小企业的“另类”信息。比如对于非标准化信息，数字技术能够将其标准化，一些在现实场景中并不好量化的特征事实可以通过数字手段变为量化数据。例如，农业领域包含种植业、养殖业、渔业、饲料加工业等多个农业细分行业，其中每个中小企业的产出品也都不相同，难以用统一的工业制成品标准去加以衡量。很明显这类信息具有显著的非标性。数字技术能够通过量化手段来处理数据，构建统一的算法模型，将不同标准的农业产出品信息进行量化处理，使非标数据也能够被最大化利用。数字金融通过信息识别缓解了企业与资金方的信息不对称。

此外，在中小企业得知自己的各类真实信息会更容易被资金供给方得知之后，也会对其行为形成约束，减少中小企业道德风险和逆向选择情况的发生，企业信誉度也会随之提高。

2. 数字金融在方便数据使用的同时也保证了数据的安全性

数字金融提升了金融市场中资金供给者获取维度更多元、覆盖范围更全面信息的能力，而信息爆炸式的增多也对数据安全提出了挑战。根据上文描述，中小企业也许会不愿意直接公开披露自身的某些交易数据，而数字金融智能审贷和风控模型可以实现没有

人为干预的情况下，通过人工智能运算得出信用评价结果，解决了企业数据隐私的问题。在多方参与的情况下，区块链技术和加密技术可以使数据在不出域的条件下被交易多方所使用，并且可以隐去中小企业的原始信息但又不影响资金提供方或第三方利用其数据进行资信水平评估和风险建模，保证了信息识别和处理的安全可靠。

3. 数字金融提供了对融资需求快速处理的能力

金融机构使用云计算技术则不需要自行搭建完整的集中式构架，通过云端处理大量复杂的中小企业各类信息，可以直接给出资金需求者的信用评估结果、风险定价结果，以及动态违约概率。并且不需耗费大量的人力、物力成本，能够使更广范围的中小企业都能享受融资服务，金融机构方也可以由此实现中小企业融资市场的长尾效应，获得接近于向大型企业提供贷款的收益。

（二）信息识别在不同金融市场对中小企业融资的作用

数字金融能够丰富信息来源，加强信息识别，保证信息安全，在各类金融市场中起到缓解信息不对称支持中小企业融资的作用，一是在信贷市场，二是在资本市场。

在信贷市场中，数字金融可以通过信息识别路径打通融资阻碍。金融机构基于大数据统计分析模型能更有效地筛选中小企业借款候选者，从根源上克服资金供给方与中小企业的信息不对称，令信息具备成为抵押品替代物的可能性。在传统信贷市场上，银行等金融机构在进行贷款决策行为时过于依赖借款人的财务信息和抵质押品、担保品等，决策依据较为单一，数字金融通过挖掘更全面的企业信息有效缓解“信贷配给”现象。上文关于数字金融搜寻、识别和处理信息的优势可以完全用于信贷市场上的中小企业融资。现实情况中，央行征信系统也应用了数字技术进行升级，使其包含尽量多的企业信息，市场方面也自发形成了各具特色的信用评估系统和风险控制系统。市场给出的征信评价可以作为传统征信的补充，弥补了中小企业缺乏传统抵押担保的缺陷，为中小企业获得融资甚至获得信用贷款提供了依据。金融机构利用数字技术可以建立新型的中小企业甄别流程和授信方式，降低抵押担保的比例，支持中小企业融资。数字金融通过信息识别路径打通了中小企业信贷市场融资的阻碍，促进了其融资约束的缓解。

在资本市场上，充分且真实的企业信息也十分重要，可以使投资方更清楚地辨别其中的“好企业”，使好企业降低融资约束。虽然相比未上市的企业，资本市场的企业信息披露已经较为充分，但仍有不规范的行为出现，而数字技术可以通过加强信息识别来缓解这一问题。例如，由于企业所有权和经营权的分离，上市企业可能会出现财务造假的现象，投资方因其处于信息劣势地位而受到权益侵害，也会影响企业自身的融资计划，损害资本市场的基本信任环境。因此，及时有效地识别财务舞弊行为是增强企业信用，降低信息不对称的重要途径。数字金融因其对数字信息拥有天然的强掌控能力，能够通过高质量、强曝光的信息披露来提高企业的信息透明度，从而降低信息不对称，因此数字金融能通过高质量的信息识别来缓解资本市场中小企业的融资约束。

第六章　数字经济推动国际贸易产品多样化

第一节　打通市场需求端至供给端的信息渠道

数字技术的应用打通了市场需求端至供给端的信息渠道，使得出口生产企业能够更加快速、直接地了解多样化的市场需求信息，消费端的个性化需求能够及时反馈至供给端，生产流程的智能化、模块化加快了个性化、定制化贸易产品的产出速度。在个性化需求不断被满足的同时，新的需求也不断被激发。由于能够迅速、准确地把握需求信息，出口生产商进行差异化生产可以获取更高收益，最终推动了我国出口产品的多样化发展。

一、数字化转型背景下新消费需求创造的机理分析

供给和需求在不断地从不平衡到平衡再到不平衡的往复过程中，去追求市场的效益最大化。有新的供给出现时，需要去挖掘针对新供给的需求；有新的消费需求涌现时，需要有与之相匹配的新供给来给予满足。因此，在不断追求市场均衡的过程中，实现深化供给侧结构性改革和需求拉动的双侧驱动对经济发展的促进作用。

因此，供给侧结构性改革的市场目标应是更精准地匹配和引导消费需求，而实现有效需求是平衡市场供给和去产能、去库存最直接的良方，否则就会出现一边产能过剩，一边还有很多需求未被满足的情况。在当前背景下，大量的消费活动从面对面的传统交易方式，转移到通过互联网即电子商务的方式上来，但仅仅是交易的数字化还不能实现供给侧和需求侧的双向驱动，数字经济的发展要求是对从生产厂商到用户的多个部门，包括供应商、电商、物流商、仓储商以及在线支付和技术提供的其他服务商，全链条地实现数字化转型。新基建下的通信设施提升和5G技术网络覆盖、政府促进零售行业数字化转型的政策支持以及人工智能技术在零售环节中的应用，都在共同促进后疫情时期市场消费活动的加速数字化转型升级。

（一）数字化转型中消费活动的二维性

随着无现金支付在人群、行业、地区的覆盖率越来越高，人们的消费理念和行为逐步适应并开拓网络消费时代的到来。同时，人工智能技术在不断产业化、平民化的过程

中与消费活动深度融合，使其从传统的面对面交易和单渠道、独立的供需链，转变为通过数据交换设备的活动和多渠道、网状交织的供需链，具体如图 6-1 所示。

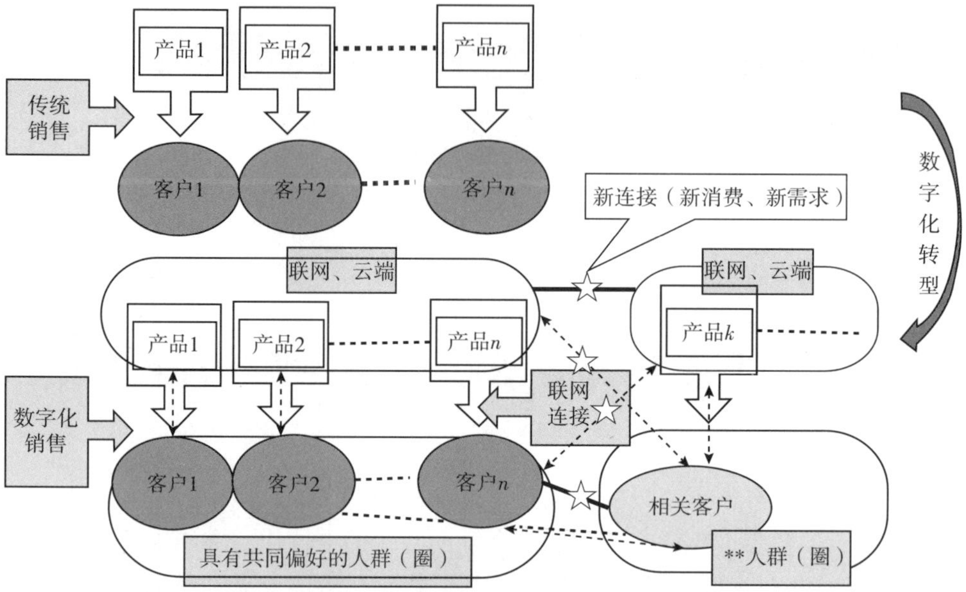

图 6-1　数字化转型背景下新消费需求创造的机理

传统的消费活动是客户根据需求去市场供应商或销售商购买并完成交易，因此传统的营销是广而告之，但客户之间没有必然的联系，购买同一款产品的客户人群是分散的，同时市场的各个产品之间除了商家的捆绑销售外也是分散且独立的。进入数字化转型期，产品从生产商到客户的传递过程都与互联网连接起来，于是我们可以发现：

1. 产品之间的连接形成二维性

生产供给端提供的产品和服务是交互和连接的，这就是我们说的物联，例如小米公司的音箱、台灯、空气净化器彼此都可以连接到同一个终端客户，因此图 6-1 中的产品 1 和产品 K 的客户可以产生关联，这种关联便是需求。所以，产品与消费客户之间不再是一对一，可以多对一，一个客户拥有一个产品即拥有了这个产品所在的云端资源，因云端资源而连接起来的产品之间形成了云端共享互联，具有实体与虚拟的二维性。

2. 客户之间的连接形成二维性

具有二维性的产品传递到终端客户，终端客户在使用产品的过程中便与所有使用同款产品的客户之间形成了“粉丝圈”（具有共同偏好的消费人群 / 圈），这种现实生活没有必然联系的人群在消费平台上便形成了“圈”，是搜索或购买同类产品的人群。互联网消费平台便可以智能捕捉共性从而进行营销，因此数字化转型期的市场营销模式变成“窄而交互”，成本降低，效果精准。如图 6-1 所示，共同享受和使用同一个云端资源的客户 1……客户 n，形成了虚拟化的“圈”或“社区”，具有了实体和虚拟的二维性。

3. 消费过程的二维性

如果单纯从线上消费，客户的体验感不足，而实体店消费时间成本较高，因此产品从供应商和销售商传递到终端客户的过程也需要实现二维性。例如，在优衣库实体店购物过程中，可以通过在其网络消费平台上扫描和搜索款式，快速发现客户需要的产品并在实体店穿戴体验后完成消费，甚至可以根据供应商提供的产品信息给客户匹配到就近其他实体店的同类款式等，这是零售业的线上线下深度融合，当购物车、穿衣镜等不断被加入人工智能技术，那么客户体验和需求与产品的供给会更加精准和高效。

4. 市场的二维性

实体和虚拟同时存在和交互的市场是二维市场，在虚拟市场里人与人、人与物以及物与物之间的关系都呈现复杂的网状结构。因为产品的二维性，使得产品在实体市场上以传统方式交易的同时，能够在虚拟市场上交易其数字化载体，这个数值化载体被称作“数字孪生”（朱岩，2020）。市场中实体生产企业、销售商、消费人群以及产品都需要有一个数字孪生在虚拟市场上实现产业链的数字化转型，这就是完整产业互联网。因此，虚拟的市场会把地理上的地区模糊化，而产业特色和消费者偏好会更加凸显。

（二）数字化转型中的新消费需求创造

数字化转型中供需之间不再是单链的模式，而是网状交互的模式，因此新需求新消费的创造是有新的连接产生。如图 6–1 中标注“☆”主要有四种方式：一是生产商在产品之间创造新的互联；二是在产品与新客户之间建立连接；三是在新的产品和原有客户之间建立连接；四是捕捉新的偏好，形成新的“圈”，发现新的关联客户。本质上来说，这是利用新的生产力建立新的生产关系的过程。在数字化转型过程中，掌握和运用数字化技术，通过价值赋能、技术赋能、生态赋能、人才赋能实现供给侧生产端的数字化，包括企业数字化、产业链数字化乃至产业生态的数字化。

需要着重强调的是，采用上述分析框架来研究新连接的创造，将自动排除单纯依靠实体产品数量增加而获得产品与新增客户的传统单线连接方式，通过借助市场的二维性，在二维市场中将产品的数字化内涵、客户虚拟“圈”以及从产品到客户之间各环节活动数字化，形成的新连接。

二、新消费需求创造对供需双侧驱动经济高质量发展的动力机制

新的消费供给带来需求的增长，新的消费需求也会激发供给的创新。党的十九大报告指出，要增强消费对经济发展的基础性作用，就要通过新连接撬动供需两端新的增长，供需双侧驱动下的经济高质量发展，就是不断有新的供给和新需求交替产生，在追求更高水平的供需平衡中提振市场，平稳度过危机，实现经济的稳定和发展。从上述分析框架中可以得出四种新连接产生的方式，代表了四条新连接驱动供需端形成新平衡的动力传导路径。

（一）产品之间新连接引发的供需再平衡（见图 6–2）

在数字化转型条件下，生产商通过大数据、云计算、人工智能等数字技术在产品的数字内涵之间建立新的连接，不仅使产品 1 和产品 2 通过云端数据共享、智能传感器等

联系起来，产品原有的客户圈也会从单一转变为复合，因此无论是产品 1 还是产品 2，其客户圈都加入了对方的客户圈而迅速扩大。在排除系统外风险的情况下，这种扩大引发需求的新增，为了追求新的平衡，市场的供给会增加，逆向触发生产商追加投资扩大生产规模，同时通过数字化技术做强数据共享网，以求建立更多的新连接，促进产业做大做强。

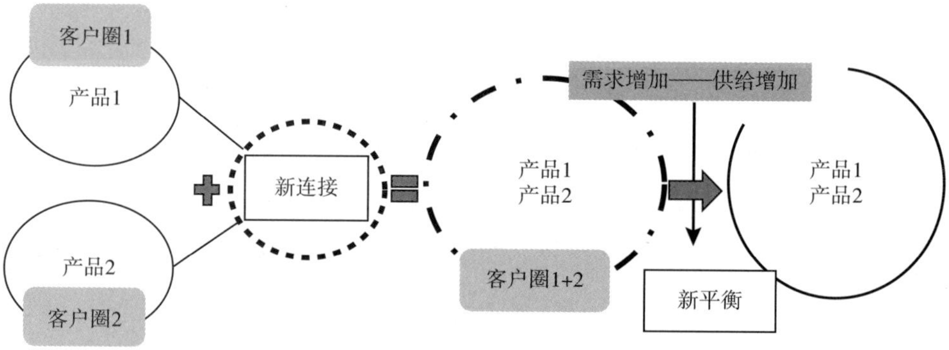

图 6-2　产品之间新连接引发的供需再平衡

（二）产品与新客户之间新连接引发的供需再平衡（见图 6-3）

当产品 1 成功捕获新客户时，由于客户圈的二维性，消费平台通过搜索、交易、咨询等大数据会将新建立的连接转化成新的偏好，在新的偏好圈中迅速扩散，继而产品的客户圈得到扩大，在排除系统外风险的情况下，为了实现新的平衡，产品 1 的市场供给会增加，逆向触发生产商追加投资扩大生产规模，同时增加数字化宣传推送以求挖掘更多新客户资源。

（三）新产品加入引发的供需再平衡（见图 6-4）

当生产商将产品 1 改造升级成的新产品或全新打造的产品投放市场之初，需要借助已有的产品 1 的客户圈建立新的连接，通过对已有的客户圈增加新供给培养客户的新偏好，从而在客户二维性和市场二维性的双重效应下扩大需求，并且当新产品投放市场后逐渐形成了自己的客户圈，那么产品 1 与新产品之间建立的新连接就如同上述路径 1（见图 6-2）所示，引发需求增量，市场活跃度提升，在排除系统外风险情况下，生产商成功利用新产品拓展了市场，提高了效益。

（四）捕捉新偏好引发的供需再平衡（见图 6-5）

随着数字技术的应用深入到从生产到消费的各个环节，人的交易记录、浏览记录等形成的大数据给第三方消费服务平台提供了大量的基础数据，通过设置不同的算法，捕捉到具有相同行为偏好的人群，是平台提供智能化消费服务的关键。当捕捉到新的偏好，平台服务商就会建立起新偏好的客户圈，给圈里的客户推送符合偏好的相关产品，新偏好客户圈将会进入相关产品客户圈的网状结构中，扩大了相关产品的客户圈，偏好圈也新增了产品，需求和供给两侧同时产生增量，在排除系统外风险情况下，达到新的平衡。同时，不断出现关键词和标签化的趋势，也促使生产商专注产品特色开发，增加客户黏度。

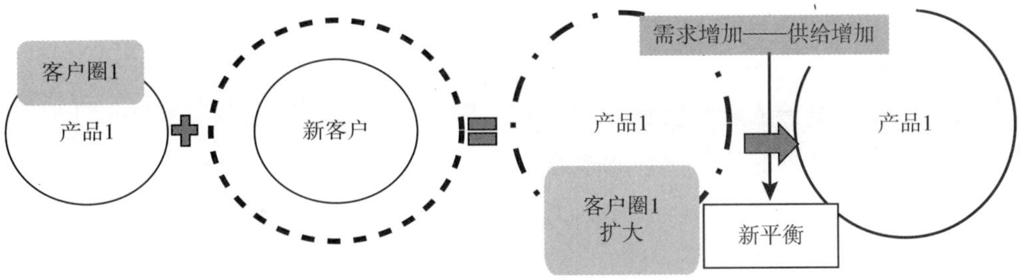

图 6-3　产品与新客户之间新连接引发的供需再平衡

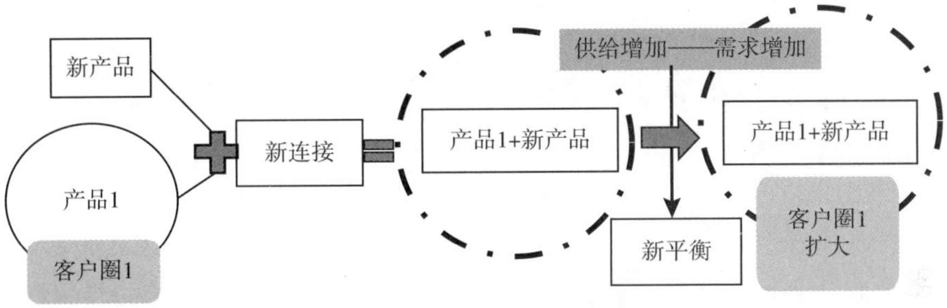

图 6-4　新产品加入引发的供需再平衡

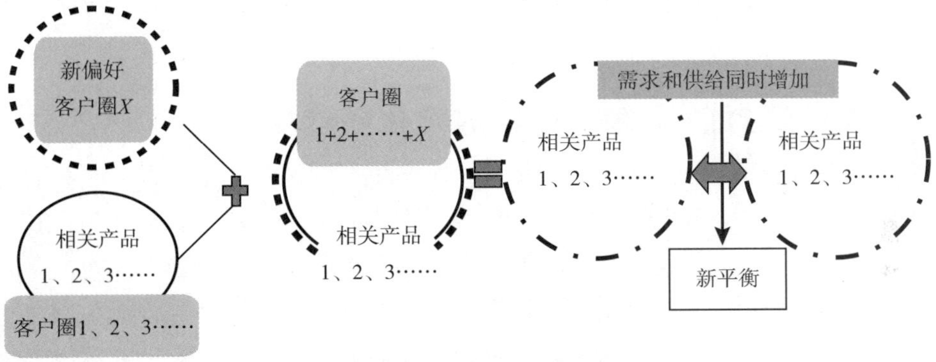

图 6-5　捕捉新偏好引发的供需再平衡

第二节　打破了实体交易市场的时空限制

互联网市场打破了实体交易市场的时空限制，使得小众商品也能够具有规模经济与范围经济效应，进而推动个性化、定制化产品出现在贸易市场当中，使贸易产品呈现多样化趋势。一方面，出口企业展示产品的货架由“有限”趋向“无限”，能够以近乎为0的边际成本在互联网市场中展示更多商品。另一方面，出口市场范围大幅扩大，出口企业能够联通全球市场销售产品，这就使得小众商品能够在全球市场的加成下拥有规模经济与范围经济带来的超额收益。

一、“上云用数赋智”创造数字化新连接

自党的十九届四中全会提出把“数据”作为生产要素，对生产企业而言，利用数据去创造更大的价值是其数字化转型的根本要求。2020 年 4 月 7 日国家发展改革委和中央网信办联合印发《关于推进“上云用数赋智”行动培育新经济发展实施方案》，为生产端企业数字化转型指明了方向，就是通过大数据、云计算、人工智能等先进技术来改变现有的生产关系，让生产关系数字化。生产企业在二维市场中不仅要使产品数字化，也要使企业数字化，即打造“数字孪生”企业。

目前很多企业已经做到生产业务流程的数字化，但还需要转变经营管理模式，根据消费的趋势和变化来思考和设计产品内涵，使数字化产品的价值得到释放和提升。通过建立各个产品的数字化连接，云端大数据将成为企业调整市场供给、精准开发细分市场的强大支撑。小米智能家居就是这样不断地将产品与产品之间建立数字资源共享，使产品之间的用户终端也实现共享，于是当每个新产品进入二维市场时，潜在的用户群就是所有已购买使用小米产品的人群。

因此，数字化转型背景下生产企业端要更多地创造新连接，不仅需要技术创新升级产品，不断有新产品投放市场，还需要利用区块链等技术，将自己的大数据资源与其他大数据库安全高效合作，才能在更多的产品应用上功能多元化、满足更多消费需求，如智能冰箱与生鲜配送的连接和数据资源共享。数字化新连接的建立将实现更多的产业跨界融合。

二、“人工智能+零售”创造数字化新连接

通过在消费的过程中贯穿人工智能技术，跟踪生产到消费的全过程，并对消费者的行为进行数据化的分析，这便是“人工智能 + 零售”。现在已有许多单个产品或一组产品的智能化植入而催生的新消费行为，如智能音箱下单购物等，这种人与物之间的新连接为消费提供了新消费场景和渠道，使消费更为随心所欲，这恰是符合消费行为变化逻辑的。根据清华大学互联网产业研究院的零售行业研究报告分析，零售业在智能化的过程中经历了电商的兴起（2003 年淘宝网）、团购的推广（2010 年美团）、外卖行业的发展（2013 年美团外卖）、无现金支付时代（2013 年微信）到人工智能新零售的五个阶段。目前智能新零售阶段的典型特色是全渠道营销、智能化识别、精准服务、社交体验，以消费者为中心，更加注重线上线下的深度融合。

（一）店仓一体化模式

银泰喵街便是一个线下银泰商城与线上天猫喵街深度融合的智能化新零售综合体，线下实体店将服务体验、仓储和分拣配送作为一个整体，消费者可以选择线下体验再线上购买。因此，原有的老牌商贸体必须数字化融合转型，或与线上平台强强联手。

（二）制造与零售无缝衔接模式

天猫国际进口超市为线上零售商与商品制造商或国外供货商之间建立无缝衔接的关系，随时追踪产品的来源，了解制造商及商品的详细信息，零售商能及时掌握商品流通

过程中的情况，尤其是消费者的购买使用情况，并以此调整自己的商品。因此，M2C模式在更多传统制造与智能零售之间架起了连接，可以借助已经成熟的网零平台连接特色产品的生产与消费环节。

（三）场景化购物街模式

未来的零售电商会更注重实体场景的融合，实体店会更加注重将互联网技术融入消费者的购物体验中。场景化的购物街模式打破互联网线上边界，在实体店铺的穿衣镜、购物车等设备中加入智能技术，形成一条街购物车式的消费体验，这就是打造二维场景中人与物、物与物、人与人增加数据交互形成新连接。例如，目前有些地方在尝试打造的“新零售示范街”，文化旅游休闲购物于一体、线上线下场景一体化建设包含文化特色的“智能新零售街区”，将成为城市一大旅游消费亮点。

三、“平台+偏好”创造数字化新连接

每一个消费偏好的产生都会形成一个细分市场，从而引发新供给以追求新平衡。数字化消费时代，通过网络消费服务平台产生的交易、浏览、咨询等信息数据构成了平台的大数据系统，可以通过设置关键词搜索、浏览频次、购买记录等计算出具有相同或类似偏好的用户人群（粉丝圈）。例如，淘宝、京东等购物平台通过捕捉偏好，在虚拟市场里建立一个个新的偏好圈，根据偏好智能化推送偏好相关产品和服务，使平台的用户与相关产品建立起新的连接，以达到需求的增加。又如，抖音等短视频消费平台还可以在偏好圈里建立社交连接，用户与用户之间通过点赞刷视频成为具有共同偏好的好友，这不仅仅是共同享受偏好资源又互相独立的用户人群，而且是互相有数据交互（聊天、分享等）关系的人群，好友间推荐分享产品可以创造大量新连接。

因此，消费服务平台通过创新各类主题购物节活动，如美妆节、生活节等，不断聚焦相同偏好的用户群，通过付费会员、年龄分类、个性标签等方式深入细分用户人群的消费水平和需求偏好，有利于建立更加精准的二维客户圈。例如，美团、饿了么等消费平台通过大数据分析捕获到中老年偏好“圈”和消费特点，平台注册商户或政府相关部门通过有价购买平台数据获取目标人群的信息（价值赋能），推出针对性的产品、服务及政策，激发“银发消费”。再如，实行错峰消费，商家可以在工作日的低峰时段设置更多的针对中老年人的优惠项目；采用特色消费，商娱综合体可以设立中老年阅读休憩专区，针对中老年人的健身、外卖等特色项目引导和培养偏好，从而创造新的消费需求。

四、“新项目供给+消费政策组合拳”创造新连接

（一）新项目供给

发挥地方特色，培养消费偏好。采用“购物节”“展销会”，创造“节点消费”。要选择与对口的互联网平台合作，力求线上线下充分融合，充分宣传造势，扩大影响范围，不仅是拉动本地居民的消费增量，还要通过网络拉动输入性的消费增量。例如，西安、成都、杭州等地政府积极推动夜间经济项目，迎合居民夜间消费多样化需求，延长消费

的时间，拓宽消费的场域；夜间博物馆、24 小时书店、专题艺术馆、特色演艺、书场、老字号、文创店等新项目催生新的市场主体和市场供给，培养与之匹配的偏好，大力发展和开放各类现代时尚休闲娱乐业态，培养新的消费偏好，创建更多新连接。已有不少城市开辟夜间经济示范区，整合夜间经济生态圈，增强集聚效应。

（二）消费政策“组合拳”

释放“冻结消费”，催生“新型消费”。新冠疫情期间，居民的消费需求被压制、被冻结，但借助互联网的宅经济、非接触、云生活等消费业态兴起，顺应了数字经济时代的消费趋势。疫情让传统消费“改头换面”，催生新业态、新模式，远程办公、在线诊疗、网络课堂等迎来爆发式增长。传统业态必须进行数字化转型，从“面对面”换成“屏对屏”“网上问诊”“线上教学”“云健身”“主播式营销”等“互联网 +”模式，加快了线下向线上迁移融合，在二维市场中产品生产、流通、销售的各个环节也都正在经历二维化。这一时期，从中央到地方制定出台了多项政策以增强消费信心、提振市场，以政府积极的财政政策释放利好信息，稳定民心，增强消费信心；通过平衡供给侧和需求侧的公共支出，在给企业补贴、税收减免等的同时继续增加公共支出对有效需求的拉动。从目前来看，各地政府主要是通过发放各类消费券拉动实体消费，例如通过文旅消费券、商超消费券引导严重受疫情冲击的行业，释放消费力，给复工复产注入现金流。

另外，各地政府各显神通刺激消费，出台了一些个性化的政策，形成“组合拳”。例如，浙江 2020 年 3 月 23 日印发《浙江省人民政府办公厅关于提振消费促进经济稳定增长的实施意见》，鼓励实施一周 4.5 天弹性工作制，即通过延长 0.5 天的假期释放出 2.5 天假期的消费潜力，以此来推动周边游、乡村农家休闲采摘、亲子餐饮娱乐等消费项目。又如，绍兴出台汽车消费“十条”新政策，引导和鼓励新能源汽车消费。但消费券作为政府的专项公共支出毕竟是短期的，以引导、刺激为主，最终消费需求的增加还需要通过新的供给和偏好引发的新连接来拉动，要通过不断提高居民收入来提升消费能力和水平，才能有能力迎合新的供给和追求新的需求。

第三节　推动了出口企业满足市场个性化需求

贸易市场竞争加剧推动出口企业主动满足市场中的个性化需求，由内在动力驱动的产品多样化为优化出口产品结构、培育外贸新优势提供了新渠道、新机遇。随着数字经济的发展，贸易“门槛”不断降低加剧了出口市场竞争，而智能化生产调整、互联网赋能下的创新成本降低以及创新溢出效应提升，使得企业能够迅速以较低成本推出相应的个性化产品，由此使得企业具有较强的通过生产差异化产品满足个性化需求的内在驱动力，最终有利于打破长期以来出口产品同质化严重的桎梏，为我国出口提供“质”的可持续增长点。

一、跨境电商环境下新型专业市场的产生

专业市场由无到有，由小到大，由区域到区际，由国内到国际，由有形到无形是一个层级发展和技术进步的演进过程。全球经济一体化的发展使得专业市场国际化显得极其重要，专业市场的国际化不仅能提升产品的知名度和品牌效应，还能促进市场劳动分工的细化和产业链合作的国际化，提高产品的满意度，从而提升用户的黏度和供应商的利润。专业市场实现国际化的传统方式是通过在一个固定的场所举办会展或展销等一系列活动来吸引和集聚大量的买卖方及代理采购商，促进市场中贸易各方的合作和交流，但这种交易往往会受到时间和地域的限制，而且每年举办这种大型的展会次数有限，不利于市场的快速扩张。且在专业市场的实际交易过程中，也存在着信息搜寻成本高和信息的不对称性等问题，增大了交易过程中的不确定性和风险性，提高了交易成本。

近年来，信息技术和网络技术的快速发展，特别是电子商务的产生，严重冲击着专业市场原有的功能和优势。因而，市场要实现持久发展和国际化发展就必须转变其交易方式，强化其规模报酬递增机制。专业市场通过与信息化和网络化技术相结合，实现有形市场和无形市场的融合和联动发展，在此过程中，国际贸易买卖双方、中间服务商以及产业供应链上下游等各个经济主体都在各自不同的层级上依托信息平台实现着专业化分工和全球价值链的重构，从而使国际贸易活动的形式和路径呈现出多样性和灵活方便的特点。在贸易方式上，以本地专业市场为依托，利用电子商务等技术手段，实现跨时空和跨地域的交易，为全球商人提供全新的小商品自由贸易渠道和商务服务，由此就产生了跨境电商环境下的新型专业市场。

二、跨境电商环境下专业市场转型升级的必要性

中国借助专业市场这个集聚了大量的信息流、物流和资金流的平台，实现了内外贸易的蓬勃发展，打破了“专业市场消亡论”的魔咒，创造了各具特色的地方区域经济发展模式。在交易过程中，大量的生产者、销售者及服务中间商等市场主体都集聚在市场产业协作空间内部，形成本地型开放性经济社会关系网络，由此吸引了各类行业集聚在专业市场空间中，实现企业间跨行业跨部门的分工合作。然而在 21 世纪，随着全球经济一体化和信息技术的发展，专业市场在进行国际贸易活动过程中暴露出了许多问题：传统的专业市场进行国际贸易活动过程中往往会受时间和地域的限制、商品和交易的信息不对称、同质产品严重、产品和服务缺乏个性化、用户粘稠性差导致市场增长后劲缺乏、交易效率低、交易成本高等问题。面对这些问题，我们应该思考如何利用现代化信息技术和电子商务技术来提升专业市场在国际贸易过程中的优势地位，积极融入全球产业链分工协作体系中，提升专业市场的国际竞争力，促进中国由“制造大国”转变为“创造大国”，因此，专业市场利用跨境电商实现国际贸易方式转型升级是很有必要的。

首先，跨境电商的发展和应用细化了国际贸易中各经济个体的劳动分工，使最大化地利用内生比较优势及交易效率成为可能。此时，国外买方可以借助跨境电商完成

原先需要进入出口国展开的相关贸易活动，实现市场产业分工协作网络向国际化层次扩张，而市场经营者可以在交易效率极大提高的条件下完全专注于境内贸易，中间采购环节则可以完全借助跨境电商直接采购或委托给中间服务商进行代理采购，使得贸易买方和代理采购商减少乃至不再直接去专业市场采购商品。这种专业化分工能减少贸易的冗余环节，提高了交易效率，并能促进国际贸易中各经济个体依靠跨境电商平台更为紧密地卷入劳动分工协作体系中。与此同时，国际贸易中的各经济个体可以利用电商平台收集并预测客户的个性化需求，通过构建动态的虚拟联盟组织，促进产业链上下游企业间的分工合作，从而实现及时高效地响应客户的需求。因而，跨境电商的发展使得原先进行国际贸易的各个经济主体更为紧密地融入分工协作体系中，并以不同的协作方式嵌入市场的网络化分工体系中，低成本高效率地完成国际贸易活动。

其次，与传统的国际贸易方式相比，跨境电商有其自身的发展优势。

跨境电商平台上集聚了大量的市场信息，通过互联网的公开与共享特性，国际贸易中的各经济个体能很方便快捷地获得自己所需的信息，并及时地参与到市场的专业化分工网络中，实现贸易双方及服务中间商以不同的经济或服务形式参与到市场的贸易活动中，而且依托跨境电商平台，国际贸易的买卖双方可以突破交易时间和地域的限制，使贸易活动全球化和 24 小时在线交易成为可能。

跨境电商降低了企业进入国际市场的门槛，开拓了国际贸易交易方式的新途径，促进更多差异化、低价、高质量的产品和厂商进入国际市场，而电商平台的集聚效应和共享性，提高了产品或服务的透明度，也为贸易买卖双方的交流和交易提供了便利条件。而信息化的管理手段，可以大大地减少传统国际贸易活动中的冗余、低效环节，提高贸易的交易效率。

跨境电商可以提高国际贸易信息化产品的传递效率，实现在线洽谈和交易，利用云技术实现精准预测客户的消费偏好，达到减少库存成本的目的。此外，还可以促进市场经营户大规模定制生产个性化和多样化的产品零配件或模块化成品，从而敏捷及时地响应客户的个性化需求。当然跨境电商的小批量、多批次和高频率特点也是适应当前国内外经济形势的有效贸易形式。

第七章　数字经济推动国际贸易组织结构网络化

第一节　推动组织分工的进一步细化

数字经济的发展使得市场协调成本不断降低，推动了分工的进一步细化，赋能形成网络化生产组织方式的同时，降低了由信息不对称带来的资源错配。数字技术的应用使得信息流通的效率不断提高，大幅度降低了企业间以及产业链间的沟通与协调成本，由此推动了我国出口生产中的分工细化，充分释放了由分工专业化带来的生产效率提高，进而促进了我国整体出口竞争力的提升。同时，数字技术的应用提高了生产资源的协调管理水平与配置效率，企业能够更加快速地根据外部市场信息调整内部生产结构，将生产要素配置到真正需要的产品生产当中。从产业角度看，互联网的“全国统一市场”特性推动了出口生产的跨区域协调与分工，由于产业链上下游企业以及产业链间能够快速进行协调，区域内的产业会将更多的生产资源配置到更具比较优势的行业，由此减少了区域间的资源错配，有助于提升我国整体出口竞争力。

一、新型国际分工以及对贸易的影响

（一）国际分工的定义及类型

国际分工是指世界上各国之间的劳动分工，是各国生产者通过世界市场形成的劳动联系，是国际贸易和各国经济联系的基础。社会分工产生于原始社会末期，但由于当时的生产力水平低，还没有从社会分工发展到国际分工。直到资本主义生产方式确立以后，国际分工才发展了起来。按照不同的分类标准，国际分工可以分为不同的类型，接下来主要介绍两种分类标准。

1. 按照国家的经济发展水平分类

按照参加国际分工国家的经济发展水平，国际分工可划分为三种不同的形式。

（1）垂直型国际分工

垂直型国际分工是指经济发展水平差异较大的国家之间进行的国际分工。它分为产业间垂直分工和产业内垂直分工两种。产业间的垂直分工指部分国家提供初级原料、部

分国家提供制成品的国际分工形态。产业内垂直分工是指国家间在某一产业内资本技术密集度高的产品与资本技术密集度低的产品上的分工，或指某一产品技术含量或附加值高的生产环节或技术含量或附加值低的生产环节之间的国际分工。目前，世界各国的经济发展水平差异依然悬殊，甚至有两极化的趋势，垂直型分工仍然是一种重要的国际分工形式。

（2）水平型国际分工

水平型国际分工是指经济发展程度相似的国家之间进行的国际分工，如当代发达国家在工业制成品上的分工就是一种水平型国际分工。水平型分工主要由于规模经济、不完全竞争、需求差异、历史等因素形成。也可以分为产业间水平分工和产业内水平分工。

（3）混合型国际分工

混合型国际分工是垂直型和水平型相结合而形成的国际分工形式。混合型分工的典型代表是德国，德国从发展中国家进口初级原料，向其出口工业制成品，属于水平型分工；从发达国家进口科技含量高的零部件或设备，并向西欧、北美等地区发达的资本主义国家投资，属于垂直型分工。

2. 按照国际分工的产业深化程度分类

按照国际分工的产业深化程度，可划分为三种不同的国际分工形式。

（1）产业间分工

产业间分工是指国际分工在不同产业间进行，主要特征是发展中国家从事资源类初级产品的生产，发达国家从事制成品的生产；或者是发展中国家从事劳动密集型产品的生产，发达国家从事资本、技术密集型产品的生产。这种分工格局中的产业边界是清晰的，也是垂直型的国际分工。

（2）产业内分工

产业内分工即国际分工在同一产业内（产业是 SITC 中前三位数相同的产品，即至少属于同类、同章、同组的商品）进行。最初的产业内分工主要发生在发达国家之间，以产品差异化和规模经济为基础，属于水平型产业内分工；后来新兴工业化国家和发展中国家也越来越多地介入产业内分工中，发达国家和发展中国家之间的这种产业内分工属于垂直型产业内分工。

（3）产品内分工

产品内分工指国际分工按照产品的不同工序或零部件的不同技术量进行。技能含量高的工序、附加值高的部件一般由发达国家来完成，发展中国家承担的大多是低附加值的初级零部件生产，或者是主要部件依靠进口、承担最后加工组装的工序。

（二）要素配置全球化与中国参与国际分工的变化

1. 对外开放进程与中国参与国际分工的方式

回顾对外开放 40 年的历程，在要素配置全球化的驱动下，中国通过大规模承接国际产业转移，在工业领域吸收了大量外商投资。但是由于缺乏技术，管理落后，在改革开放以来的很长一段时间我们都以一种被动的姿态参与国际分工，而在对外开放政策的刺激下，外资带来资本的同时也不可避免地溢出了技术以及人力要素，而这是中国提升产业发展水平的重要力量源泉，中国参与国际分工的方式也逐步由从低端产业向中高端发展，也从单一产业节点向整个产业链条发展。

2. 国际分工与中国贸易结构的变动

从出口贸易方式的变动结果来看，随着我国对外开放力度的不断加大，作为投资重点领域，中国制造业对大量国外投资产生了吸引，也正是在这一阶段，国外资本大规模进入中国加工制造领域，进而使得中国加工工业的生产能力急剧扩张，也让加工贸易这一方式逐步成为中国制造业参与到全球价值链分工的重要方式。在进入 21 世纪之后，中国工业化发展进程不断深化，工业产业内部结构不断完善，国内产业生产链配套能力都得到较大发展，而这也带动了原材料和零部件的进口替代。生产及配套链条的完善使得一些进口材料转向在国内采购，而这也引起了对外贸易方式的改变，同时这也是加工贸易链条在国内向产业上游延伸的表现，意味着我国占据了产品内分工的更多环节。

二、职业中间商的衍化和发展

“交易服务中间商”所协调的模式可以追溯到原始的工厂组织，即包买商制度，此外，也与当今的服务外包有相似的特点。杨小凯和黄有光（2003）最早使用超边际及一般均衡方法论证了职业中间商的一些特征，但却将职业中间商作为外生变量，没有将生产与交易的分工过程内生到模型中，因而并没有解释职业中间商的作用。后来部分学者突破了杨小凯模型的局限，将职业中间商分为交易服务中间商（佣金中间商、代理中间商）和加价中间商，并将职业中间商内生的加入模型中，从而有效分析了职业中间商是经济系统劳动分工内在演进的结果而不是经济环境给定的。庞春（2009）在总结了前人的基础上，将服务中间商内生性地运用到模型中，并通过分析有效证明了交易服务中间商是专业化和分工水平提高的产物，它是因为贸易交易效率的提高和单位产品交易的成本下降而从生产发展中分离出来的，是经济发展的重要标志。

随着互联网和信息技术的不断进步和发展，电子商务应运而生，使中间服务商改变了传统的代理服务方式，电商平台作为一种信息的集成平台，能减少中间代理服务商进驻买卖国的过程，简化交易过程和交易程序，从而提高贸易活动的交易效率，降低单位产品的交易成本，提升了专业市场的内生比较优势。这是因为，一方面，电商平台的共享性和开放性，使贸易买卖双方、服务中间商更快地参与到贸易交易活动中，促进专业化分工的形成，进而提高贸易的交易效率；另一方面，由于电商平台的集聚性，促使贸易活动中的各经济个体都活跃在电商平台上，并逐步实现规模化和范围化的发展，从而降低单位产品的交易费用。因此，跨境电商使得贸易方式发生了改变，促进市场经营者、国际贸易卖方以及服务中间商分享平台所形成的专业化报酬，以及分工协作报酬等报酬递增效应，而不断完善的物流体系、通关政策、在线支付等降低了货物运输的成本，提高了贸易活动的交易效率和贸易产品的质量。由此，跨境电商环境下的国际贸易方式随着信息技术的进步便内生地产生了。因此，本书认为，跨境电商平台作为一种技术创新手段，通过提供交易的公共平台，使得贸易买卖双方及服务中间商可以更快地参与到分工体系中，因此达到减少传统贸易活动中冗余的交易过程和简化交易流程的目的，从而提高贸易的交易效率，降低了贸易的交易成本，实现提升市场的内生比较优势，并产生规模经济效应和范围经济效应。

三、基于劳动分工下新型专业市场的结构演进

假定专业市场开展国际贸易活动的过程中主要有国际贸易卖方（交易者—消费者）、服务中间商（包括物流公司、电商服务平台、外国自然采购人、外商代理服务商）、国际贸易买方（交易者—消费者）等经济主体，这些经济主体都具有多样化的消费偏好。因此，我们将专业市场经营户进行国际贸易的方式，即将商品销售给国外消费者主要有以下三种方式。

（一）自给自足的经济模式

在这种经济模式中，国家的生产力低下，国家仅仅为了本国的消费而生产 x、y 产品，因而此时的交易效率极低。尽管在生产过程中也会产生中间传递的过程，但由于交易的数量少，所以往往会被看作自己国家生产生活的一部分，此时更多的是开展国内贸易，国际贸易还并未形成规模，因此，国际贸易买卖双方还处于自给自足的独立式国际贸易。

（二）直接交易下的国际贸易方式

随着国际贸易交易数量和范围的扩大，一些市场产业集聚区和专业市场逐渐形成，而部分市场经营者为寻求更大利润，开始尝试与国外批发商或国外采购商开始程度不一的合作。也即市场经营者会将自己所生产的产品定期运往国际市场或与其合作的国外批发商那进行销售，完成国际贸易活动。当然也有部分国外采购商会定期到专业市场内进行采购相关的产品，再将采购到的产品运送到自己本国内进行销售，从而完成国际贸易活动。此时，国际贸易买卖双方通过市场来交换他们的产品，进行国际贸易活动，但中间的服务环节大部分还是由卖方自己寻求专业市场内的服务中间商来协助完成相关的国际贸易活动，或国外的采购商自己进驻专业市场完成相关的活动。总的来说，中间服务活动还是通过贸易双方自己直接负责，贸易双方虽开始了局部的分工合作，而市场的内生比较优势和交易效率并没有达到最大化，却使国际贸易双方的交易活动开始向专业化分工协作方式延伸。

（三）完全分工下的国际贸易方式

随着专业市场对外贸易活动的不断增加，贸易的交易范围也越来越广，专业市场通过国际贸易获得的销售收入比重逐渐增大，因而，专业市场的国际贸易活动也越来越受到国家和地方政府的重视。互联网和信息技术的发展，加快了专业市场国际化发展的进程，而专业市场内的交通通信、物流体系、信息网络等基础设施的逐步完善，促使跨境电商获得了较大的发展和应用。跨境电商的应用使得国际贸易卖方及市场经营者可以直接专注于本国国内贸易，中间采购商借助跨境电商平台直接进行贸易活动，从而减少乃

至不去商品出口国进行采购，而国际贸易的服务环节则可以完全委托给中间服务商。服务中间商可以借助第三方集成平台完成交易双方的信息对接、合同签订、网上交易、物流运输及物流跟踪、货物通关等一系列服务而不用进驻经营者完成交易服务活动，这样就能简化交易的冗余过程和环节，提高交易效率。这种完全的专业化分工促进贸易中的各经济个体以不同的贸易服务方式更为深入地嵌入市场的产业化分工协作网络体系中，而国际贸易组织方式也进入完全分工的阶段。

第二节　推动出口生产的服务化转型

数字技术的发展降低了市场协调成本，生产性服务的“外包”变得可行，而“外包”服务不但能够提高出口企业服务客户的质量，也推动了我国生产性服务业的专业化发展。

一、数字经济对服务贸易的影响

（一）数字经济促进服务贸易竞争力提升

1. 数字经济促进服务贸易新业态的崛起

随着电子商务、共享经济、数字支付、人工智能等新技术的崛起，数字经济推动了服务业业态创新，促进了服务贸易虚实结合，打造了创新型数字服务体系，为现代服务业与第一、第二产业的融合提供了契机，实现各产业数字化、信息化，促进了产业结构升级，提高了服务贸易质量与国际竞争力。

2. 是数字经济赋能传统服务贸易升级改造

数字经济为传统服务企业提供了数字平台和数字技术，用互联网连接供需两端，改进了服务贸易模式，从而提高服务贸易智能化，减少服务贸易成本，推动服务业的数字化转型。另外，数字经济使得在传统模式下不可贸易的项目可贸易化，服务贸易种类更加丰富，规模更加宏大，结构更加优化。

3. 数字经济促进服务贸易全球价值链攀升

数字经济推动产业结构升级的同时，服务贸易的整体或者部分环节的数字化发展，降低了信息不完全及空间距离对服务有关交易的约束，也使全球价值链中间环节缩短，进而有助于服务贸易的全球价值链升级。

（二）数字经济促进服务贸易效率提升

1. 数字经济可以优化资源配置

数字经济使资源得以实现数字化处理，减少信息不完全带来的弊端。数字经济借助互联网平台突破地域限制，聚集各类信息并进行加工和传递，实现资源的快速调配，最大化发挥数字化的外部效应。数字经济通过对数据的梳理和优化使其变成数据信息，利用数字化消费和数字化产业渗透进市场。数据这种新型生产要素，边际成本较低，与资本、劳动等传统生产要素相配置，融入从生产到消费的过程，扭转陈旧的市场投入模式，克服传统生产过程中边际生产力递减限制和资源紧缺束缚，大大提高了要素综合生产力、优化要素配置效率。

2. 数字经济能够降低服务贸易成本

首先，数字经济可以更改传统服务业的生产与经营方式，降低获取信息成本、交易成本及时间成本，如线上医疗、跨国咨询、在线学习等。

其次，数字经济助推服务贸易打造规模经济优势。数字经济使得服务贸易种类得到了丰富和拓展，跨境电商的崛起开拓了国际市场，数字经济的低边际成本降低了相关企业的总平均成本，有助于相关企业扩大规模，带来规模效应的好处。

3. 数字经济实现供需精准匹配

数字经济及时捕捉市场信号，加快市场对需求的响应速度，促进供给侧及时调整方案，进行服务创新。通过大数据，企业能够更好地了解消费者的偏好、习惯、能力等，为不同消费者制订精准营销方案。同时，数字经济还可以促进长尾效应的发展，多元化地供给满足不同消费者的异质性需求。由此，服务贸易形成由市场需求、企业供给到商业营销三方面的闭环，实现精准匹配，提高服务贸易的高质量发展水平。

（三）人力资本水平提升

服务业特别是生产性服务业，更多的是知识和技术资本密集型行业，知识和技术资本在服务贸易的高质量发展过程中具有关键性作用，而人力资本既是知识的创造者也是其载体，所以人力资本水平可以影响一国服务贸易国际竞争力。因此，人力资本水平提升对经济高质量发展和服务贸易的竞争力提高具有重要意义，而数字经济的发展有助于人力资本水平的提升。一是劳动力市场的信息不完全情况得到进一步的改善。一方面，劳动力为了适应市场需求提高劳动力技能水平。另一方面，借助劳动力平台信息化，劳动力的流动也更加顺畅。二是信息时代为知识和教育信息的传播提供了更有效便捷的渠道，依托数字经济的外部性，知识的溢出与扩散更加便利，教育资源更加丰富，劳动力的学历结构和技能结构进一步优化，提高劳动力技能与规模，有效实现专业化人力资本积累，为服务贸易高质量发展水平的提升提供动力源泉。

二、数字经济对服务贸易的影响路径

互联网宽带、域名、移动电话交换机等数字基础设施不断完善给数字经济发展创造良好的保障条件，科研经费、教育经费的大量投入为数字经济创新发展带来技术和人力支持，数字产业规模的扩大又将会进一步拉动数字经济发展。同时，数字经济又将以数字化的方式来影响服务业和服务贸易，具体变现在贸易对象和贸易方式两方面。首先，随着数字经济的发展，数字技术和数字平台不断创新升级，为服务贸易提供更加数字化和智能化的贸易方式，从而降低服务贸易成本，提升服务贸易便利化。其次，在数字经济时代，更多的服务将会以数据的形式进行交易，例如，在线办理银行业务、在线预约、模拟装修等，这改变了传统服务贸易对象的形态，也提升了现有服务贸易的可贸易性（见图 7–1）。

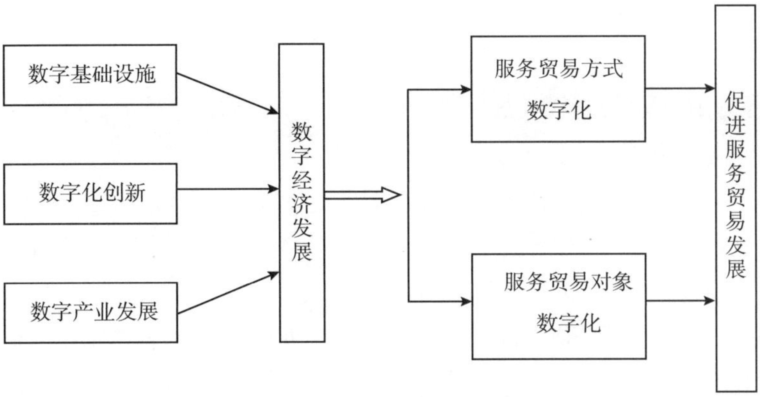

图 7–1　数字经济对我国服务贸易的影响路径

（一）服务贸易方式数字化

1. 降低服务贸易成本

信息通信等数字技术改变了信息传递的方式，提高了服务贸易企业信息传递的质量和效率，从而降低了服务贸易成本。

首先，服务贸易的买卖双方可以通过数字化网络平台了解双方的具体信息，例如，现在兴起的各大咨询网站和交流软件平台，消费者可以十分便捷地了解到交易信息，大大降低了贸易双方合作沟通的信息费用。

其次，对出国旅游和留学等境外消费来说，数字技术的发展使得消费者在本国平台便可购买旅游产品、进行换汇业务等，同时，我国政府以提供补贴和退税的方式鼓励国民海外购物，可通过支付宝软件实时进行，大大降低消费者境外消费的成本，也提升了消费者的体验感。

再次，数字经济的迅猛发展，为数字化平台提供坚实的技术支持，服务贸易双方可以通过数字平台更为快捷地进行协商、合同签订和通关等过程，与传统面对面交易来说，大大节约了谈判、合同和通关等成本。

最后，伴随数字经济时代的到来，企业可以通过智能化的物流运营来降低服务贸易的物流成本，更加有利于商业存在这一贸易方式的发展。

2. 促进服务贸易便利化

数字经济在信息技术领域具有高效、便捷的优势，将数字技术应用于传统的运输、建筑、旅游和保险等服务贸易部门，可在一定程度上提高效率。数字经济促进服务贸易更加便利化主要表现在以下三个方面。

一是能够促进跨国移动支付更加便利，例如，PayPal、网易跨境支付和支付宝等在线支付软件的盛行，使得国际贸易支付更加方便快捷，消费者通过境外消费和自然人流动的方式进行服务贸易更加便捷。

二是使服务贸易的交易流通环节更加便利，将大数据、5G、互联网等数字经济应用到服务贸易企业和监管机构中，可以通过计算机或手机等移动设施便可实现服务交易的完成。

三是企业通过数字技术和数字化平台实现信息互换，实时掌握消费者、竞争者以及国际市场的发展方向，并及时作出战略调整。

（二）服务贸易对象数字化

1. 改造传统服务贸易形态

随着信息通信技术等数字经济越来越多地运用到服务业和服务贸易中，不仅使传统的劳动密集型产品实现数字化转型，也催生出了更多的新型服务贸易方式。

首先，对于像银行业务这一传统服务贸易来说，数字经济时代下移动支付成为普遍方式，大大减少了银行网点和 ATM 机的存在，改变了传统服务贸易的形式，实现了服务贸易的数字化转型。

其次，在数字经济时代下，服务贸易借助数字化平台能够创造出更多的创新发展模式，基于数字经济背景下的大数据资源，服务贸易可以与互联网、人工智能、虚拟平台等相结合，从而催生出在线质量检测和售后等服务，改变传统的贸易形态。

最后，随着当下信息通信技术和跨境电商的潮流发展，像教育、旅游、医疗等传统的服务贸易可以借助数字化平台由线下转移至线上交易，即在线教育、在线医疗等，改变了传统的服务贸易方式，极大地提升了服务贸易效率。

2. 提升服务的可贸易性

大多数的服务行业是本地化的和不可贸易的，而在数字经济时代下，互联网技术能够改变处于不同地理位置的服务提供者和消费者不可贸易的现象，进而提升服务的可贸易性。

主要表现在以下四个方面：一是数字技术的发展促进了通信和网站等服务贸易的繁荣，使得跨境支付这一国际服务贸易形式得以展开。二是数字技术能拓展消费者境外消费的事前和事后服务，如出国旅游服务，从出国前的机票制定到出国后的食宿、景点安排，以及最后的返程，一条龙的服务拓展了服务贸易的范围。三是数字技术还会激励服务提供者在东道国通过设立分支机构或代理的方式向消费者提供服务。四是数字技术还为自然人流动这一国际服务贸易形式创造了更多可能性，如远程医疗、在线教育、线上办公等服务在疫情暴发期间获得迅速发展，在很大程度上有助于抗击疫情，促进各国经济稳定。

三、服务贸易开放对制造业出口产品质量的影响机制

（一）技术创新的中介效应

制造业实现转型升级和提升竞争力的关键在于是否掌握了核心技术，而企业内部发生技术创新的关键在于人力与知识等高级生产要素的投入。在实际情况中，制造企业难以在生产的各个环节保持一定的竞争力，只能在某些环节取得优势。而服务业包含了大量人力、知识、资本等重要的生产要素，将这些要素导入制造业企业的生产到销售的各个环节中，为制造业企业带来创新驱动和产品差异化优势。因此，服务贸易开放通过企

业技术创新的作用机制影响出口产品质量，具体表现在以下几个方面。

其一，基于新增长理论。随着服务贸易开放的领域和范围进一步扩展和延伸，服务贸易进口规模越来越大，来自发达国家或经济体的服务产品通常具有更高的技术水平和人力资本含量，比如，生产性服务中信息软件服务、金融服务等知识密集型和技术密集型服务进口具有较高的人力资本。这些知识、信息等人力资源可以通过技术溢出效应直接提高国内企业员工的知识储备和技术水平，使企业内部的劳动力技能升级，进一步激发企业的创新活力。此外，服务产品所具备的人力资本得以参加制造业的生产过程中，促使下游制造业企业的人力资本不断积累，因此进一步作用于企业生产率和产品质量，增强企业的贸易竞争力。

其二，相比于资本与劳动力，技术不能自发流动，企业只有通过不断的学习和积累才能提高自身的技术水平和技术创造能力。服务贸易的对外开放有利于促进国内外企业的合作，国内企业更容易接触到国外企业生产、经营、销售等流程中使用前沿的技术和科学的管理方法，促使从服务业到制造企业技术转移，有利于加强示范效应。值得一提的是，企业并非直接效仿和复刻国外前沿技术和管理模式，而是根据本国市场情况，对国外企业先进理念、先进模式以及先进技术进行创新式吸收和本土式优化，进一步促使国内制造企业进行技术创新，促进企业生产效率和行业技术水平提高，从而生产的产品质量也得到相应的提升。另一方面，服务中间投入品的种类和数量逐渐增多，其拥有的技术含量不断增强，因此，制造业企业也需要掌握相应的技术能力以匹配高质量的中间品，这在一定程度上加大了企业的创新动力，从而也对出口产品质量升级产生积极的促进作用。

其三，服务贸易开放能够削减关税以及贸易壁垒，使本国和国外的资源和商品在一定程度上能够自由流动，有效地降低服务贸易交易成本，同时高质量的服务要素投入会降低下游制造业的单位生产成本，随着生产成本的降低，企业可能会增加研发领域的投入。其次，服务贸易开放带来的市场扩张以及分工细化可以促使东道国进行规模化和专业化的生产经营，服务企业的技术水平越加成熟，服务效率逐渐提升，将驱动服务企业开启创新活动，而服务业本身的技术创新会被下游制造业吸收和利用，从而改变制造业生产活动的技术路径，进而改变制造业的生产成本，由此在扩大了制造业的生产和经营规模基础上，提高制造业企业生产效率和创新效率，促进了制造业竞争力的提升，进而提升其出口产品质量。

（二）制造业投入服务化的调节效应

制造业服务化是制造业与服务业两种经济形式融合发展的一种新型产业形态，是实现制造业升级的重要渠道之一。具体而言，制造业投入服务化是指在制造业企业的产品生产过程中，其所需要的实物要素投入占中间总投入比重降低，而服务要素投入占中间总投入的比例逐渐增加。在服务贸易开放的条件下，国外服务供应商进入本国市场，与本国的服务供应商竞争市场份额，为了保持一定的竞争优势，本国服务供应商提高服务产品供给效率和质量，从而增强本国制造业企业对本土服务企业的认可度和依赖性，这有利于提高本国制造业投入服务化水平。相对来说，制造企业的投入服务化水平越高，越有助于实现出口产品质量升级。因此，制造业投入服务化可能是影响服务贸易开放与制造业出口产品质量关系的重要渠道，还可能调节技术创新的中介过程，具体表现在以下三个方面。

其一，随着服务贸易的开放，更多先进且效率更高的国外服务供应商进入本国市场，为本国服务市场提供了种类更多、质量更优的服务产品，进口服务中间品涌入本国市场给国内企业带来了一定的竞争压力，同时也有利于降低国内服务行业的市场垄断程度。为了在激烈的市场竞争中获取一定的市场份额和保持市场势力，国内服务企业通过学习国外服务企业成熟的管理经验，或引进吸收进口中间品所内含的生产技术，加快创新速度，充分发挥生产潜力，进一步优化国内服务中间投入品的质量，从而培育服务竞争新优势，促使更加多元化和高质量的服务产品流通于国内市场。因此，以国内服务厂商提供的服务要素作为中间投入的下游制造业能够更为便利地获取因竞争效应带来的更为优质的服务中间投入，提升自身的服务化水平。另外，为了满足国外市场的需求变化和消费偏好，制造业企业通过加大服务类产品要素的投入力度，及时制定更符合国外市场的产品差异化战略，以此提高服务投入质量，可以有效地降低制造业的生产成本，提高企业的生产率，从而提升出口产品质量。由此可见，制造业投入服务化水平的提高会进一步强化服务贸易开放对出口产品质量的影响。

其二，Melitz（2003）的异质性贸易理论曾指出贸易对资源再分配的影响，在开放的经济体中，从事出口活动的企业的市场规模更大、生产率水平更高，因此高技术、高效率的出口企业能更好地适应市场的变化，而低技术、低效率的企业则更容易停产倒闭或退出市场。服务贸易开放对服务业与制造业之间的资源再分配会产生一定的影响。具体而言，服务业贸易开放可以使国外服务产品供应商与国内制造企业建立合作关系，国外服务供应商能够为制造业企业提供更为优质的服务和丰富的服务类型，使得国内市场原本缺乏的服务产品的种类和数量得到了补充，从而提升国内制造业投入服务化水平。另外，制造业企业更倾向于将原本“内置化”的服务型生产活动外包给经验更为丰富、效率更高、专业程度更强的服务产品供应商，企业将有限的资源集中于具有核心战略意义的研发活动和更具竞争优势的生产经营环节，以此优化企业内部的资源配置，间接促进企业的出口产品质量升级。

其三，投入服务化水平较高的制造业需要更多的优质服务要素投入以满足其生产需求。在服务贸易开放的情况下，以人力、知识、资本等高级生产要素为主要内容的生产性服务业会嵌入制造业的全球价值链和产业链中，参与制造业生产和经营活动。一方面，进口的高质量服务投入要素能够深化产业之间的分工合作，可以将新组合的要素投入积极转化为企业的创新模式；另一方面，服务业和制造业之间的关联可以直接产生技术溢出效应，从而提高企业的技术创新能力和增值能力，带动出口产品质量升级。

但相对于投入服务化水平较低的企业而言，依据人力资本理论，企业所获取的知识、人力资源等投入要素对其技术创新影响的关键在于企业是否具备对知识、资源等投入要素的转化、吸收、协调和整合的能力。企业可以通过服务贸易开放所获得的外部知识和人力资本后，有效地整合和利用所获取的知识或人力资源对出口产品质量产生至关重要的影响。因此，投入服务化较低的企业比投入服务化较高的企业更需要把获取的高质量投入要素转化为创新产出，以提升制造业的出口竞争力。此外，制造业投入服务化水平越高，也可能会导致国内的制造业企业过度依赖高质量的进口服务中间投入品，而发达国家或经济体的企业对技术、专利具有较强的垄断势力，因此可以索取高价，使企业不再具有成本优势，进而抑制企业进行研发创新活动，不利于出口产品质量升级。

第八章　数字经济推动货物贸易的转型升级

第一节　制度创新

一、加强数字基础设施的建设

数字通信基础设施的发展水平，决定了数字经济的发展能力好坏，而数字基础设施，一般会以网络建设，软件建设，以及数据的全面性进行考虑，在数字经济发展的这些年中，各国也在一直稳定地建设自身的数字基础设施发展，即数字网络，这是收集信息和传输信息的基础，它给消费者提供互联网的接入。而互联网的接入，就会获得基于互联网大量传输的数据，而数据的发展也影响着数字贸易的发展。在这方面，虽然中国在最近几年有了稳步的提升，但相较于发达国家，数字基础设施建设依旧落后，因此为了给中国数字贸易的高速发展提供保障，数字基础建设尤为重要。同时，数字基础设施的发展是否处于领先地位，必将影响行业规则，例如，华为 5G 的发展就很大程度上影响了网络通信的规则，而这些规则的引领，能够提升中国在国际数字贸易中的话语权，从而让中国在数字贸易规则的建设中处于有力地位。

二、制定和完善国内监管政策

数据本地化要求，是各个国家数字贸易规则发展的重点，由此可见数据的重要性，而目前大多数国家都没有做到这些。中国虽然对金融行业有数据保护政策，但就整个数字贸易发展来说，该规则并不完整，并不能完整地保护本国的数据，一般情况下，数据归为大型公司所有，并且对它们有着完整的使用权，中国应加强数据的监管政策，解决数据的主权问题，要从谁能收集数据，谁能使用数据，收集数据的方式，以及使用条件这几个点出发，从根本上保护中国的数据，实现数据本地化。当有了完善的监管政策，且监管起到了效果，中国势必能够在国际数字贸易规则的发展中起到正面的影响，从而提升自身的话语权，有利于中国数字贸易规则的建设。

三、积极参与国际规则建设

中国的数字贸易发展迅速，但是在国际社会中的地位、话语权仍然不足，中国应积极投身于国际双边多边数字贸易的谈判中，努力提出符合中国发展模式的数字贸易新规则。目前各国数字贸易规则的主要分歧还是在于跨境数据流动和隐私保护方面。中国在针对数字的服务和生产、产品的交付，以及知识产权保护，数据源代码保护，个人数据隐私安全以及审查、采购、市场准入等方面缺乏相关立法，而欧洲的数字贸易规则的发展思路就有很好的借鉴意义。对欧洲数据本地化数字贸易规则的借鉴措施可以促使中国建立更全面的本地化数据，有利于中国保护自身的数据流动安全。中国的数字贸易发展大趋势与欧洲有着相似之处，以欧式发展模式为模板，会有助于中国快速形成数字贸易规则。借鉴欧洲数字贸易规则发展模式，将使中国和欧洲形成共识来共同抵抗美国数字贸易发展所带来的压力，有助于中国数字贸易的发展。

第二节　海关通关监管模式创新

一、海关货物通关监管的发展

（一）海关货物监管的相关概念

海关通关监管是现场监管的实体，它包括海关货运监管和海关行邮物品监管，海关货运监管是海关监管工作的重要组成部分。货运监管是指海关依据《中华人民共和国海关法》及其他有关法律法规，对运输工具和货物的进出境活动采取的行政执法行动。根据海关制定的原则，设在口岸的海关可称为口岸海关。

口岸型海关原则上履行对货物的口岸检验检疫和通关监管事权，主要办理即时性通关核验手续，按照布控指令或现场即决判断实施口岸公共卫生检疫、动植物检验检疫、食品安全管理、查验验估验证、抽采样及鉴定合格评定、疫情专业处置、拟证签证验放等现场执法任务。航空口岸货运监管场所，是指进出境航空货机或者境内承运海关监管货物的运输工具进出、停靠，以及从事进出境货物装卸、储存、交付、发运等活动时，办理海关监管业务、符合海关设置标准的特定区域洲。

（二）现阶段海关货物通关监管作业的类型

现阶段按照选、查、处相分离的基本原则，整合海关和原检验检疫货物通关监管作业环节，可将货物通关监管分为前置作业、（现场）查验作业和处置作业三个方面，分别承担安全准入拦截、实货验核、查验后处理等工作。

1. 前置作业

①对涉及安全准入等需进行拦截处置的进境货物，海关在其抵达进境口岸后实施前置预防性检疫处理、前置辐射探测、先期机检等顺势及非侵入的探测和处置。

②前置预防性检疫处理、前置辐射探测、先期机检作业主要根据布控指令或结合货物物流顺势实施。

2. 现场查验作业

现场查验是指在口岸内实施的外勤查验作业，包括：其一，单货、货证核对；其二，卫生检疫、动植物检疫、商品检验；其三，抽样送检；其四，现场即决式鉴定（含现场实验室初筛鉴定）；其五，H986 过机检查；其六，现场技术整改，合格评定、拟证。

3. 处置作业

处置作业是指现场查验发现异常或查验后需进一步处置的作业，包括：其一，单证处置，报关单修撤、补证补税、签证；其二，货物处置，退运、销毁、罚没、口岸隔离检疫、技术整改（不具备现场整改条件的）；其三，移交处置，移送通关、法规、缉私等处置部门手续办理。对于其中涉嫌走私违法犯罪，案件线索移交缉私部门处理的，涉案货物应当随案移送；其四，案件处置，两简案件办理。

二、现阶段海关货物通关监管政策的内容

目前，海关货物通关监管政策主要涉及货运监管场地布局及监管模式、关检整合作业以及货运信息化。

（一）货运监管场地布局及监管模式

1. 海关监管作业场所（场地）划分为

①监管作业场所

包括水路运输类海关监管作业场所、公路运输类海关监管作业场所、航空运输类海关监管作业场所、铁路运输类海关监管作业场所、快递类海关监管作业场所等。

②集中作业场地

包括进境动物隔离检疫场等。

2. 海关监管作业场所（场地）内的功能区划分为

①口岸前置拦截作业区，包括车体及轮胎消毒场所、核生化监测处置场所、指定检疫车位、指定检疫廊桥或指定检疫机位、检疫锚地或泊位、指定检疫轨道等。

②查验作业区，该功能区以查验为主，配套设置必要的储存区、暂时存放区、扣检区、技术整改区等。

③检疫处理区，该功能区以检疫处理和卫生处理为主，配套设置必要的查验区、存放区等。

（二）关检整合作业流程融合

1. 前置作业

前置作业是将原检验检疫负责的审单规则、抽批规则、安控标准、动态风险布控，并入海关总署一级风险防控中心统一实施；将原检验检疫负责的证明等于电子数据审核、未抽中货物的合格评定等，并入二级风险防控中心实施，必要时可下达指令由现场海关辅助实施纸质单证审核或核对货证。前置作业发现异常的，视情联系风险部门实施相应

处置。

2. 现场查验作业

在关检融合时期，海关货物要求将海关查验验估与检验检疫施检作业合为一体，包括采样抽样送检、舱单管理、登临检查、现场检疫处理。现场作业涉及现场查验、取制样、实验室检测、属性鉴别，以及出具证书、后续处置等多个环节，亟须按查检合一的要求优化整合，制定执法统一规范。现场查验中发现异常的，由现场业务部门进行相应处理。如需由专业部门检测鉴定，须在获得检测鉴定结果后实施相应处置。对于需实施跨关区查验的，在安全准入风险可控的情况下，根据企业信用状况采取承运海关监管货物车辆运输、施加封志等措施，保障物流安全。

3. 处置作业

处置作业原则上在口岸内实施，需在口岸外进行的处置作业，结合企业信用状况仍由原业务部门实施。

（三）货运信息化建设

建立以加强检查为核心的物流监控系统，覆盖监管地点、运输车辆和舱单。在结合空运监管特点的基础上，进一步发挥舱单的监管作用，加强对运输车辆的监管，加强登临检查、装卸监管、机动检查，进一步提升监管通关工作的信息化、智能化水平。

推进口岸货物信息平台建设，记录工作数据流、进行数据交互、方便数据核查验销、储存货物物流数据，完善建立通关核心数据统计分析体系，推动电子货运的发展，发挥大数据与人工智能在口岸管理中的重要作用。

三、跨境电商海关通关监管模式创新

（一）分散型监管

这一阶段密集出台了支持跨境电商发展的政策文件，对我国外贸产业跨界互联网进行了方向性指引，并从微观层面解决跨境电商发展面临的交易、结算、纠纷等障碍性问题，通关监管问题逐步被纳入政策范围内。如 2012 年 9 月出台的政策中首次就“海关、商检、财税”等问题都给出了相应的法律指导。在各种跨境电商政策出台的同时，开始以试点形式探索通关监管的创新模式。本着“先试点运行、后全面推广”的原则，自 2012 年 5 月开始，分别由海关总署、商务部、国家发改委等单位牵头，在全国范围内开展跨境电商服务试点、跨境电商综合试验区、双边电子商务经济合作实验区等试点工作。尽管试点内容各有不同，但均就跨境电商通关监管工作进行了探索性实践。2013 年 12 月开始，各试点城市陆续上线跨境电商通关服务系统。

总体来看，该阶段系统的战略选择为“分散型监管”，各核心成员在海关的协调下，分别出台政策性文件，在各自分管领域进行规制和指导。

（二）集中型监管

跨境电商独有的线上优势大大提升了消费者体验，同时，消费者对线下的高效服务更加期待，跨境电商在通关监管过程中的“通关难、结汇难、退税难”等问题备受关注。

基于此，国家层面着手出台推进通关便利化的政策法规，这一阶段海关总署成为文件出台的主导部门。2014 年，海关总署先后增列“跨境贸易电子商务”和“保税跨境贸易电子商务”的海关监管方式代码，为跨境电商进出口业务在海关颁发正式的“身份证”。之后，采取“清单核放、汇总申报”“清单核放”等方式简化电商货物报关手续。2016 年，国家推动建设专门的跨境电子商务综合试验区，一批便利化改革工程相继实施。

此外，G20 贸易部长会议首次把跨境电商纳入合作范畴，为跨境电商的“跨境监管”合作带来新机遇。在该阶段，系统成员以推进跨境电商通关便利化为政策重心，在试点示范区域，通过横向合作，加强系统整合，属于“集中型监管”战略选择。

（三）开放型监管

随着跨境电商交易量的飞速发展，消费者遭遇“核污染食品”“假洋货”等假冒伪劣产品的现象也直线上升，加强海关风险管控的呼声日益强烈。在此背景下，2017 年以来，政府对跨境电商的调控政策在规范性与提效性方面并行。2017 年 3 月 14 日，由海关总署等 33 个部门签署《联合惩戒备忘录》，对海关失信企业进行联合惩戒，这标志着我国海关监管信用体系建设的重大突破。

随着《中华人民共和国电子商务法》的施行，跨境电商通关监管将进入通关便利化与风险管控并重的新常态阶段。依托电子口岸建设机制和政策优势，各试点城市探索搭建了一些重要的跨境电商运营服务平台，包括重庆的“e 点即成”、上海的“跨境通”、宁波的“跨境购”、杭州的“一步达”、郑州的“E 贸易”等，推进跨境电商企业与口岸管理相关部门的业务协同。自 2018 年底以来，海关总署与中国邮政实现进出境邮件全国联网传输数据，并要求跨境电商平台向海关开放支付相关原始数据，将在海关注册登记的跨境电商零售企业纳入海关信用管理。在底层数据互联互通的基础上，形成了分类监管、保税展示交易、账册互转、集检分出、分送集报等创新监管模式，既提升了通关效率，又加强了风险管控。在该阶段，推进通关便利化与加强风险管控并重，在系统集成与数据共享基础上，保证了“开放型监管”战略的有效实施。

第三节　推动海外仓等硬件设施建设

一、海外仓的基本概念

（一）海外仓概述

1. 海外仓的定义

海外仓是指由卖家或电商平台设立的境外仓储中心，跨境电商卖家通过市场调研预测，提前将适销的货物规模批量运至仓库，买家下订单后，就可以实现当地销售与配送。目前发展成熟的海外仓还能提供清关、质检、数据分析管理、市场调查与咨询以及退换货等一系列增值衍生服务。

当今通用的海外仓主要有第三方、合建和自营三种运营类型。第三方公共海外仓是指由第三方电商平台或物流企业在海外市场建仓，跨境卖家可以租用其仓位，并享受其提供的仓储和当地配送服务，典型的有亚马逊和速卖通海外仓等；合建海外仓是指在国外市场与当地企业合作，借助其在当地的影响力来减少潜在的政治风险，并顺利打入市场。典型是大龙网，其在俄罗斯、印度等新兴市场多采用与当地物流企业合资建立仓储的形式，与合作伙伴共担风险，共享利益；自营海外仓模式是指由出口企业独立出资建仓，所有仓储物流环节由企业自身掌控并负责，一般只用以存放并配送本企业销售的商品，相当于将传统的海外配送环节内部化。富有代表性的是跨境电商第一股兰亭集势，其一贯采取的就是自营海外仓模式，其近几年相继在欧美等发达国家建仓，实现商品在海外本土销售发货，实现了自身的快速发展。

2. 海外仓的业务流程

海外仓的使用需要提前将货物集中批量发运到目的国，显著降低单位物流成本。当客户发出订单时，货物就能从本地仓库发出，让其享受到与本土电商相同甚至更优的消费物流体验。其具体运作流程如图 8-1 所示。

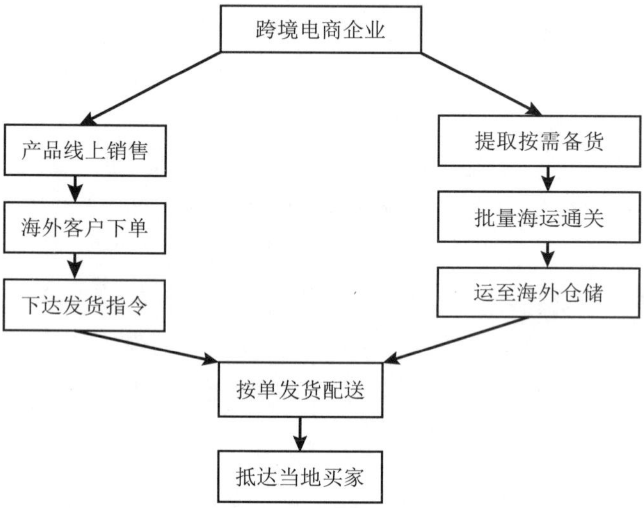

图 8-1　海外仓经营流程示意图

图 8-1 清晰地描述了海外仓的经营流程。跨境电商企业提前进行市场调研，按照需求备货，统一批量通关，通过海运将商品集中运往海外仓进行存储。当海外客户在线下单之后，就可以远程遥控，实现本地发货送到买家手中。

步骤一：出口跨境电商提前将适销商品批量发至海外仓，可以在本国清关，也可以保税出口。这段国际货运多采用集装箱海运的方式，以摊薄单位物流成本。

步骤二：卖家在电商销售平台上挂出商品，海外客户在线下单，国内电商的运营部门快速反应，对海外仓发出发货指令。

步骤三：海外仓根据国内指令，在第一时间进行分拣，包装和配送。或是与当地的物流企业合作，从仓库发当地物流，完成最后阶段的配送。

可见海外仓是非常先进高效的跨境物流手段，利用往期销售数据，分析了解未来市场需求，提前大量在当地仓库备货。大批量海运出口既节省了单位运费，统一清关又快捷省时，当地仓库发货更是节省了宝贵的派送时间，退换货也直接发回当地仓库，物流信息也能随时掌握，非常方便，是一个对买家卖家都有利的双赢举措。相比之下，传统的跨境物流模式手续繁琐，要么价格昂贵，要么周期冗长，或是物流信息难以跟踪，零散通关费时费力。由于当地没有仓储场所，不能预测淡季旺季提前准备，只能根据客户订单被动发货，且退换货极为不便，极大的影响了买家跨境网购的体验。

（二）海外仓的三种主要模式

1. 第三方公共仓储

第三方公共海外仓是物流企业或电商平台投资建立的，一般自身不经营跨境贸易，专为其他境外电商提供仓储服务，并收取一定租金。这种运营模式在当今使用非常广泛，这些传统的物流或电商巨头能提供专业的仓储和一系列衍生增值服务，使用非常便捷。一切入仓货物都会由电脑控制的库存系统管理，若收到卖家发货指令，仓库就会马上配货和投递。经营这类海外仓储业务的企业有阿里速卖通、递四方和传统的巨头亚马逊等。

第三方公共海外仓经营企业本身不是跨境电商买家，而是向跨境电商卖家收取一定的仓位租金，提供专业化仓储物流服务。这种模式对于仓位的租用者而言相对简单，第三方物流公司建好海外仓储后，直接发布推广信息，向需要的跨境电商卖家出租仓位。而卖家只需要承担一定租金和其他费用，即可享受其提供的专业物流和增值服务。这种模式其实是将海外仓物流环节外包，最大程度降低跨境电商卖家自行建仓的资金投入及风险，更不需要复杂的管理系统和人员招募培训等，还能利用海外仓给自己增加曝光度，对新兴的跨境电商企业非常适用。

2. 卖家自建海外仓

随着业务量不断增加，租用第三方仓储带来的成本也水涨船高，考虑到自身销售数据的保密问题，同时也为了完全控制商品在海外的营销活动，一些卖家选择在目标国家自行建仓。卖家不仅能够有效控制整个物流环节，为顾客提供更好的服务，同时也能控制当地的终端营销环节，更好地满足了目标市场消费者的需求。如兰亭集势早期也使用小包快递发货，后来随着销量越来越大，对物流及时性的要求也越来越高，为了提高客户的消费体验，于是选择了自建海外仓。

海外独立建仓绝非易事，其涉及当地的法律、税收、货品清关等诸多环节，而且市场发达的地方建设成本、人力成本都居高不下，短期难以收回投资。尽管如此，但一些较有实力的跨境卖家仍计划独立建仓，之所以迎难而上，根本原因是卖家意欲未来做大做强在世界市场上竞争，所以无论是市场销售数据，还是终端的营销环节，都要在自己的掌握之中。第三方公共海外仓提供的是流程化、标准化的服务，并不能满足其个性化的需求，也无法影响到当地的消费端营销环节，无法真正做到服务本土化，故从长期利益考虑，有些大卖家选择自行建仓。

3. 与当地企业合建仓储

在一些富有消费潜力的新兴市场，政治风险较大，相关法律也不完善，政府工作效率低下拖沓，行政成本高。比如俄罗斯、巴西和东盟国家等，一些大型的跨境电商卖家因此选择了与当地物流企业合作共建海外仓储。

与当地企业合资经营海外仓，其相较于自建仓储投资较少，能一定程度规避政治风险，适用于意欲打入新兴市场的跨境电商。租用海外仓手续相对简便，却不能满足企业掌控终端营销环节和市场大数据的需求。有些跨境电商卖家已具备一定的市场份额，但资金实力还不足以独立建仓，就可能与当地物流企业合作建仓，投入一定的设备和资金，使自己的需求和理念得到满足，与当地合作者共享利益，共担风险。这是为了借助当地第三方的力量，借助其在当地的专业性与影响力，实现本土化服务，并有效规避政治风险。这类海外仓建设模式比重较大，发展势头也较猛，因为其资金投入比自建相对小很多，同时又能从合作伙伴那里获得宝贵的当地市场信息，所以非常适合有一定规模、且易于国际化经营的跨境电商卖家。

（三）海外仓的优势

1. 缩短物流时间且准时运达率高

海外仓最大的优势，就是快速响应订单，实现本地发货。在发往美国的商品中，以往的邮政小包配送需要 10—20 天，且由于其路线不稳定，周期往往还会发生较大波动，物流旺季有可能接近一个月。而海外仓的使用，实现了批量过境、本地零售，使头程运输时间处于消费者等待周期之外。在西班牙建立的海外仓，三天覆盖全境任何一个角落，大大缩短了原来从中国发货动辄十几天的物流周期。而且值得注意的是，海外仓不仅订单物流周期较短，而且与快递小包相比，准时运达率较高。本文就准时运达率这一指标，从速卖通物流报告摘取相关数据。

2. 单位运费低，清关快捷，扩展了销售品类

海外仓提前批量发运至仓的特性，使得货品的单位运费大为降低，且统一整批清关，或是保税进口，能节省大量的人力物流，对跨境电商中买卖双方均有利。再者，其能在降低物流成本的同时，拓展销售品类。传统邮政小包对货物的尺寸、重量有较多限制，对于 2kg 以上，或长宽高之和在 90cm 以上就无法配送，此时只能用商业快递，费用十分高昂。

海外仓的费用主要包括从国内运至仓储的头程费、仓储管理费用以及从海外仓配送至客户手中产生的本地物流费用。其中头程费用的大幅降低使得整个物流环节成本显得富有竞争力。且以大宗商品货运的方式出境，改变了传统零散而频繁的运输清关模式，省时省力。这样规模化的运输与通关，大幅降低了企业原本难以压缩的物流成本，使到货价格与当地电商相比仍富于竞争力，促进了跨境 B2C 贸易的发展。

3. 便于退换，对买卖双方均有利

退换货问题一直都是跨境电商中不可回避的难题，其往往对买卖双方都不利。对跨境贸易而言，由于地理因素的隔绝，使得传统意义上的交易过程变得十分复杂，尤其是

配送和退换环节，有时处理不当不仅会让消费者不满意，而且会造成资源的严重浪费，图 8–2 就将海外仓与传统跨境物流退换货环节进行对比。

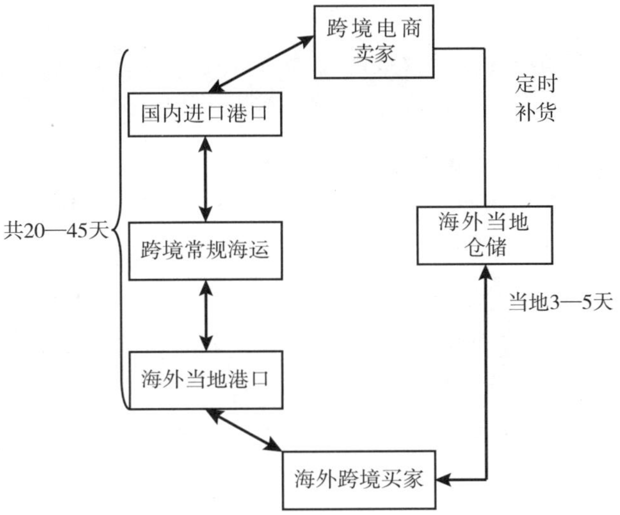

图 8–2　海外仓与传统跨境物流退换货耗时的对比

由图 8–2 可知，相对于传统跨境物流，海外仓在退换货方面具有极大的优势。在传统跨境物流模式下，义乌小商品本身就利润薄，退换更是要亏本。所以卖方大多数情况下会"息事宁人"，为买方支付补偿费用，或直接退款，抑或是补发等。有些海外买家摸清了这个套路，恶意对那些跨境发货的中国商家进行讹诈，无故退换，影响非常恶劣。而海外仓的使用就解决了退换货的跨境难题，再发生退换，就可以由当地海外仓解决，不必要花费漫长的时间和费用"漂洋过海"。事实上，根据亚马逊或速卖通各大平台的报告显示，有海外仓支撑的商品更能吸引顾客点击浏览、促成交易。

4. 提高企业在海外的影响力，实现长远发展

企业拥有海外仓意味着其能控制关键物流渠道，是其经济实力和发展愿景的表现，能一定程度上提高企业在海外的影响力。电商企业要发展，要扩大影响力，就必须从消费者购物体验出发。要提高顾客消费体验，仅依靠传统的跨境小包物流业务模式去竞争，显然无法长期保持其核心竞争优势。消费品跨境电商出口企业设立海外仓作为物流节点，随着业务规模的发展和市场竞争的深入，可立足物流环节，将生产和设计开发环节逐步转移到进口国境内，在当地建仓为基地，利用当地资源发展自身。比如在进口国境内设立海外仓，为了改善顾客消费体验，采用前店后仓体验店经营模式，再辅以线下扫街式的宣传，可直接吸引消费者到体验店体验参观。这样可以促进其对所经营商品的了解与信任，并解决售后服务网点问题，从而显著提高企业在当地市场的影响力和销量。

二、跨境电商海外仓发展存在的问题

（一）海外仓服务科技赋能程度低

自第三次工业革命后，信息技术极大程度地进入人们生活的各个领域中。而在跨境电商配套的海外仓服务中，主要采用人工管理的模式对市场进行数据搜集与预测，由于

信息存在着不对称性，对市场反应较慢，难以规避市场中存在的风险。整体而言，海外仓模式脱离了信息化与智能化，缺乏对市场信息的云计算以及智能管理功能。这或许将导致跨境电商卖家对市场做出错误的决策，过量的预先存储加上商品的退换货，有可能致使库存成本的增加与资源的浪费。而中小型企业在资金方面较为紧缺，资金链方面存在周期性风险，这也会致使一部分的海外仓潜在用户望而却步。

（二）海外仓服务发展层次低端

海外仓服务在目前阶段整个行业缺乏统一的标准，不同海外仓根据自身不同的情况进行经营发展，服务质量参差不齐。在海外仓前期建设阶段，需要在短时间投入较大的资金量，由于在不同地点建设海外仓，难以形成规模效益以降低成本，存在着需要雄厚的资金支持以及建设周期长、回报见效慢的问题。如果海外仓服务商为了追求短时间的客户量与盈利，将会陷入低价竞争的循环中，不利于长期的发展。海外仓的存在虽然便利了商品的分拣包装与配送环节，但由于退换货以及维修环节复杂，卖家更倾向于将小部分的商品退回商品原产地进行更换或是维修，这变相地增加了卖家的成本。海外仓在产品展示、智能采购、优化物流等方面服务水平有限，这些问题也会使中小型卖家考虑再三。

（三）海外仓本土化运作难度高

海外仓不仅是地理位置开设在海外属于中国的仓库，还需要积极地对海外仓所在地的文化、语言、支付、法律等各方面进行积极的适应，避免水土不服的情况，这样才能做到本土化经营，充分发挥其优势。但是，大部分中国的跨境电商中小型企业由于人才储备不足，在海外仓工作的中国员工未必能满足当地消费者不同的需求，可能会造成部分客户的流失。并且，跨国运营也会存在对于不同国家员工的薪酬计算方式也可能造成“同工不同酬”的现象，造成员工之间心理不平衡的问题，员工之间存在的文化差异、语言差异加剧其之间的沟通距离。在支付方式方面，我国主要使用支付宝、微信等支付方式，与国外使用信用卡的习惯截然不同；在法律法规方面，不同国家与地区的法律法规不同，也会加大海外仓本土化经营的难度，对经营者提出了更高水平的要求。

三、跨境电商海外仓发展对策

（一）推动海外仓服务更加数字化、智能化

将海外仓服务与数字化、信息化技术相结合，采用云计算、大数据预测等优化海外仓存储管理，明确定位，降低运营成本。利用线上平台，对商品进行展示、咨询答复等服务，提高海外仓的价值链。

一是搭建大数据平台，对于市场需求、当地人口消费水平、习惯等进行分析，结合库存商品的销量变化，考虑运输货物的时间以及存储商品所造成的成本，做到清仓处理或是及时补货减少库存不足，避免出现爆仓堆积的现象。

二是整合数据资源，挑选适合进入海外仓的商品，结合消费者的评价，对自身经营服务做出相对应的调整改变，实时监控市场需求，加快对订单的反应速度。

三是使用智能设备，简化轻型物件分拣流程，提高商品分拣效率，打造智能仓库，缩短商品从分拣到出仓的时间，采用阁楼式货架提高单位面积的利用率。

（二）推动海外仓服务绿色化、多元化方向转型升级

通过结合智能化平台，构建智能物流系统，开通跨境电商绿色物流渠道，海关需要提供更加便利的通关服务，使贸易更加便利。海外仓库在选择国内首件产品的品种和数量时，有效整合国内外市场信息，选择准确的产品，制定国内产品的容量，通过加工和特殊区域划分，并协助客户指定专人在仓库内工作。

（三）推动海外仓服务更加本土化

学习与了解东道国当地的风俗习惯与文化，海外仓应当结合当地经济实际情况发展，构建合作发展、互利共赢的发展新格局。首先，不同国家具有不同的风俗和工作习惯，这些应当区分并尊重。针对具有不同宗教信仰的员工，应根据当地情况及其宗教习俗提供礼拜场所，并增设礼拜日。其次，在一定程度上扩大当地员工所占的比例，增加对员工培训的投入，注重对人才培养和储备的推进，同时加强中国员工对东道国法律、政策和习俗的了解。此外，通过多种渠道与东道国各方保持良好关系，深化与东道国相关部门和机构的合作，努力做好与当地政府部门的沟通工作，积极承担企业社会责任，通过签署战略合作协议，建立合作伙伴关系。

第九章　数字经济推动国际贸易转型升级的策略

第一节　注重品牌建设

为了有效确保对外贸易的转型与升级效果，我国企业需要在综合分析行业属性以及发展趋势等基础上，做好品牌建设工作，增强国外消费者对我国产品的了解与认可，对他们的消费需求进行有效满足，进而提高我国产品的信誉以及我国企业的国际市场竞争优势。在进行品牌建设时，需要将产品性质和相应品牌进行完美结合，并加大对其的对外宣传力度，以确保国外消费者能够对我国企业进行及时了解。品牌是企业形象的具体表现，能够对企业文化、企业素质等进行全面反映，所以，企业需要自觉进行品牌建设，在提高自身对外形象的基础上，促进我国对外贸易的有效升级和转型。

首先，企业在对固有品牌进行打造时，需要通过科技创新手段对品牌价值进行有效提升，进而提高企业的整体价值。从理论的角度来分析，企业品牌具有一定的知识产权价值，所以在对品牌进行建设时，也需要对知识产权价值进行全面分析，增强品牌和产品的匹配性，进而对国际市场需求进行有效满足。

其次，由于受到国际贸易环境以及管理水平的影响，导致我国企业缺少对国际贸易的全面了解，进而限制了我国对外贸易的发展。要想妥善解决这一问题，我国企业在对企业品牌进行建设时，应该对目标市场进行仔细分析，并将目标市场的要求作为品牌建设依据，对国内外资金进行有效吸引，对资金持有量进行有效保障，并在此基础上增加自己的对外贸易渠道。

最后，对于各大企业来说，在对企业品牌进行建设时，可以对当地的文化特色进行充分利用，将当地文化特色和品牌建设进行有效结合，进而对国外消费者进行有效吸引，提高中国产品在海内外的知名度。

一、外贸企业利用国内市创建品牌面临的机遇分析

（一）日渐成熟的国内市场为外贸企业创建品牌提供了条件

纵观国际上主要经济大国的运行模式，一定是以国内经济循环为主的经济运行模式，以满足内需市场带动企业和品牌的发展。发达国家大部分知名品牌是在满足国内市场基

础上，再销往国外，诸如，美国的可口可乐、耐克；欧洲的香奈儿、LV等无一不是如此。究其原因，主要在于欧美等发达国家有庞大的中产阶层，对产品质量、档次要求较高，从而促进了厂商的品牌建设。我们一定要认识到，以国内大市场循环为主体的双循环新格局是长远的国策，而不是权宜之计。当今中国作为14亿人口的大国，随着人均收入的提高，已初步形成了约4亿人口的中产阶级，国内已形成巨大潜力的消费市场。继续推进供给侧结构性改革，满足和提升国内市场的消费需求，促进国内市场的良性循环，加快国内统一大市场建设，既是我们经济发展战略必须要考虑的，也是为了提高我国制造业的核心竞争力，保持我国出口产品在国际市场上的出口份额的应有之义。

双循环格局的提出，以及国内市场的成熟和发展为外贸企业提供了机遇。而外贸企业本身由于长期在国际市场经营，尤其是出口欧美的企业，面对的是世界技术要求最高的标准、最严格的质量检验、最苛刻的消费需求，这是外贸企业所具备的优势。因此，为国内提供高品质的商品并不难，关键是回归国内市场要做到“同标同质”，不能降低质量，这是对外贸企业创造品牌的基本要求。同时，外贸企业要清楚认识到，创出品牌并不是意味着放弃国外市场，而恰恰是要向发达国家学习来利用国内市场创造成熟品牌，最终还是以品牌增强出口产品的世界市场竞争力。

（二）数字媒体等新技术为外贸企业创建品牌提供了基础

随着电子商务不断迭代创新的发展，人工智能、虚拟现实大数据、小程序等新技术加快应用，驱动了消费体验升级；直播电商、社交电商线上线下融合供应链、跨境电商、海外仓等新模式更好地满足了消费者选择多元化消费内容，个性化的需求；通过达人模式、秒杀模式、店铺直播基地走播、产地直播等模式，创新了线上消费激发方式；深度挖掘消费潜力，提升了购买转化率和用户体验，成为获取流量和增加用户黏性的新渠道。

同时，在当今的网络零售市场上，具有“中国风”的国货品牌已经成为亮点，一方面，国货品牌在产品外观设计上添加富有传统文化底蕴的中国元素，与长城青花瓷等中国文化典型标志联动，大幅度提高产品文化附加值；另一方面，国货品牌注重发挥社交网络作用，依托网红直播内容，导购口碑营销，构建各类场景助推形成网购国货热潮。

二、外贸企业创建品牌面临的挑战

其实外贸企业回归国内市场，并不只是因为疫情原因，海外订单锐减。实际上，有些外贸生产企业在海外市场获得了成功后，为了获得利益最大化，已经开始把成熟的产品复制回国内市场，继续做大做强；还有些企业为了规避汇率波动，海外政治动荡，贸易保护等风险，尝试“两条腿走路”，既保持国外市场份额，又回归国内市场。但无论其回归原因如何，在转内销过程中均面临有产能，有产品，但缺乏品牌，从而使产品无法有效抵达消费者。而品牌创建又面临着如下挑战。

（一）面临激烈的市场竞争

外贸企业回归国内市场将面临激烈的竞争。一方面，由于历史原因，我国内、外贸长期分离，导致外贸企业长期脱离国内市场。相较外贸企业，内销厂商有固定和成熟的销售渠道，而外贸企业要新建自己的销售渠道。同时内销企业更了解国内用户，长期以来积累了较多的用户信息，比如，用户更需要什么样的价格、对质量的需求是什么，两者之间的性价比，或是部分产品或品牌已经成为了用户心里的首选品牌，这些信息是外贸企业所不具备的，在其向国内市场发展时，会造成一定的阻碍和竞争。同时，国内市场营销和销售渠道存在差别，外贸出口主要是订单式销售，一对一与国外客户沟通谈判，最终签约就能确定成千上万货物的销售，而转内销后需要建立新的营销和销售渠道，这意味着企业需要重新建立研发设计营销团队，学习如何与库存打交道以及要如何建立便捷、低成本的物流线路。

同时，随着我国进一步对外开放，进口关税不断下调，2017 年以来，我国多次下调进口消费品关税。加上此次 RCEP 的签署，我国已与 26 个国家和地区签署了 19 个自贸协定，这均使我国进口率快速增长，导致国外进口品牌开始占据着我国国内市场，同时认为进口商品一定是高质量商品的消费习惯促使很多消费者对进口品牌情有独钟，这不仅是外贸产品回归的阻碍，也是很多国产品牌的阻碍。不同的是，外贸企业的产品长期面对的是国外高端市场，也就意味着这些产品品质更加高端，能够满足一部分人群的需求。但最重要的是，我国的外贸产品很少具备一个“品牌”的概念，大多产品在出口到国外都只能作为代加工品或仅停留在 Made in China 的阶段，尽管也有一部分产品以自己的品牌对外出口，但国内市场并没有该品牌的身影，想要进入国内市场，也同样面临着创立品牌的问题。如何创建一个属于自己的品牌，如何让国内市场接受并熟悉自己的品牌，都将成为外贸企业转型国内市场时所要面对的最大挑战。

（二）目标市场的文化存在区别

国外市场与国内市场在文化领域上是不同的，我国外贸企业在出口到国外市场时，要符合该国家的文化习惯。跨文化传播从来都不简单。国外的品牌在进入中国市场时，如果忽视了中国的文化习惯或触碰到道德底线，也会丧失机会。我们的外贸企业面对国内市场时，也应该注意这一点。国内外的文化不同，如何在国内的文化环境下进行品牌宣传，外贸产品如何适应国内的消费者，是值得研究的。

（三）目标市场消费观念的不同

在不同的文化背景下，国内与国外的消费观念也大有不同，不能及时转变这种观念，在面对消费人群的时候，将不会得到较好的反馈，外贸产品在出口到目标国家前一定会对该国家的消费观进行分析，所以在转向国内市场时，应提前了解国内的消费观念。中国人在购物时，会更看重实际的性价比，而不是大多外国市场重视的精神消费，大部分人群都认为，价格与质量是成正比的，价格越高，质量越高，价格越低，质量越低，而外贸产品转向国内时，物美价廉，使创品牌较为容易。除了看重物质效用，国内的消费者都有存款的习惯，避免过度消费并视炫耀性消费为耻。值得庆幸的是，很多国内消费者的观念近年来逐渐在改变，对生活品质的追求让很多人开始追求精神上面的满足。

上述挑战对于外贸企业存在共性，而作为曾经占据我国对外贸易半壁江山的加工贸易企业来讲，可能还有其自身贸易模式带来的困难。对于加工贸易企业来讲，加工贸易主要是来料加工和进料加工，一般是订单式生产。公司只负责生产，而销售由买家来负责，所以与市场终端缺乏交流，目前出口这样的企业回归国内市场，面临着如何消化原有的订单带来的库存和如何面建立销售渠道等难题。

三、如何使用数字媒体打造自有品牌

当前外贸企业转内销的方式，主要是通过与电商、直播等新业态结合，为了打开国内市场，如何克服上述困难是外贸企业面临的现实问题。如何利用现代化数字媒体，加大宣传公关等方式，塑造品牌形象，以提升国内市场份额，已成为外贸企业当前首要考虑的问题。

传统上品牌营销的方式很多，如平面媒体广告，电视广告等。而网络时代，传播的形式也不再是报纸杂志这类旧媒体广告和广播电视这类的电波媒体广告，人们更多地去使用互联网获取信息，新媒体逐渐成为最火热的广告载体，我们拿起手机，打开电脑，广告大量地穿插在视线范围内，在阅读信息的同时就接收到了广告的内容。合理地使用数字媒体传播我们的品牌，是打开消费市场最有效的宣传方式。

（一）利用电商平台及网络主播等形式提高品牌知名度

随着互联网及智能手机普及，电商成为热门行业，很多品牌开始在各大购物网站创建自己的旗舰店，这不仅是扩大自己的市场，更是在巩固自身品牌在大众心中的形象，这种方法是有效的，当每一个电商网站都有该品牌的旗舰店时，顾客会自然地认可你的品牌，从心理上将该品牌放在较为靠前的位置，再次选择该类产品的时候，会主动地去搜索该旗舰店里是否有自己需求的产品。

同时，网络直播、主播带货也应运而生。大量的品牌会选择和自己品牌形象相符合的明星来做主播，不再将明星代言停留在平面广告或电视广告上，而是最大程度地利用该明星的人气指数，通过直播的方式，在短期内召集大批量粉丝前来购买产品，或是用大量的时间向粉丝观众传输该品牌公司的产品。如去年爆红的主播李佳琦，就有不少的直播内容是为某一个公司的品牌做宣传，用更多的时间来宣传某品牌，当观众认可该品牌后再销售产品，就显得轻而易举。

（二）利用网购等方式贴近消费者

疫情的暴发导致消费模式快速地转变成了线上购物，网购不再是年轻人的专属，习惯线上进行信息沟通后，这种新的消费模式成为常态化的事情，即使再想回到过去普通的消费模式也很难转变，因为疫情的影响，曾经推行难度较高的互联网服务，未来将发展得更容易被接受，这种通过互联网传播的信息内容也会因为对疫情的忌惮而逐渐成为很多人的习惯，这种既节约成本又能提高效率的线上模式会成为各行各业的一种机会。

这种变化会随着未来的发展而持续发展，疫情并不是暂时改变了生活习惯，而是推动了长久的社会发展。这对于一个新品牌来说，无疑是最好的机会。通过互联网进行品牌的首发，在最快最短的时间内投入大量的品牌形象广告，使消费者对品牌产生兴趣，自然会主动地了解该品牌的产品，这时再将自己的产品广告流入市场，使消费者能够第一时间将产品与品牌相联系，才能使品牌获取首批“忠实粉丝”。互联网的广告传播方式有很多，但一般的网页广告不能够满足品牌初期的宣传，无法做到给予消费者了解品牌形象的目的，反而是将自己的品牌形象通过一些短片、公关新闻来传播会更有力度。

当然，也可以选择“网络直播”这种方式来进行宣传，当品牌观念更接近消费者生活时，容易使消费者产生共鸣，而主播则是在宣传过程中，反复地表达该品牌多么优秀或产品质量多好，降低了使用该品牌产品时的风险系数，提高了品牌的优越性，这种由使用者说出来感受的宣传十分具有说服力，无形之中的“担保”成为消费者购买产品背后的推手。

（三）利用网络新媒体宣传品牌

大数据时代下，新媒体平台的发展加速了各类品牌的成长，而品牌营销模式也出现了改变，从曾经选择与自己品牌相对合适的宣传方式，到如今可以通过各类平台进行传播，利用网站广告、微信小程序、公众号、微博、短视频等媒体平台进行大量的广告投放，大量地、长时间地出现在消费者的视野里，使消费者对该品牌产生印象，再通过平台直播、网红口碑推荐等方式，将品牌或产品推广出去，配合与品牌相关的事件软文来吸引消费者的注意力。通过这些平台和大数据的作用，可以及时收集消费者的消费习惯，从消费者的消费行为和需求等方面了解消费者兴趣，及时抓住这些内容也能帮助一个品牌未来发展。

线上宣传的同时，也不可忽视线下的宣传，可以减少对线下宣传的投入，但不能将其取消，线上线下同时出现在消费者的视野里，才能使品牌在消费者心里占据更大的比重，疫情前的品牌大多在线下做够了宣传再扩展到线上，但疫情后的新品牌，完全可以在线上做够宣传后，再将线下广告作为维持品牌人气的一种方式来宣传。将线上线下结合起来，构成全新的融合渠道，创建线上浏览商品，线上或线下购买，线下体验后再回到线上分享的通道，让线上与线下实现链接。

线下的宣传可以更加重视体验感，这是能让消费者最直观感受品牌魅力的方式了，除了服务和环境外，使用数字化的设备会让线下体验更为高端。门店的装修或是广告宣传，通过科技加工后，可以在不同的数字化技术构建的场景下，将消费者体验提升至全新的高度，使用娱乐意味的宣传方式也可以有效抵消消费者面对广告时的抵触心态，从而主动去了解该品牌。无论是线上线下，通过数字媒体打造出满足消费者情感体验的宣传方式，让消费者满足自身消费欲望的同时，品牌宣传的效果才能最大化。

外贸企业想要更快更好地创建一个品牌，是必须要抓住网络传播的，大数据时代下每个人接收到的信息量是有限的，不能通过数字媒体吸引消费者，实时更新自己的品牌宣传，即使再好的品牌也会随着社会的发展而被淘汰掉。

第二节　开辟新兴市场

对于我国企业来说，一方面需要和之前合作过的企业建立长期合作关系，另一方面也需要对新兴市场进行积极拓展，进而对由于市场过度集中而引发的风险进行有效规避。

在这个过程中，企业可以对我国和东盟国家的贸易政策进行充分利用，对进出口规模以及范围等进行适当扩大，进而提高自身的对外贸易水平。

一、选择恰当的国际市场进入方式

企业首先要选择什么样的途径走出国门、走向世界。在选择国际化发展途径时，企业应根据自身势单力薄的特点，首先以直接出口为主要路径，通过扩大出口，积累经验，并巩固产品的市场地位。

其次考虑在国外投资生产、实行跨国经营。直接出口是企业开拓国际市场的突破口，这样可以避免直接海外投资导致生产和经营的风险，可以使企业逐步建立与海外市场的固定联系，了解市场需求、熟悉各种产品标准，根据国际市场消费者的需求组织生产，这样在客观上参与了国际分工，为提高国际经营的深广度打下良好的基础。

二、采用适当的国际市场营销策略

（一）产品要有特色，快速融入市场

企业的产品初次打进国际市场并寻求立足，必须紧密跟踪客户需求，在产品成分、功能、情感、品质等方面有区别于同类产品个性。深刻领会并努力实现鲜明的特色造就独有的市场。本着“专业、特色、创新”的发展思路，随时掌握吸收、消化和改良国内外同行业的先进技术和新工艺，发挥小企业经营灵活、调整快速的优点，加快新产品开发步伐。为了提高产品的国际竞争力，将产品品质管理纳入国际标准体系。

（二）价格要有弹性，走出低价竞争误区

各企业的产品性质不同，不同的产品采取的价格策略也不应相同。低价策略适用于大众化商品或快速消费品。对于价值较高的耐用消费品，弹性价格是一个较好定价选项，综合考虑区域差异、民族特性、文化习俗、经济水平等消费者需求差异和竞争对手的情况，在基准价格的基础上做出适当调整和弹性变动。

（三）分销要有效率，选择合理营销渠道

企业直接出口商品应根据产品性质不同而选择不同的方式，也可以几种方式组合使用。刚开始可以参加交易会或展销会，或在有国际知名度的国内商品集散地，如义乌等地设立专区专柜，介绍产品，吸引外商直接采购。通过电子商务建立跨境网络渠道，有利于企业以较小的代价将产品快速推向国际市场。利用进口国的商业企业，熟知本国市场和现在的分销渠道等条件，物色选择信誉好、能力强的为中间商。经过一段时间的销售尝试后，在条件成熟时，企业可以直接向海外派驻销售人员，在进口国组建营销机构。

（四）促销要创新，通过多种方式辐射到目标消费群

不同性质的产品促销的方式不同，企业做出产品促销的决策之前就应当制订周全的促销计划，分阶段采取不同的促销方式。生活用品是我国企业在国际市场上的出口强项。在国外市场建立企业网站，通过网上调研、开展网上贸易，与顾客零距离接触，快速传递树立产品和品牌形象，巩固和扩大目标消费群体。

三、中国国际贸易新格局下的发展路径选择

（一）中国—东盟自由贸易区不断推进的现实意义

第二次世界大战后，为建立国际贸易新秩序，多边贸易体系从 1947 年的关税与贸易总协定到 1995 年的世界贸易组织，区域经济一体化的形式从自由贸易区到关税同盟再到共同市场的发展，不管从静态贸易效应分析还是动态贸易效应分析都为国际贸易与投资提供了更加宽松和自由的大环境。2001 年 12 月 11 日，中国正式加入世界贸易组织，成为第 143 个成员国。中国的对外贸易发展继续朝着更好、更高的目标前行。2002 年 11 月，中国和东盟签署了《中国与东盟全面合作框架协议》，自 2010 年 1 月 1 日起，中国—东盟自由贸易区正式建立。2010 年中国进出口总额 2.97 万亿美元，2020 年中国进出口总额 32.16 万亿元，相当于 4.65 万亿美元，成为贸易第一大国。2020 年中国与东盟互为最大的贸易伙伴，双方共同维护多边主义和自由贸易的立场为双方打开了更广阔的市场，加强了贸易与投资带来的促进效应。

从以上数据可以看出从 2002—2020 年中国与东盟的双边贸易总体呈大幅增长的态势，双边的贸易关系越来越密切，直至 2020 年互为最大的贸易伙伴。

2011 年以来，中国—东盟双边货物进出口总额占中国货物进出口总额的比重不断上升，2020 年达到 14.73%，带动发展中国家的经济发展，特别是在 2019 年疫情开始的特殊时期，更加体现了中国为世界谋大同的担当和格局。

自中国与东盟签署自贸协议以来，中国对东盟出口及进口都大幅度增加，其中，出口增加的幅度大于进口。2013 年中国对东盟出口占比首次超过进口，之后两者继续呈上升趋势。

（二）“一带一路”背景下云南省发挥前沿阵地的战略意义

2013 年中国提出“一带一路”倡议，2015 年正式实行。“一带一路”既是增强中国与其他国家交流的合作平台，通过走出去、引进来的贸易与投资的同步发展，对于促进世界各国经济、构建人类命运共同体起到了重要作用，也是中国作为一个贸易大国的担当和责任。“一带一路”符合中国贸易格局的发展和世界经济发展的趋势，将产生更多的贸易和经济的外部性收益。“一带一路”秉持“共享、绿色、合作”的原则。截至 2021 年 1 月 30 日，中国与 171 个国家和国际组织签署了 205 份共建“一带一路”合作文件。而云南省作为“一带一路”丝绸之路经济带圈定的主要省份之一，随着中国—东盟自由贸易区的发展和“一带一路”的推进，云南省作为边境省份和面向东南亚的前沿阵地都将起到越来越重要的作用。

第三节　加强对外贸易人才培养

我国各大企业要想实现对外贸易的转型与升级，就必须对对外贸易人才进行积极引

进，并加大对外贸易人才的培养力度。在这个过程中，企业可以和国际贸易专业以及语言专业等签订人才培养计划，对优秀的毕业生进行积极引进，同时也可以利用网站招聘，面向社会招聘一批复合型的对外贸易人才，并从对外贸易知识、外语、国际贸易法律以及对外贸易政策等方面对其进行培训。另外，企业也需要对激励机制以及奖惩制度等进行贯彻落实，完善工作人员的薪资待遇，增强员工对企业的归属感，进而为后续对外贸易的转型与升级奠定坚实的基础。

一、数字贸易视域下人才供求现状及需求特点

（一）数字贸易人才供求不匹配

作为一个近年来崛起并蓬勃发展的新兴行业，目前全国从事与数字贸易相关的商家总数已将近 100 万家，包括平台企业、物流及综合服务企业、支付企业和仓储企业等，涵盖了产业的全链条。数字贸易的发展速度使企业对人才的需求非常强烈，传统中小型外贸企业转型升级、新兴的数字贸易经营企业快速发展都急需大量的相关人才，特别是对兼具电子商务和国际贸易技能的综合性人才需求更大。据不完全统计，近几年来，全国每年对数字贸易的岗位需求都在 200 万以上。但是，由于数字贸易是一种创新的商业模式，对传统的商务人才提出了巨大挑战，单一的专业人才跟不上企业转型的步伐，无法满足企业对"通才"的需求。同时，在数字贸易尚处于起步发展阶段的当前，各大高校对该行业复合型人才的培养和输出相对滞后，高校向社会培养输送的主流毕业生还是各类专业型人才，这就导致数字贸易人才需求存在巨大的缺口，企业在较长时间内很难招到符合要求的人才，在一定程度上也制约了数字贸易的快速发展。

（二）企业对数字贸易人才的专业选择倾向于商务类

基于岗位和行业的需求，数字贸易从业人员应是复合型的"通才"。不仅需要具备扎实的计算机处理能力和网络技术能力，还应具备电子商务、国际物流、跨境营销、国际贸易实务等多学科专业知识，此外，在跨国贸易中，针对不同消费者所在国家的语言、文化、宗教、消费习惯等，从业人员还需要具备良好的行业知识储备和语言沟通能力。从目前的大学专业设置和人才培养方案来看，还没有哪一个专业能完全达到数字贸易人才的培养目标。

（三）企业对数字贸易人才的学位要求倾向于本科

数字贸易是伴随全球电子商务的大发展应运而生的新学科，信息技术、网络平台以及商务环境的任何变化和调整都会很快对其交易产生影响，需要做出快捷的反应。这一行业所涉及的网络支撑硬件、电子商务平台和跨境贸易商务营运等各个环节，都有相应的技能考核标准，需要从业者有较高的动手操作能力。而目前的高校普遍偏重理论教育，在实践教育方面很少能满足市场的需求。调查还显示，有超过一半的企业认为本科层次的毕业生最适合从事数字贸易的相关工作。

二、数字贸易视域下国际商务高技能人才的能力素质模型

（一）商务层面

数字贸易归根结底是一种商务活动，企业在对人才的专业选择中也以国际商务、国际贸易专业为主，这也从实务操作层得到了印证。目前，数字贸易企业招聘的主要岗位包括客服、运营专员和电商推广及销售人员。一般要求这类人员不仅需要具有过硬的专业理论知识、熟悉相关国际公约，掌握国际上通行的贸易规则和商务活动流程，了解各国不同消费者的文化习俗差异等，并且要有良好的外语沟通能力和国际市场营业推广能力等。

（二）技术层面

数字贸易活动是以网络信息技术为基础、以网上交易活动为核心的新型交易方式，已快速发展成为完整地从营销到支付、从物流到金融服务的全新产业链。这不仅需要学生熟练掌握计算机、交换器、服务器等网络设备的功能，还要熟悉局域网知识以及网络设计安装、网页制作与维护等方面的能力。此外，还应掌握包括网络推广、金融支付、信用监管等在内的依靠网络技术来实现的支撑服务。

（三）管理层面

根据电子商务交易技术国家工程实验室的调查，数字贸易的经营活动至少需要 28 个岗位进行覆盖，是庞大而繁杂的系统工程，需要管理者对整个团队具有宏观把控的能力。不仅要有针对营销管理、物流管理、供应链管理等的整体框架建设、数据库规划和客户关系管理等，还应具备高度的市场敏感度、平台规划建设、运营风险管理等。像数字贸易运营总监、数字贸易业务经理等都属于这一类的管理人才，他们也属于高层次的数字贸易商务类高技能人才。

（四）产品层面

数字贸易的核心是商品跨环境的交换和消费，因此，数字贸易商务类高技能人才不仅要具备丰富的有关产品本身的知识储备，对产品资料进行系统归纳整理、编辑和优化，还能根据目标消费者的消费环境和消费心理进行网络推广，有针对性地进行网络图像优化等处理，掌握从产品方案制定、采购、生产、运输、库存、出口以及物流配送等一系列环节的具体操作。

三、数字贸易视域下国际商务高技能人才的培养

尽管目前的高校和社会培训机构在短时间内无法解决国际商务高技能人才培养过程中存在的诸多问题，也还没有成功的推荐范例，但是，继续探讨摸索国际商务高技能人才培养的模式，促进数字贸易持续发展、加大对国际商务高技能人才的培养力度是社会经济发展的必然要求。

（一）调整专业目标，改革课程体系

根据国务院和教育部下发的系列文件精神，国家鼓励综合型、复合型、应用型人才

的培养。数字贸易视域下的国际商务高技能人才需要很强的综合能力，是能够熟练运用电子商务平台、从事跨境数字贸易的国际化、应用型人才。因此，需要改革高校传统的人才培养模式，密切根据企业的需求调整专业目标，凝练以数字贸易为特色的国际商务高技能人才的专业特色。在课程体系设置方面，应该打破陈规，大力进行课程改革。应坚持专业课程与职业岗位紧密对接的原则，由学校、行业和企业三方共同合作，探索开发新的课程体系。校设课程旨在系统构建学生的专业知识体系，企业课程体系目的是提高学生的实践技能水平，而行业课程体系则是激发学生的学习兴趣和对行业的整体认知。通过将数字贸易生态链各方的资源整合重组，构建高效健康的运行体系，努力打造具有行业竞争力的数字贸易平台课程体系。

（二）改革教学方法，培养创新能力

包括实践能力和创新能力在内的“软能力”是数字贸易视域下国际商务高技能人才的显著特征。因此，在教学方法上，要改变传统意义上“以教学为主导”、仅依靠老师教条式的讲解、填鸭式的灌输、学生被迫接受等形式，转而通过“线上线下”“翻转课堂”等多种方式，转向“以学生为中心”、注重师生之间的双向互动，特别注重从培养学生学习积极性上下功夫，让学生从被动的学习转化为主动学习，充分发挥学生在学习过程中的主动性和能动性，激发学生的创新潜能。

数字贸易的专业教师既要有丰富的学科知识背景作为创新教育的基础，也要不断学习和掌握现代化的教育教学手段，还要善于学习和借鉴最新的教学科研成果，并努力尝试将其应用到实际教学中去，进而探索自己独到的教学方式方法。在理论课程的教学中，应增加最新案例教学的比例，并通过 Seminar 研讨教学的方式，在教学实践中充分体现数字贸易类课程的特点。在实践环节中，多运用情景模拟法，鼓励角色扮演，加强学生的小组合作，增加实战训练的频次，提高教学效果。

（三）加强校企合作，深化产教融合

从一定程度上来说，加强校企合作，深化产教融合是培养创新型国际商务高技能人才的根本出路。高校专业设置应以市场为导向、以就业为目的，作为区域经济发展人才供给重要来源的地方本科院校和各类高职院校，这一点尤为关键。

高校和数字贸易相关企业之间可以通过共建实训基地、订单式培养以及企业导师制等多种途径和方式，可以成立由高校和企业双方的管理人员、技术骨干和专业教学人员共同组成的校企合作联合培养小组，在学科建设与开发、专业课程设置、人才培养的能力和素质要求等方面，能够更加紧密结合数字贸易企业的具体要求和实际需要，创新思维，建立新的人才培养考核体系，让培养的数字贸易人才能够更好地满足跨境企业对人才的要求。

通过高校与企业之间合力举办“职业技能大赛”“跨境电商创业创新大赛”等多种课外实践活动，给学生创造充分的便利条件，更好地了解和接触跨境电商的实际业务，以进一步加强校企合作，深化产教融合，促使产教学研之间的结合更加密切。不断完善订单式培养模式，推进人才培养的制度创新，通过推行“职业资格证书制度”，使学生能

够更早、更好、更主动地服务数字贸易企业，切实提高数字贸易视域下国际商务高技能人才培养质量。

（四）激发社会力量，鼓励社会培训

数字贸易视域下国际商务高技能人才的培养是一项关乎高校、企业、行业等整个生态链的系统工程，因此，要真正解决数字贸易人才的供给难题，不能只凭借高校单方的力量，而应借助包括高等院校、行业协会、社会培训机构以及数字贸易企业等在内的全社会的共同参与，只有激发鼓励社会力量的参与，整个数字贸易生态链才能真正走向繁荣。

各级各类数字贸易行业协会和培训研究机构是参与数字贸易人才培养的中坚力量，也是连接高校和企业的桥梁，同时也是吸收国内外优质资源、培养实用型数字贸易高技能人才的重要动力。一方面，这些机构在与高校和企业的共同实践与探索中，可以凭借其自身的有利条件和资源，通过建立国内外相关机构的合作与交流，更好地实现全行业的资源和信息共享，从而推动数字贸易视域下国际商务高技能人才培养的整体水平。另一方面，行业协会和研究机构的组建为整个数字贸易生态链搭建了一个良好的学术交流平台，便于国内外院校优秀骨干教师与海外优秀人才的学术研讨与交流，借此可以创建起一批具有强大创新力和创造力的学科智力基地。

第四节　实施政策保障

对外贸易的转型与升级离不开政府部门的大力支持，因此，在对外贸易发展过程中，政府部门需要从政策方面对其进行大力支持。在这个过程中，政府部门可以结合当前贸易环境以及我国对外贸易现状，对自由贸易政策、保护贸易政策以及管理贸易政策等进行灵活运用，对国外消费者进行有效吸引，对我国企业进行有效保护，通过各种贸易优惠政策的实施来加快对外贸易的转型与升级。

一、我国国际贸易政策综述

从广义上来说，国际贸易政策是指在国际贸易发展过程中所形成的，是以国际经济贸易条约、公约、协定等形式体现的，为各国认同并共同遵守的国际贸易政策，并且在发展对外经济贸易中，各国会通过协商达成双边或多边共同认可。

进入 21 世纪以来，在建立社会主义市场经济过程中，我国对国际贸易政策进行了适时的调整，更加适应了经济全球化的发展。如 2015 年 12 月，国务院印发了《关于加快实施自由贸易区战略的若干意见》，为我国新一轮对外开放提供了指导方向。

其要求是充分发挥服务业和服务贸易的功能，扩大服务业的开放程度，自贸区要面向全球，形成高标准的自由贸易往来，促进我国经济结构、经济发展方式的转变，带动广大群众的就业；提升贸易便利化水平，放宽投资准入，加强原产地管理、与自由贸易

伙伴原产地电子数据交换，推动电子联网建设，在更大范围内，积极探索实施经核准出口上原产地的自主声明制度，为我国投资者“走出去”提供更好的市场准入和投资保护条件。2015年，国家发展改革委、外交部等联合发布了《推动共建丝绸之路经济带和21世纪海上丝绸之路的愿景与行动》。我国企业对“一带一路”相关的49个国家进行直接投资，承接了各国服务外包合同金额178.3亿美元。“一带一路”是世界上跨度最长的经济走廊，能够为沿线国家优势互补开放发展提供新的机遇，并且在这一战略中，在交通基础设施、经济贸易与投资等领域，我国与沿线各国都迎来了共享的新时代。

另外，在对外贸易中，我国主动转变外贸发展方式，坚持稳中求进的步调，推动了出口由货物为主向货物服务、技术、资本输入相结合的转变，促进了增长动力由要素驱动向创新驱动的转变；推动了竞争优势为主导技术、品牌、服务等为核心的综合竞争优势转变；推动了全球经济治理地位向主动参与国际经贸规则制定转变等，适应了外贸新常态。

二、我国国际贸易政策对市场营销的影响

（一）市场营销观念更具现代化

随着经济的不断发展，市场营销的观念也会发生转变，是经济发展的产物。传统产品营销观念，都是围绕着企业展开的，如生产观念、产品观念、推销观念等，都是以企业盈利为目的。

进入21世纪以来，全球经济跨越了国界走向融合发展的态势中，市场营销逐渐形成了国际商务活动，这极大地促进了全球经济一体化的发展。而在国际贸易过程中，我国的国际贸易政策导致现代市场营销观念从传统地提供货物转向提供优质的服务，不再靠大规模标准化的生产来降低价格，不再围绕着企业的本身，而是从思想上，转变向以企业为主向以顾客服务为主。并且这种服务贯穿于产品开发、生产、营销的整个过程，不只是产品的售后服务。其次，在企业营销传统的模式中，为了促使消费者走进实体店铺进行消费，企业主要采用了打广告或打折等手段。

但随着互联网技术的不断发展，贸易便利化水平不断提升，传统的实体营销观念转向了互联网营销观念，通过网络，在购买商品时，广大群众有了更多选择，尤其是国家自贸区的建设更是加快了互联网的建设进程。另外，在传统的推销模式中，为了使顾客了解和接受产品，企业必须对顾客进行宣传和推销，仅仅依靠优良的产品和低廉的价格不会吸引消费者。但进入21世纪以来，这种硬性的推销理念已不能满足现代经济发展的需求。

由此在对外贸易政策中，我国积极探索更大范围中实施经核准出口商原产地的自主声明制度，加强了与自由贸易伙伴原产地电子数据交换。这促使传统的“硬”推销观念向“软”推销观念进行转变，利用大数据，企业经营者能够针对顾客的具体需求，通过分析消费者的消费习惯进行推销。

（二）市场营销策略更具个性化

在传统的市场营销过程中，企业通过价格—渠道—促销的方式追求利润，很少有能凸显出顾客需求的策略。并且在选择目标市场上，企业从市场调研、市场细分到制定营销策略上，缺乏个性化的营销策略，只是根据企业的实际情况进行营销策略的制定。而在“一带一路”倡议提出后，为了适应全球经济一体化的发展，我国国际贸易政策提出了“资源共享”的建议，使沿线国家形成了优势互补、紧密联系的贸易合作伙伴关系。

由此，为了在激烈的国际贸易竞争中赢得一席之地，企业的发展遇到了前所未有的机遇与挑战，开始向以技术品牌、质量、服务为核心的综合竞争转变。并在企业营销策略中，为了打造自己的品牌文化，不但树立了“打造精品企业、制造精品产品、创立精品品牌”的企业理念，而且不断提升了品牌价值。另外，为了加强消费者对企业品牌的认可，市场营销策略还将新媒体和旧媒体结合在一起，使市场营销策略更具个性化。

（三）市场营销平台更具多元化

传统的市场营销模式不利于生产者和消费者进行及时有效的沟通，主要借助电视、报纸广告等宣传平台。而进入 21 世纪以后，随着互联网技术的不断发展和普及，我国在对外贸易政策为企业拓宽了营销平台，如提出了大力发展行业电商和跨境电子商务，积极推进“互联网 +”行动等。在此政策下，企业市场销售额逐步提升，营销平台逐步扩大。

三、我国企业发展对外贸易的政策环境的完善

随着国内对外贸易政策的变化和国际市场竞争的日益加剧，我国中小企业出口面临着日益严峻的考验，有些企业的优势逐步消失。因此，各级政府要深化体制改革，做好协调管理，从政策和业务环节上给予中小企业支持与帮助，为其创造一个好的政策环境，使得我国中小企业在新形势下保持出口的稳定发展。

（一）政府要为企业创造良好的法律和政策环境

使企业走上法治化、规范化、制度化的轨道。国家应当制定系统全面的《中小企业法》；建立中小企业管理机构，加大对中小企业的定向扶持力度；完善政府与中小企业紧密联系的组织网络，增强与企业出口有直接关系的半官方社团组织的纽带功能，发挥引导协调、排忧解难的作用。

（二）政府要为企业创造良好的融资环境

建立专门为中小企业出口的金融机构，解决中小企业出口经营中的融资问题。充分发挥出口信保机构的作用，对中小企业提供信用担保。同时，应该设立中小企业出口扶持基金，给予中小企业拓展国际市场，尤其拓展新兴市场提供资助。

（三）政府要为企业加快服务体系建设

要重视发挥驻外机构和民间组织的信息渠道作用；官方行业协会要改进作风、贴心

为企，免费为企业出口提供服务咨询，组织社会力量以及专家为中小企业进行国际市场调查、项目可行性研究。民间行业协会要把培训中小企业管理者和外经贸业务员作为工作重点，向涉外企业员工普及外经贸方面的知识和出口业务操作技巧。

参考文献

[1] 中国信息通信研究院.全球数字经济新图景（2020年）——大变局下的可持续发展新动能[R].2020.

[2] 中国信息通信研究院.中国数字经济发展白皮书（2020年）[R].2020.

[3] 中国信息通信研究院.中国宽带发展白皮书（2020年）[R].2020.

[4] 中国信息通信研究院.数字中国产业发展报告（2020年）——信息通信产业篇[R].2020.

[5] 中国信息通信研究院.工业互联网产业经济发展报告（2020年）[R].2020.

[6] 中国信息通信研究院.全球数字治理白皮书（2020年）[R].2020.

[7] 中国信息通信研究院.中国信息消费发展态势报告（2020年）[R].2020.

[8] 何伟.激发数据要素价值的机制、问题和对策[J].信息通信技术与政策，2020（6）：8–11.

[9] 中国信息通信研究院.数字贸易发展白皮书（2020年）[R].2020.

[10] 苏敏，夏杰长.数字经济赋能双循环的机理和路径[J].开放导报，2020（6）：71–75.

[11] 韩文龙.数字经济赋能经济高质量发展的政治经济学分析[J].中国社会科学院研究生院学报，2021（2）：98–108.

[12] 侯层，李北伟.金融科技是否提高了全要素生产率——来自北京大学数字普惠金融指数的经验证据[J].财经科学，2020（12）：1–12.

[13] 黄群慧，余泳泽，张松林.互联网发展与制造业生产率提升：内在机制与中国经验[J].中国工业经济，2019（8）：5–23.

[14] 黄先海，金泽成，余林徽.要素流动与全要素生产率增长：来自国有部门改革的经验证据[J].经济研究，2017，52（12）：62–75.

[15] 贾俊雪.公共基础设施投资与全要素生产率：基于异质企业家模型的理论分析[J].经济研究，2017，52（2）：4–19.

[16] 姜耀东.数字时代资本主义生产关系中数字劳动的价值走向——基于马克思政治经济学批判[J].东北大学学报（社会科学版），2021，23（6）：108–113.

[17] 荆文君，孙宝文.数字经济促进经济高质量发展：一个理论分析框架[J].经济学家，2019（2）：66–73.

[18] 李苗苗，肖洪钧，赵爽.金融发展、技术创新与经济增长的关系研究——基于中国的省市面板数据[J].中国管理科学，2015，23（2）：162–169.

[19] 李小平，李小克.偏向性技术进步与中国工业全要素生产率增长[J].经济研究，2018，53（10）：82–96.

[20] 李治国，王杰.数字经济发展、数据要素配置与制造业生产率提升[J].经济学家，2021（10）：41–50.

[21] 刘璐璐.数字经济时代的数字劳动与数据资本化——以马克思的资本逻辑为线索[J].东北大学学报（社会科学版），2019，21（4）：404–414.

[22] 范鑫.数字经济发展变革国际贸易市场[N].中国社会科学报，2021–4–28.

[23] 马述忠，房超，梁银锋.数字贸易及其时代价值与研究展望[J].国际贸易问题，2018，430（10）：16–30.

[24] 盘和林.传统贸易的数字化挑战[N].国际金融报，2021–5–17.

[25] 马名杰，戴建军，熊鸿儒.数字化转型对生产方式和国际经济格局的影响与应对[J].中国科技论坛，2019，273（1）：12–16.

[26] 李春梅，罗昊天.中国对RCEP成员国出口贸易潜力及影响因素研究——基于扩展贸易引力模型[J].商业经济，2021（9）：1–4，32.

[27] 石良平，王素云.互联网促进我国对外贸易发展的机理分析：基于31个省市的面板数据实证[J].世界经济研究，2018，298（12）：48–59，132–133.

[28] 陆菁，傅诺.全球数字贸易崛起：发展格局与影响因素分析[J].社会科学战线，2018（11）：2，57–66，281.

[29] 岳云嵩，赵佳涵.数字服务出口特征与影响因素研究——基于跨国面板数据的分析[J].上海经济研究，2020（8）：106–118.

[30] 辛大楞，张宗斌，车维汉.我国服务贸易出口的影响因素分析——来自微观企业层面的证据[J].国际贸易问题，2016，397（1）：71–81.

[31] 魏浩，郭也.中国进口增长的三元边际及其影响因素研究[J].国际贸易问题，2016，398（2）：37–49.

[32] 郑丹青，于津平.中国出口贸易增加值的微观核算及影响因素研究[J].国际贸易问题，2014，380（8）：3–13.

[33] 钞小静，薛志欣，孙艺鸣.新型数字基础设施如何影响对外贸易升级——来自中国地级及以上城市的经验证据[J].经济科学，2020（3）：46–59.

[34] 田杰，谭秋云，陈一明.数字普惠金融、要素扭曲与绿色全要素生产率[J].西部论坛，2021，31（4）：82–96.

[35] 党琳，李雪松，申烁.制造业行业数字化转型与其出口技术复杂度提升[J].国际贸易问题，2021（6）：32–47.

[36] 施炳展.互联网与国际贸易——基于双边双向网址链接数据的经验分析[J].经济研究，2016，51（5）：172–187.

[37] 黄群慧，余泳泽，张松林.互联网发展与制造业生产率提升：内在机制与中国经验[J].中国工业经济，2019（8）：5–23.

[38] 李建伟.我国劳动力供求格局、技术进步与经济潜在增长率[J].管理世界，2020，36（4）：96–113.

[39] 熊立春，马述忠.从传统贸易成本到数字贸易成本：内涵、特征与影响[J].上海商学院学报：2021，22（5）：3-13.
[40] 叶胥，杜云晗，何文军.数字经济发展的就业结构效应[J].财贸研究，2021，32（4）：1-13.
[41] 张磊.新技术条件下上海发展新型国际贸易业态模式和制度瓶颈突破[J].科学发展，2022（2）：41-49.
[42] 中国人民银行石家庄中心支行经常项目处课题组，米晓頔.贸易冲突常态化下我国出口高质量发展路径：基于贸易政策不确定性的视角[J].河北金融，2022（2）：34-39.
[43] 于志升.国际经济贸易发展趋势与我国对外贸易战略选择[J].中国商论，2022（3）：4-6.
[44] 张秉涛.风险管控视角下国际贸易企业的内部审计策略研究[J].榆林学院学报，2022，32（1）：82-85.
[45] 马翎翔.国际贸易壁垒的发展趋势及中国的对策研究：基于反全球化背景[J].价格月刊，2021（10）：39-44.
[46] 范慧馨.经济全球化背景下国际贸易发展趋势分析及应对策略[J].老字号品牌营销，2021（9）：85-86.
[47] 宁莉.新形势下国际经济与贸易发展趋势与策略探讨：评《现代国际经济与贸易发展趋势研究》[J].商业经济研究，2021（5）：193.
[48] 杜福权.1981—2018年中国对外贸易价格条件测算及影响因素研究[D].北京：外交学院，2020.
[49] 刘遵乐.中国新疆核心区对外贸易发展新趋势及相关建议：基于“一带一路”背景下的探讨[J].欧亚经济，2019（6）：106-115，124，126.
[50] 孟令伟.基于经济新形势下国际贸易产业结构调整的分析[J].财会学习，2019（12）：192，194.
[51] 王静颖.经济发展新常态下国际贸易发展的现状及趋势研究[J].现代商业，2019（3）：171-172.
[52] 孙祥胜.国际经济贸易的未来发展趋势及我国对外贸易的战略选择[J].智富时代，2018（9）：49.
[53] 姬厚企.当前形势下国际经济贸易的发展与我国对外贸易战略的选择探讨[J].现代商业，2021（26）：42-44.
[54] 杨振方.国际经济贸易发展趋势与我国对外贸易战略选择[J].湖北经济学院学报（人文社会科学版），2019，16（1）：53-55.
[55] 王茜.国际经济贸易发展趋势与我国对外贸易战略选择[J].知识经济，2019（3）：48，50.
[56] 孙浩洋.国际经济贸易发展与我国对外科学合理的贸易战略选择[J].科技风，2020（21）：137-138.

[57] 穆明辉.浅谈国际经济贸易发展趋势与我国对外贸易战略选择[J].全国流通经济，2019（30）：23–24.
[58] 李铃静.国际经济贸易发展趋势与我国对外贸易战略选择[J].企业改革与管理，2019（3）：222，224.
[59] 严德颖.新形势下国际经济与贸易的发展趋势[J].全国流通经济，2020（2）：54–55.
[60] 李海月.国际经济贸易发展与我国对外贸易战略选择[J].中国商论，2019（10）：92–93.
[61] 王晓清.国际经济贸易发展与我国对外贸易战略选择[J].全国流通经济，2019（28）：25–26.
[62] 杨聪，刘禹，刘爽.国际经济贸易发展与我国对外贸易战略选择探讨[J].商讯，2019（21）：42–43.
[63] 叶珊.新形势下我国国际贸易经济的生态化战略选择[J].经济研究导刊，2019（30）：155–156.
[64] 李俊松.新形势下国际经济与贸易的发展趋势分析[J].商场现代化，2020（20）：55–57.
[65] 刘向丽，吴桐.国际经贸规则重构中美国的政策两难与发展趋势探讨[J].国际贸易，2021（6）：38–46.
[66] 邓强.国际经济贸易发展与我国对外贸易战略选择[J].中外企业家，2019（17）：104.
[67] 吴明远.浅析国际经济贸易发展下我国对外贸易的战略[J].中小企业管理与科技（下旬刊），2019（4）：61–62.
[68] 秦亚青，宋德星，张燕生，等.专家笔谈：大变局中的中国与世界[J].国际展望，2020，12（1）：1–26，153–154.